みんなが欲しかった！

簿記の問題集

滝澤ななみ
Nanami Takizawa

日商2級
商業簿記

はしがき

本書は、日商簿記検定に合格する力を身につけることを目的とした受験対策用の問題集です。同シリーズの**『簿記の教科書（別売り）』**が終わったあとに、本書をご使用ください。

効率よく試験に合格していただけるよう、本書に次の特徴をもたせています。

1．いきなり本試験レベルの問題からスタート

どれだけテキストの内容を理解していようと、本試験レベルの問題が解けなければ試験に合格することはできません。そこで、本シリーズでは、簿記の処理を確認するための基本的な問題については、**『簿記の教科書』**の基本問題にその役割をゆだね、本書**『簿記の問題集』**ではいきなり本試験レベルの問題から収載しています。これによって、基本問題をテキストと問題集とで２回解くという無駄を省いています。

2．頻出の問題パターンをピックアップ

各問において、頻出の問題パターンをピックアップしているので、これらの問題をしっかりマスターすることによって、効率よく合格する力を身につけることができます。

3．3回分の模擬試験付き、さらにネット試験用模擬試験プログラムも

本試験と同様の総合問題を３回分、収載しています。時間（90分）を計って解くことによって、本試験の感覚をつかむことができます。また、購入者特典として、Web上でいつでもどこでもネット試験形式の問題を解いていただける模擬試験プログラムをご用意していますので、ネット試験を受けられる方は、ぜひチャレンジしてみてください。

なお、**『簿記の問題集　日商２級　工業簿記（別売り）』**とあわせて６回分の模擬試験で日商２級の頻出パターンをかなり網羅していますので、**『簿記の教科書』**と**『簿記の問題集』**の４冊（商業簿記、工業簿記）だけで試験に合格することが十分可能です。

どうか本書をご活用いただき、問題を解く力を身につけてください。皆様の合格を心よりお祈り申し上げます。

※　本書は、『簿記の問題集　日商２級　商業簿記　第12版』について、最近の出題傾向をふまえ、改訂を行いました。

・連結精算表

2024年１月

滝澤ななみ

『簿記の問題集』の効果的な使いかた

❶　個別問題を第１問対策から順次解く！

教科書の基本問題を一通りマスターしたら、本試験レベルの問題をテーマ別に解きましょう。最初のページでは設問ごとに、本試験での問われ方も解説しています。また、解答するさいは、別冊の答案用紙もご利用ください。

第１問対策

第１問の配点は20点で、仕訳問題が５題出題されます。
勘定科目は指定されるので、指定された勘定科目の記号で答えてください。
ここでは論点ごとに、本試験レベルの仕訳を確認していきましょう。

問題No.	論　点	「教科書」との対応
第１問対策－❶	純資産の取引	CHAPTER01～03
第１問対策－❷	税金	CHAPTER04
第１問対策－❸	商品売買	CHAPTER05

❷　間違えた問題は、教科書に戻って確認しましょう♪

問題ごとに、『簿記の教科書』の対応CHAPTERが記載されています。
間違えた問題は、しっかり復習しましょう。

第**1**問対策－❶／16問

純資産の取引

教科書 CHAPTER 01～03
解答解説 78ページ

❸　解説中のポイントは、試験直前の確認にも便利です。

教科書に戻っている時間はない！　というあなたは、問題集にも、ポイント要素がきちんとまとめられていますので、しっかり読み込み、復習しましょう。

純資産の取引のポイント

［1］資本金とする額
- ✔ 原則：払込金額の全額を**資本金［純資産］**で処理する
- ✔ 容認：最低、払込金額の半分は**資本金［純資産］**で処理する（残りは**資本準備金［純資産］**で処理する）

［2］株式発行時の発行費用の処理
- ✔ 会社設立時：**創立費**で処理する
- ✔ 新株発行時：**株式交付費**で処理する

❹　工業簿記の学習が一通りすんで、全部解けるようになったら、６回分の模擬試験問題を解く！　ネット試験受験生は模擬試験プログラムにチャレンジ！

本試験と同じ形の模擬試験です。
頻出問題が６回分（『簿記の問題集　日商２級　工業簿記（別売り）』にも３回分あります）に集約されているので、知識の総まとめに最適です。
また、第１回の解き方を全問解説しています。QRコードから動画をチェックして、時間配分など本試験の解き方のコツもつかんでおきましょう。

合格☆☆

日商簿記２級試験について

受験資格	なし
試 験 日	統一試験：年３回 ６月（第２日曜日）／11月（第３日曜日）／２月（第４日曜日） ネット試験：随時(テストセンターが定める日時。 ただし、統一試験前後10日間他、休止期間あり。)
申込方法	統一試験：試験の約２か月前から開始。申込期間は、各商工会議所によって異なります。 ネット試験：テストセンターの申込サイトより随時。
受 験 料 （税込）	5,500円 ※　2024年４月１日施行分より。なお、一部の商工会議所およびネット試験では事務手数料がかかります。
試験科目	商業簿記・工業簿記
試験時間	90分
合格基準	70点以上

本書刊行時のデータです。最新の情報は、商工会議所の検定試験ホームページ（https://www.kentei.ne.jp/）でご確認ください。

なお、簿記入門者向けに簿記初級が、原価計算入門者向けに原価計算初級がネット試験（40分）にて実施されています。

本試験の出題傾向（２級商業簿記）

２級の本試験問題は、第１問～第３問が商業簿記、第４問・第５問が工業簿記という構成になっています。商業簿記の出題内容は下記のとおりです。

第１問	仕訳問題が５題出題されます。配点は20点です。 （CH.01～15、17、19～21）
第２問	株主資本等変動計算書や個別的な問題、連結精算表や連結財務諸表を作成する問題が出題されます。配点は20点です。（CH.01～15、16、18、20～22）
第３問	決算に関する問題が出題されます。精算表の作成や財務諸表の作成、本支店合併財務諸表の作成などが出題されています。また、製造業会計も出題範囲となっています。配点は20点です。（CH.16～19、23）

※　CH. は、『簿記の教科書　日商２級　商業簿記（別売り）』の関連CHAPTERを示しています。

目次

※　模擬試験は、問題と答案用紙は別冊、解答解説は本書の中にあります。

※　模擬試験の第４回から第６回は、『簿記の問題集　日商２級　工業簿記（別売り）』に収載しております。

※　答案用紙については、ダウンロードでもご利用いただけます。TAC出版書籍販売サイト・サイバーブックストアにアクセスしてください。

https://bookstore.tac-school.co.jp/

模擬試験プログラム＆仕訳アプリで訓練しよう！

本書購入の読者には、2つの特典をご用意しています。

①ネット試験の演習ができる、「模擬試験プログラム」

実際にパソコンで解いてみると、下書用紙の使い方や、日本語入力への切り替えなど、ペーパー試験とは違った工夫が必要なことに気づかれると思います。ネット試験を受験される方は、ぜひこの模擬試験プログラムにアクセスして、ネット試験を体験してみてください。

②仕訳Webアプリ「受かる!仕訳猛特訓」

新試験方式になり、本試験における仕訳の重要度がさらに高まりました。仕訳を制する者は、本試験を制するといっても過言ではありません。スキマ時間などを使い、仕訳を徹底的にマスターして本試験にのぞんでください!

※本サービスの提供期間は、本書の改訂版刊行月末日までです。

(免責事項)

(1) 本アプリの利用にあたり、当社の故意または重大な過失によるもの以外で生じた損害、及び第三者から利用者に対してなされた損害賠償請求に基づく損害については一切の責任を負いません。

(2) 利用者が使用する対応端末は、利用者の費用と責任において準備するものとし、当社は、通信環境の不備等による本アプリの使用障害については、一切サポートを行いません。

(3) 当社は、本アプリの正確性、健全性、適用性、有用性、動作保証、対応端末への適合性、その他一切の事項について保証しません。

(4) 各種本試験の申込、試験申込期間などは、必ず利用者自身で確認するものとし、いかなる損害が発生した場合であっても当社では一切の責任を負いません。

(推奨デバイス)スマートフォン※・PC・タブレット
※仕訳Webアプリのみ

(推奨ブラウザ)Microsoft Edge 最新版／Google Chrome 最新版／Safari最新版

詳細は、下記URLにてご確認ください。
https://shiwake.tac-school.co.jp/login/2
https://program.tac-school.co.jp/login/2

模擬試験プログラム＆仕訳Webアプリへのアクセス方法

STEP 1　TAC出版　検索

STEP 2　書籍連動ダウンロードサービス　にアクセス

STEP 3　パスワードを入力

240211010

＼ Start! ／

日商２級　商業簿記　問題編
第１問対策～第３問対策

日商２級は第１問から第３問までが商業簿記からの出題で、第４問と第５問が工業簿記からの出題です。

本書では、商業簿記（第１問から第３問）の頻出問題についてみていきます。

※　第４問および第５問の頻出問題については『簿記の問題集　日商２級　工業簿記（別売り）』に掲載しています。

●仕訳問題における解答上の注意事項●

仕訳問題における各設問の解答にあたっては、勘定科目の使用は、借方と貸方で各１回までとしてください（各設問につき同じ勘定科目を借方・貸方の中で２回以上使用してしまうと不正解となります）。

［○正解となる例：各勘定科目を借方・貸方の中で１回だけ使用している］

借方		貸方	
記号	金額	記号	金額
(ウ)現金	1,000	(オ)売上	3,000
(カ)売掛金	2,000		

［×不正解となる例：貸方の中で同じ勘定科目を２回使用している］

借方		貸方	
記号	金額	記号	金額
(ウ)現金	1,000	(オ)売上	1,000
(カ)売掛金	2,000	(オ)売上	2,000

第１問対策

第１問の配点は20点で、仕訳問題が５題出題されます。
勘定科目は指定されるので、指定された勘定科目の記号で答えてください。
ここでは論点ごとに、本試験レベルの仕訳を確認していきましょう。

問題No.	論　点	「教科書」との対応
第１問対策－❶	純資産の取引	CHAPTER01～03
第１問対策－❷	税　金	CHAPTER04
第１問対策－❸	商品売買	CHAPTER05
第１問対策－❹	手形と電子記録債権（債務）等	CHAPTER06
第１問対策－❺	現金預金	CHAPTER07
第１問対策－❻	固定資産	CHAPTER08
第１問対策－❼	リース取引	CHAPTER09
第１問対策－❽	研究開発費と無形固定資産	CHAPTER10
第１問対策－❾	有価証券	CHAPTER11
第１問対策－❿	引当金	CHAPTER12
第１問対策－⓫	サービス業の処理	CHAPTER13
第１問対策－⓬	収益の認識基準	CHAPTER14
第１問対策－⓭	外貨建取引	CHAPTER15
第１問対策－⓮	本支店会計	CHAPTER19
第１問対策－⓯	税効果会計	CHAPTER17
第１問対策－⓰	連結会計	CHAPTER20、21

第1問対策－❶／16問

純資産の取引

教科書 CHAPTER 01～03
解答解説 78ページ

下記の各取引について仕訳しなさい。ただし、勘定科目は、設問ごとに最も適当と思われるものを選び、(　　)の中に記号で解答すること。

1．青森商事株式会社は、増資のため、株式1,000株を1株あたり￥500で発行し、全額の払い込みを受け、払込金は当座預金とした。なお、会社法が認める最低額を資本金とする。

ア．現金　イ．当座預金　ウ．資本金　エ．資本準備金　オ．利益準備金
カ．繰越利益剰余金　キ．普通預金

2．会社の設立に際し、普通株式1,000株を@￥90,000で発行し、払込金は当座預金とした。なお、株券の印刷費￥100,000と設立登記のための費用￥90,000は現金で支払った。資本金とする額は、会社法が認める最低限度額とする。

ア．資本金　イ．現金　ウ．創立費　エ．資本準備金　オ．株式交付費
カ．当座預金　キ．利益準備金

3．会社設立後の新株発行に際し、普通株式500株を@￥100,000で発行し、払込金は当座預金とした。なお、株券の印刷費￥80,000は現金で支払った。なお、払込金の8割に相当する金額を資本金とする。

ア．利益準備金　イ．資本金　ウ．株式交付費　エ．現金　オ．資本準備金
カ．当座預金　キ．創立費

4．岩手工業株式会社は、新株300株を1株あたり￥70,000で発行し、払込期日までに申込証拠金の全額が払い込まれ、別段預金に預け入れていたが、本日が払込期日となるため、別段預金を当座預金に預け替えた。なお、会社法が認める最低額を資本金とする。

ア．株式申込証拠金　イ．当座預金　ウ．資本金　エ．別段預金
オ．資本準備金　カ．利益準備金　キ．別途積立金

5．山形商事株式会社は宮城商事株式会社を￥4,200,000で買収し、小切手を振り出して支払った。なお、宮城商事株式会社を買収した際の資産および負債の時価は、受取手形￥3,500,000、商品￥2,200,000、買掛金￥1,850,000であった。

ア．現金　イ．受取手形　ウ．買掛金　エ．のれん　オ．仕入　カ．資本準備金
キ．利益準備金　ク．資本金　ケ．当座預金

6．当期の6月20日に開催された株主総会で、以下のように繰越利益剰余金の処分が行われた。なお、同社の資本金は￥20,000,000、資本準備金は￥2,000,000、利益準備金は￥500,000（積立前）であった。

株主配当金　￥1,800,000　　別途積立金　￥800,000
利益準備金　会社法の定める必要額

ア．未払配当金　イ．利益準備金　ウ．別途積立金　エ．資本準備金
オ．繰越利益剰余金　カ．普通預金　キ．資本金

7．当期の6月25日に開催された株主総会で、以下のように繰越利益剰余金の処分が行われた。なお、同社の資本金は￥10,000,000、資本準備金は￥1,600,000、利益準備金は￥800,000（積立前）であった。株主配当金はただちに当座預金口座から支払った。

株主配当金　￥1,300,000　新築積立金　￥80,000
利益準備金　会社法の定める必要額

ア．資本金　イ．資本準備金　ウ．利益準備金　エ．当座預金
オ．新築積立金　カ．別途積立金　キ．繰越利益剰余金

8．株主総会の決議において、配当￥300,000（配当財源はその他資本剰余金から￥100,000、繰越利益剰余金から￥200,000）が決定した。また、配当金の10分の1を準備金として積み立てた。

ア．資本準備金　イ．利益準備金　ウ．その他資本剰余金　エ．別途積立金
オ．未払配当金　カ．繰越利益剰余金　キ．資本金

9．株主総会の決議によって、その他資本剰余金￥500,000を減少して資本金に組み入れた。

ア．繰越利益剰余金　イ．資本金　ウ．その他資本剰余金　エ．利益準備金
オ．資本準備金　カ．別途積立金　キ．未払金

10．福島物産株式会社は、当期の決算において￥5,400,000の損失を計上した。

ア．損益　イ．資本金　ウ．繰越利益剰余金　エ．利益準備金　オ．資本準備金
カ．売上　キ．仕入

第1問対策－❷／16問

税　金

教科書 CHAPTER 04
解答解説 83ページ

下記の各取引について仕訳しなさい。ただし、勘定科目は、設問ごとに最も適当と思われるものを選び、(　　)の中に記号で解答すること。

1．決算に際して、税引前当期純利益￥1,500,000の40％を法人税、住民税及び事業税として計上した。なお、￥200,000については期中において中間納付をしている。

ア．未払法人税等　イ．仮払法人税等　ウ．租税公課　エ．仮受消費税
オ．仮払消費税　カ．法人税、住民税及び事業税　キ．支払手数料

2．×1年度の決算において、税引前当期純利益は￥400,000計上している。しかし、減価償却費の損金不算入額が￥350,000あった。当期の法人税、住民税及び事業税の法定実効税率を30％として、未払法人税等を計上する。

ア．法人税、住民税及び事業税　イ．租税公課　ウ．仮払法人税等
エ．未払法人税等　オ．仮受消費税　カ．仮払消費税　キ．法人税等調整額

3．決算に際して、消費税の納付額を計算し、これを確定した。なお、消費税の会計処理は税抜方式によっており、当期の消費税仮払分は￥300,000、消費税仮受分は￥450,000であった。

ア．租税公課　イ．未払消費税　ウ．未収還付消費税　エ．仮払消費税
オ．仮受消費税　カ．未払法人税等　キ．法人税等調整額

第1問対策－❸／16問

商品売買

教科書 CHAPTER 05
解答解説 85ページ

下記の各取引について仕訳しなさい。ただし、勘定科目は、設問ごとに最も適当と思われるものを選び、(　　)の中に記号で解答すること。

1．横浜商事は、池袋商事より商品￥150,000（@￥500×300個）を仕入れ、代金は掛けとした。なお、同社では商品売買に関しては、商品を仕入れたときに商品勘定に記入し、販売のつど売上原価を売上原価勘定に振り替える方法で記帳している。

ア．買掛金　イ．商品　ウ．仕入　エ．売上原価　オ．繰越商品　カ．売掛金
キ．売上

2．東京商事は千葉商事に商品50個（原価@￥200、売価@￥320）を売り上げ、代金は掛けとした。なお、東京商事では商品売買に関して、商品を仕入れたときに商品勘定で処理し、販売のつど売上原価を売上原価勘定に振り替える方法で記帳している。

ア．売上原価　イ．売掛金　ウ．商品　エ．売上　オ．仕入　カ．繰越商品
キ．買掛金

3．群馬商事は商品￥200,000をクレジット払いの条件で販売した。なお、信販会社への手数料は販売代金の４％とし、販売時に計上し、信販会社に対する債権から控除する。

ア．支払利息　イ．支払手数料　ウ．クレジット売掛金　エ．売上
オ．当座預金　カ．仕入　キ．買掛金

4．商品￥100,000をクレジット払いの条件で顧客に販売し、信販会社へのクレジット手数料（販売代金の４％）を販売時に認識した。なお、消費税の税率は販売代金に対して10％とし、税抜方式で処理するが、クレジット手数料には消費税は課税されない。

ア．仮受消費税　イ．売上　ウ．支払手数料　エ．未払消費税
オ．クレジット売掛金　カ．仮払消費税　キ．租税公課

第1問対策－❹／16問

手形と電子記録債権（債務）等

教科書 CHAPTER 06、（参考）
解答解説 87ページ

下記の各取引について仕訳しなさい。ただし、勘定科目は、設問ごとに最も適当と思われるものを選び、（　　）の中に記号で解答すること。

1．石川商事から売掛金の決済のために受け取った同社振出、当社宛の約束手形¥700,000を太平洋銀行で割り引いていたが、この約束手形が満期日に支払拒絶され、同銀行より償還請求を受けたため、小切手を振り出して決済した。また、満期日後の延滞利息¥1,800は現金で支払い、手形金額とともに石川商事に対して支払請求した。

ア．当座預金　イ．受取手形　ウ．支払手形　エ．現金　オ．不渡手形
カ．支払利息　キ．未払金

2．前期において、愛知商事に対して償還請求をしていた不渡手形¥415,000のうち、¥115,000を現金で回収したが、残額は回収の見込みがないため、貸倒れの処理をした。なお、貸倒引当金の残高は¥80,000である。

ア．貸倒損失　イ．不渡手形　ウ．貸倒引当金　エ．普通預金　オ．現金
カ．受取手形　キ．償却債権取立益

3．熊本商事より商品¥400,000を仕入れ、代金のうち¥300,000は先に受け取っていた福岡商事振出の約束手形を裏書譲渡し、残額は現金で支払った。

ア．売上　イ．現金　ウ．支払手形　エ．不渡手形　オ．受取手形　カ．仕入
キ．買掛金

4．所有する得意先振出の約束手形¥200,000を取引銀行で割り引き、割引料¥1,050を差し引いた残額をただちに普通預金口座に預け入れた。

ア．支払手数料　イ．支払手形　ウ．受取手形　エ．手形売却損　オ．当座預金
カ．普通預金　キ．不渡手形

5．かねて振り出していた約束手形¥300,000について、手形の所持人である札幌商事に対して手形の更改を申し入れ、同社の了承を得て、旧手形と交換して新手形を振り出した。なお、支払期日の延長にともなう利息¥6,000は新手形の額面金額に含めて処理する。

ア．受取手形　イ．支払手形　ウ．支払手数料　エ．現金　オ．受取利息

カ．未払金　キ．支払利息

6．岐阜商事は、三重商事に対する買掛金¥300,000の支払いを電子債権記録機関で行うため、取引銀行を通じて債務の発生記録を行った。

ア．支払手形　イ．売掛金　ウ．電子記録債務　エ．電子記録債権　オ．買掛金

カ．当座預金　キ．未払金

7．電子債権記録機関で発生記録した債権¥300,000の支払期日が到来したので、三重商事の当座預金口座に債権金額が振り込まれた。

ア．電子記録債務　イ．当座預金　ウ．買掛金　エ．電子記録債権

オ．普通預金　カ．売掛金　キ．受取手形

8．富山商事は、新潟商事に対する買掛金¥200,000の支払いのため、取引銀行を通じて電子記録債権の譲渡記録を行った。

ア．当座預金　イ．売掛金　ウ．電子記録債権売却損　エ．電子記録債務

オ．電子記録債権　カ．買掛金　キ．手形売却損

9．川崎商事は電子記録債権¥500,000を横浜商事に譲渡し、譲渡記録を行った。このうち¥300,000は横浜商事に対する買掛金を決済するためのものであり、残りは換金代金¥190,000を得るためのものである。換金代金は当座預金口座に入金された。

ア．電子記録債権　イ．電子記録債務　ウ．売上　エ．買掛金　オ．売掛金

カ．当座預金　キ．電子記録債権売却損

10．神奈川商事は、電子記録債権¥180,000を銀行で割り引き、割引料¥1,000が差し引かれた残額を当座預金口座に受け入れた。

ア．電子記録債権売却損　イ．電子記録債務　ウ．電子記録債権

エ．手形売却損　オ．現金　カ．当座預金　キ．受取手形

11．奈良商事に対する売掛金￥100,000を、奈良商事の承諾を得て、京都商事に￥98,000で売り渡した。なお、売却代金は普通預金口座に入金された。

ア．買掛金　イ．売掛金　ウ．当座預金　エ．普通預金　オ．債権売却損
カ．受取手形　キ．支払手形

第1問対策－❺／16問

現金預金

教科書 CHAPTER 07
解答解説 91ページ

下記の各取引について仕訳しなさい。ただし、勘定科目は、設問ごとに最も適当と思われるものを選び、(　　)の中に記号で解答すること。

1．決算日において、すでに掛け代金の支払いとして処理されていた小切手￥200,000が未渡しであることが判明した。

ア．支払手形　イ．買掛金　ウ．当座預金　エ．売掛金　オ．現金
カ．受取手形　キ．未払金

2．決算に際して当座預金の残高を確認したところ、当社の帳簿残高と銀行が発行した残高証明書の残高に不一致があったため、原因を調べたところ、次の事実が判明したので、必要な修正処理を行った。なお、当社において仕訳が不要な場合は借方科目の欄に「キ」(仕訳なし)と記号を記入すること。

①　電気代￥50,000が当座預金口座から引き落とされていたが、この連絡が当社に未達であった。

②　買掛金の支払いのために振り出した小切手￥150,000が決算日現在、銀行に呈示されていなかった。

③　備品の購入にかかる未払金を支払うために振り出した小切手￥200,000が未渡しのまま当社の金庫に保管されていた。

ア．現金　イ．水道光熱費　ウ．未払金　エ．当座預金　オ．買掛金
カ．前払金　キ．仕訳なし

第1問対策－❻／16問

固定資産

教科書 CHAPTER 08
解答解説 93ページ

下記の各取引について仕訳しなさい。ただし、勘定科目は、設問ごとに最も適当と思われるものを選び、（　　）の中に記号で解答すること。

1．店舗で使用する商品陳列棚￥200,000を購入し、代金は約束手形を振り出して支払った。

ア．貯蔵品　イ．営業外受取手形　ウ．営業外支払手形　エ．備品
オ．当座預金　カ．受取手形　キ．未払金

2．帳簿価額￥10,000,000の土地を￥12,000,000で売却した。売却代金のうち￥2,000,000は現金で受け取り、残額は先方振出の約束手形を受け取った。

ア．未収入金　イ．現金　ウ．固定資産売却益　エ．固定資産売却損
オ．営業外支払手形　カ．営業外受取手形　キ．土地

3．埼玉商事は×2年10月１日に営業用車両（現金販売価額は￥2,400,000）を割賦購入した際、毎月末日に支払期限の到来する額面￥500,000の約束手形５枚を振り出している。本日（×2年10月31日）、当該約束手形の支払期日となったため、当座預金口座から手形代金を支払った。なお、購入時において利息相当額は前払利息勘定で処理しており、手形代金の支払いのつど、利息相当額を前払利息勘定から支払利息勘定に振り替える。

ア．当座預金　イ．前払利息　ウ．車両運搬具　エ．営業外支払手形
オ．支払利息　カ．未払金　キ．営業外受取手形

4．決算に際し、営業用車両（取得原価￥4,000,000、減価償却累計額￥480,000、間接法で記帳）について、生産高比例法により減価償却を行った。この車両の残存価額は取得原価の10％、見積総走行可能距離は300,000㎞であり、当期の実際走行距離は45,000㎞であった。

ア．当座預金　イ．車両運搬具　ウ．備品減価償却累計額　エ．備品
オ．車両運搬具減価償却累計額　カ．減価償却費

5．営業用車両（取得原価¥5,000,000、残存価額¥500,000、前期末における減価償却累計額¥3,600,000、減価償却方法は生産高比例法、見積総走行可能距離は200,000km、当期の走行距離は12,000km、記帳方法は間接法）を下取りさせて、新たな営業用車両（購入価額¥3,000,000）を購入した。なお、旧車両の下取価額は¥600,000で、購入価額との差額は月末に支払うこととした。

ア．車両運搬具　イ．固定資産売却益　ウ．減価償却費　エ．固定資産売却損
オ．未払金　カ．車両運搬具減価償却累計額　キ．買掛金

6．当期首において、使用中の備品¥400,000（前期末における減価償却累計額は¥315,000、記帳方法は直接法）を除却した。なお、当該備品の処分価額は¥30,000と見積られた。

ア．備品減価償却累計額　イ．固定資産除却損　ウ．固定資産売却損
エ．固定資産売却益　オ．備品　カ．機械装置　キ．貯蔵品

7．建設中の営業用店舗が完成したため、店舗の引き渡しを受け、工事代金の残額¥6,500,000のうち¥1,000,000と登記料¥90,000については小切手を振り出して支払い、残額は翌月に支払うこととした。なお、当該店舗について、工事代金の一部としてすでに¥3,500,000を支払っている。

ア．建設仮勘定　イ．当座預金　ウ．買掛金　エ．建物　オ．未収入金
カ．未払金　キ．備品

8．当期首において、営業用建物（取得原価¥8,000,000）の修繕を行い、代金¥900,000のうち¥200,000については小切手を振り出して支払い、残額は月末に支払うこととした。なお、修繕代金¥900,000のうち¥500,000については建物の耐用年数を延長させる効果があると認められる。また、修繕引当金の残高は¥250,000である。

ア．当座預金　イ．修繕費　ウ．修繕引当金　エ．現金　オ．未払金
カ．建物　キ．租税公課

9．×7年4月30日、火災が発生し、建物（取得原価¥6,000,000、減価償却累計額¥3,240,000）が焼失した。この建物には火災保険¥3,000,000が掛けられていたので、保険会社に保険金の支払請求をした。なお、当該建物の当期の減価償却費は月割り

で計上する。建物の減価償却方法は定額法（耐用年数30年、残存価額は取得原価の10%、記帳方法は間接法）により行っており、決算日は年１回、３月31日である。

ア．減価償却費　イ．建物　ウ．未収入金　エ．現金　オ．保険差益

カ．火災損失　キ．建物減価償却累計額　ク．未決算

10. 火災により焼失した建物（取得原価：¥8,000,000、残存価額：取得原価の10%、耐用年数30年、減価償却方法は定額法、記帳方法は間接法）について請求していた保険金¥5,000,000について、保険金¥3,800,000を支払う旨の連絡を、本日、保険会社から受けた。当該建物は、当期首から18年前に取得したもので、当期の７月31日に火災が発生したため、火災発生日における帳簿価額を未決算勘定に振り替えていた。なお、決算日は年１回、３月31日であり、減価償却費の計上は月割りで行っている。

ア．火災損失　イ．未収入金　ウ．保険差益　エ．未決算

オ．建物減価償却累計額　カ．減価償却費　キ．建物

11. 愛知商事は、備品の取得を助成するため国より交付された補助金¥300,000を受け取り、当座預金とした。

ア．国庫補助金受贈益　イ．備品　ウ．当座預金　エ．未払金

オ．固定資産圧縮損　カ．固定資産売却益　キ．未決算

12. 愛知商事は、期首に上記11.の補助金と自己資金により、備品¥1,000,000を取得し、代金は今月末に支払うことにした。なお、この備品については補助金に相当する額の圧縮記帳（直接控除方式）を行った。

ア．固定資産圧縮損　イ．国庫補助金受贈益　ウ．備品　エ．未払金

オ．未収入金　カ．固定資産売却損　キ．減価償却費

13. 愛知商事は、本日決算日につき、上記12.の備品について定額法（残存価額ゼロ、耐用年数５年）により減価償却を行った。記帳方法は間接法による。

ア．減価償却費　イ．備品　ウ．固定資産圧縮損　エ．備品減価償却累計額

オ．未払金　カ．当座預金　キ．保険差益

第1問対策－⑦／16問

リース取引

教科書 CHAPTER 09
解答解説 100ページ

下記の各取引について仕訳しなさい。ただし、勘定科目は、設問ごとに最も適当と思われるものを選び、（　　）の中に記号で解答すること。

1．北海道商事株式会社は、当期首において下記の条件によって根室リース株式会社とコピー機のリース契約（ファイナンス・リース取引に該当する）を結んだ。なお、リース料に含まれている利息は毎期均等額を費用として処理する方法（利子抜き法）で処理すること。

　　リース期間：５年間
　　リース料年額：¥90,000（毎年３月末日払い）
　　リース資産：見積現金購入価額¥375,000

　ア．現金　イ．支払リース料　ウ．リース資産　エ．リース債務
　オ．未払金　カ．支払利息　キ．未収入金

2．北海道商事株式会社は、３月31日において、１回目のリース料を上記１．の条件どおりに小切手を振り出して支払った。また、本日決算日につき、コピー機は耐用年数５年、残存価額をゼロとして定額法で減価償却を行う（記帳方法は間接法）。

　ア．支払利息　イ．リース資産　ウ．リース債務　エ．減価償却費
　オ．当座預金　カ．リース資産減価償却累計額　キ．未払金

3．高知商業株式会社は、当期首において、リース会社とリース期間５年、リース料は年額¥100,000（期末に当座預金口座より後払い）で複合機（見積現金購入価額は¥460,000）のリース契約を結んだ。このリース契約はファイナンス・リース取引に該当し、利子込み法で処理している。当期末における第１回目のリース料支払いと減価償却の仕訳をしなさい。なお、減価償却は耐用年数５年、残存価額ゼロとする定額法（記帳方法は間接法）によって行うこと。

　ア．車両運搬具　イ．リース資産　ウ．リース債務　エ．支払利息
　オ．当座預金　カ．減価償却費　キ．リース資産減価償却累計額

4．×2年４月１日から、ファイナンス・リース取引に該当する事務機器のリース契約（期間は×7年３月31日までの５年間、月額リース料は￥35,000で毎月末日支払い）を結び、利子込み法により処理してきたが、×5年３月31日でこのリース契約を解約して×5年４月１日以降の未払リース料の残高全額を普通預金口座から支払い、同時にこのリース物件を貸し手に無償で返却し、除却の処理をした。なお、このリース物件について×5年３月31日まで減価償却費を間接法により計上済みである。

ア．リース資産　イ．リース資産減価償却累計額　ウ．固定資産除却損
エ．普通預金　オ．リース債務　カ．固定資産売却損　キ．当座預金

5．×2年８月31日、青森株式会社は、下記の条件によって岩手リース株式会社と結んだ備品のリース契約（オペレーティング・リース取引に該当する）につき、１回目のリース料を現金で支払った。

リース契約日：×1年９月１日
リ ー ス 期 間：４年間
リ　ー　ス　料：年額￥20,000（支払日は毎年８月末日）

ア．支払利息　イ．リース資産　ウ．減価償却費　エ．支払リース料
オ．リース債務　カ．現金　キ．当座預金

第1問対策－❽／16問

研究開発費と無形固定資産

教科書 CHAPTER 10
解答解説 103ページ

下記の各取引について仕訳しなさい。ただし、勘定科目は、設問ごとに最も適当と思われるものを選び、（　　）の中に記号で解答すること。

1．もっぱら研究・開発のために使用する器具を￥100,000で購入し、代金は小切手を振り出して支払った。

ア．支払利息　イ．ソフトウェア　ウ．研究開発費　エ．ソフトウェア仮勘定
オ．ソフトウェア償却　カ．当座預金　キ．備品

2．富士商事株式会社は、将来の経費削減に確実に役立つので、自社利用目的でソフトウェア￥150,000を購入し、代金は小切手を振り出して支払った。

ア．ソフトウェア償却　イ．当座預金　ウ．ソフトウェア仮勘定
エ．減価償却費　オ．ソフトウェア　カ．研究開発費　キ．未払金

3．静岡商事は、決算にあたり当期首に自社利用目的で購入したソフトウェア（取得原価￥250,000）について定額法により償却した。なお、このソフトウェアの利用可能期間は５年と見積もられている。

ア．ソフトウェア　イ．当座預金　ウ．ソフトウェア償却
エ．ソフトウェア仮勘定　オ．研究開発費　カ．のれん償却　キ．特許権

4．社内利用目的のソフトウェアの開発を外部に依頼し、３回均等分割支払いの条件で契約総額￥900,000の全額を未払計上し、２回分をすでに支払っていた。本日、このソフトウェアの制作が完成し、使用を開始したため、ソフトウェアの勘定に振り替えるとともに、最終回（第３回目）の支払いを普通預金から行った。

ア．普通預金　イ．ソフトウェア償却　ウ．ソフトウェア仮勘定
エ．ソフトウェア　オ．研究開発費　カ．未払金　キ．現金

第1問対策－⑨／16問

有価証券

教科書 CHAPTER 11、(参考)
解答解説 105ページ

下記の各取引について仕訳しなさい。ただし、勘定科目は、設問ごとに最も適当と思われるものを選び、（　　）の中に記号で解答すること。

1．埼玉商事株式会社は、取引先の群馬商事株式会社との取引の開始にあたり、同社との長期にわたる取引関係を維持するために、同社株式5,000株を１株￥1,500で購入し、取引費用￥60,000とともに小切手を振り出して支払った。

ア．関連会社株式　イ．当座預金　ウ．子会社株式　エ．その他有価証券
オ．売買目的有価証券　カ．満期保有目的債券　キ．支払手数料

2．当社は、長期利殖目的で新潟産業株式会社の株式1,000株を１株￥4,000で購入し、代金は売買手数料￥30,000とともに後日支払うこととした。

ア．満期保有目的債券　イ．その他有価証券　ウ．子会社株式　エ．未払金

オ．関連会社株式　カ．売買目的有価証券　キ．支払手数料

3．当社は、北海道工業株式会社の株式500株を１株￥5,000で購入し、代金は小切手を振り出して支払った。なお、当社はこれまでに北海道工業株式会社の発行済株式の過半数（50％超）を取得している。

ア．関連会社株式　イ．当座預金　ウ．子会社株式　エ．その他有価証券

オ．売買目的有価証券　カ．満期保有目的債券　キ．未払金

4．静岡商事株式会社は、新たに浜松商事株式会社の株式1,000株を＠￥550で取得し、代金は手数料等￥6,000とともに小切手を振り出して支払った。なお、浜松商事株式会社の発行済株式総数は4,000株である。

ア．その他有価証券　イ．子会社株式　ウ．当座預金　エ．満期保有目的債券

オ．関連会社株式　カ．売買目的有価証券　キ．支払手数料

5．当期中に３回に分けて取得したＡ社株式（売買目的有価証券）1,000株のうち700株を１株￥730で売却し、代金は４営業日後に受け取ることとした。当社はＡ社株式について、第１回目は300株を１株￥650で、第２回目は500株を１株￥750で、第３回目は200株を１株￥700で、それぞれ買い付けている。なお、売買目的有価証券は分記法で処理し、帳簿単価は平均原価法で計算している。

ア．売買目的有価証券　イ．有価証券売却益　ウ．有価証券売却損

エ．有価証券評価損　オ．未払金　カ．未収入金　キ．有価証券評価益

6．×8年６月12日に満期保有目的で滋賀工業株式会社の社債（額面総額￥5,000,000、利率は年3.65％、利払日は３月末日と９月末日の年２回）を額面￥100につき￥97.20で買い入れ、代金は購入手数料￥6,000および端数利息ともに小切手を振り出して支払った。なお、端数利息の金額については、１年を365日として日割りで計算すること。

ア．未払利息　イ．売買目的有価証券　ウ．有価証券利息　エ．未払金

オ．当座預金　カ．満期保有目的債券　キ．その他有価証券

7．×8年11月20日に、三重物産株式会社の社債（額面総額￥2,500,000、利率は年7.3％、利払日は３月末と９月末の年２回、×8年６月20日に額面￥100につき

¥96.36の裸相場で購入、売買目的）を額面¥100につき¥97.25の裸相場で売却し、売却代金は端数利息とともに先方振出の小切手で受け取った。なお、端数利息の金額については、１年を365日として日割りで計算すること。また、記帳方法として分記法を採用している。

ア．有価証券売却益　イ．有価証券売却損　ウ．未収入金

エ．売買目的有価証券　オ．有価証券利息　カ．現金　キ．支払手数料

8．売買目的で所有していた京都通商株式会社の社債（額面¥6,000,000、取得原価¥5,832,000、取得日は×7年４月１日、利率は年3.65％、利払日は３月末日と９月末日の年２回）のうち半分を×8年12月20日に額面¥100につき¥98.00で売却した。売却代金は、端数利息を含め、当座預金口座に振り込まれた。なお、前期の決算日（×8年３月31日）における当該社債の時価は、額面¥100につき¥97.80であった。当社は、売買目的有価証券の会計処理方法として、時価法（切放法）を、記帳方法として分記法を採用している。また、端数利息の金額については、１年を365日として日割りで計算すること。

ア．有価証券売却損　イ．当座預金　ウ．有価証券利息　エ．有価証券売却益

オ．売買目的有価証券　カ．現金　キ．受取手数料

9．決算において、当期中に売買目的で１株あたり¥2,200で取得したＡ社株式600株を時価に評価替えする。なお、決算時のＡ社株式の時価は１株あたり¥2,150である。

ア．売買目的有価証券　イ．満期保有目的債券　ウ．未収入金

エ．有価証券売却損　オ．有価証券売却益　カ．有価証券評価損

キ．有価証券評価益

10．決算において、群馬商事株式会社の株式について評価替えを行う。なお、当社は群馬商事株式会社との長期にわたる取引関係を維持するために同社の株式5,000株を１株¥1,500で購入し、購入手数料¥10,000を支払っている。決算日における群馬商事株式会社の株式の時価は１株¥1,800であり、全部純資産直入法を採用している。

ア．有価証券売却損　イ．その他有価証券評価差額金　ウ．有価証券評価益

エ．有価証券売却益　オ．有価証券評価損　カ．その他有価証券

キ．支払手数料

引当金

教科書 CHAPTER 12、(参考)
解答解説 111ページ

下記の各取引について仕訳しなさい。ただし、勘定科目は、設問ごとに最も適当と思われるものを選び、(　　)の中に記号で解答すること。

1．決算日における売掛金残高は¥1,000,000、電子記録債権残高は¥1,200,000、貸付金残高は¥1,200,000であった。売掛金と電子記録債権については過去の貸倒実績率２％によって貸倒引当金を設定するが、貸付金については、債務者の財政状態が悪化しているため、その回収可能額を50％と見積もって貸倒引当金を設定する。なお、決算整理前残高試算表の貸倒引当金は¥25,000である。

ア．償却債権取立益　イ．売掛金　ウ．貸倒引当金繰入　エ．貸倒損失
オ．電子記録債権　カ．貸倒引当金　キ．受取手形

2．得意先が倒産し、同社に対する売掛金¥500,000が回収不能となったため、貸倒れとして処理する。なお、回収不能額の売掛金のうち、¥350,000は前期に発生したもので、残額は当期に発生したものである。また、貸倒引当金の残高は¥400,000である。

ア．貸倒引当金　イ．貸倒損失　ウ．受取手形　エ．償却債権取立益
オ．貸倒引当金繰入　カ．売掛金　キ．売上

3．機械および設備の定期修繕を行い、代金¥750,000は翌月末に支払うこととした。なお、修繕引当金の残高は¥450,000である。

ア．修繕費　イ．未収入金　ウ．修繕引当金　エ．未払金　オ．機械設備
カ．減価償却費　キ．修繕引当金繰入

4．決算につき、役員賞与引当金¥800,000を設定する。

ア．賞与引当金　イ．所得税預り金　ウ．当座預金　エ．給料
オ．役員賞与引当金繰入　カ．役員賞与引当金　キ．従業員立替金

5．６月10日、従業員の賞与¥2,400,000（前期末に賞与引当金¥1,600,000を設定して

いる）について、源泉所得税￥360,000を差し引いた残額を当座預金口座から従業員の普通預金口座に振り込んだ。

ア．賞与引当金　イ．当座預金　ウ．賞与　エ．給料　オ．所得税預り金

カ．賞与引当金繰入　キ．普通預金

6．前期に販売した商品について、修理の申し出があったため、無償修理に応じ、修理業者に修理費用￥250,000を現金で支払った。なお、商品保証引当金の残高は￥300,000である。

ア．修繕費　イ．商品保証引当金繰入　ウ．商品保証引当金　エ．現金

オ．普通預金　カ．支払手数料　キ．未払金

7．決算において、前年度に販売した商品の品質保証期限が終了したため、この保証のために設定した引当金（残高￥40,000）を取り崩すとともに、当期に販売した商品（保証付き）の保証費用（当期の売上高￥3,000,000に対して１％）を見積もり、洗替法により引当金を設定した。

ア．商品保証費　イ．商品保証引当金繰入　ウ．売上　エ．商品保証引当金

オ．受取手数料　カ．商品保証引当金戻入　キ．売掛金

第1問対策−⑪／16問

サービス業の処理

教科書 CHAPTER 13
解答解説 114ページ

下記の各取引について仕訳しなさい。ただし、勘定科目は、設問ごとに最も適当と思われるものを選び、（　　）の中に記号で解答すること。

1．建築物の設計を請け負っている三崎設計事務所は、給料￥200,000と出張旅費￥100,000を現金で支払った。

ア．給料　イ．現金　ウ．旅費交通費　エ．前払金　オ．仕掛品　カ．役務収益

キ．役務原価

2．三崎設計事務所は、顧客から依頼のあった案件について建物の設計を行った。上記1．の給料のうち￥120,000と出張旅費のうち￥30,000が当該案件のために直接費や

されたものであることが明らかになったため、これらを仕掛品勘定に振り替えた。

ア. 現金　イ. 前払金　ウ. 仕掛品　エ. 給料　オ. 役務原価　カ. 旅費交通費
キ. 役務収益

3. 三崎設計事務所は、上記2.の案件について、設計図が完成したので、これを顧客に渡し、その対価¥280,000を受け取り、当座預金口座に入金した。役務収益の発生に伴い、対応する役務原価を計上する。

ア. 役務原価　イ. 当座預金　ウ. 前受金　エ. 前払金　オ. 仕掛品
カ. 役務収益　キ. 未収入金

4. 旅行業を営む水道橋旅行株式会社は、×1年10月25日に3泊4日のツアーを催行し、移動のための交通費や添乗員への報酬など、¥500,000を現金で支払った。なお、このツアーに関し、×1年8月25日に申込金¥1,000,000を現金で受け取っている。

ア. 仕掛品　イ. 現金　ウ. 前受金　エ. 前払金　オ. 役務原価
カ. 役務収益　キ. 当座預金

第1問対策－⑫／16問

収益の認識基準

教科書 CHAPTER 14
解答解説 116ページ

下記の各取引について仕訳しなさい。ただし、勘定科目は、設問ごとに最も適当と思われるものを選び、(　　)の中に記号で解答すること。

1. ×1年4月1日（期首）に、当社は富山商事と商品の販売（×1年4月1日に商品の引き渡しを行う）と、2年間の保守サービスの提供（保守サービスの期間は×1年4月1日から×3年3月31日まで）を1つの契約で締結した。契約書に記載された対価の額は¥3,000,000（商品の対価は¥2,000,000、保守サービスの対価は¥1,000,000）で、商品の引渡時に対価¥3,000,000が普通預金口座に入金された。この場合において、×1年4月1日の仕訳をしなさい。

ア. 当座預金　イ. 普通預金　ウ. 契約資産　エ. 契約負債　オ. 売上
カ. 返金負債　キ. 売掛金

2．上記1．について、×2年3月31日（決算日）の仕訳をしなさい。

ア．当座預金　イ．普通預金　ウ．契約資産　エ．契約負債　オ．売上
カ．返金負債　キ．売掛金

3．×2年4月1日（期首）に、神奈川商事と商品A（対価￥400,000、商品の引渡日は×2年4月30日）および商品B（対価￥250,000、商品の引渡日は×2年5月25日）を販売する契約を締結した。なお、契約書には商品Aの対価の支払いは商品Bの引き渡しが完了するまで留保される旨の記載がある（商品Aと商品Bの両方の引き渡しが完了するまで、対価に関する無条件の権利はない）。×2年4月30日に商品Aを引き渡したときの仕訳をしなさい。

ア．売掛金　イ．売上　ウ．契約負債　エ．契約資産　オ．未収入金
カ．返金負債　キ．普通預金

4．上記3．において、×2年5月25日に商品Bを引き渡したときの仕訳をしなさい。なお、商品Aおよび商品Bの代金は×2年6月30日に普通預金口座に振り込まれることになっている。

ア．当座預金　イ．普通預金　ウ．契約資産　エ．契約負債　オ．売上
カ．返金負債　キ．売掛金

5．当期首において、東西株式会社に商品Xを300個売り上げた。販売代金は翌月末日に普通預金口座に入金される。商品Xの販売単価は@￥2,000であるが、当期中の東西株式会社に対する商品Xの販売個数が800個に達した場合には1個あたり￥20のリベートを支払うことになっている。当期における東西株式会社に対する商品Xの販売個数は900個と予想されており、リベートを支払う可能性は高い。

ア．契約資産　イ．普通預金　ウ．返金負債　エ．契約負債　オ．売上
カ．売掛金　キ．当座預金

外貨建取引

教科書 CHAPTER 15
解答解説 118ページ

下記の各取引について仕訳しなさい。ただし、勘定科目は、設問ごとに最も適当と思われるものを選び、（　　）の中に記号で解答すること。

1．5月1日にアメリカのA社より商品8,000ドルの注文を受け、手付金1,000ドルを受け取っていたが、本日（6月10日）、商品を売り上げ、手付金を差し引いた残額は掛けとした。なお、5月1日の為替相場は1ドル￥120、6月10日の為替相場は1ドル￥118であった。

ア．為替差損益　イ．前払金　ウ．前受金　エ．売掛金　オ．売上
カ．当座預金　キ．仮受金

2．9月20日　青森商事株式会社は、8月1日にアメリカの仕入先より掛けで購入した商品1,000ドルの代金を当座預金口座より支払った。なお、8月1日の為替相場は1ドル￥110、9月20日の為替相場は1ドル￥105であった。

ア．売掛金　イ．当座預金　ウ．仕入　エ．為替差損益　オ．売上
カ．買掛金　キ．普通預金

3．秋田物産株式会社は、本日（3月31日）決算日につき、外貨建て売掛金の換算替えを行った。この外貨建ての売掛金は3月1日にアメリカの得意先に対して商品1,000ドルを輸出した際に生じたもの（代金の決済は5月10日の予定）である。なお、3月1日の為替相場は1ドル￥100、3月31日の為替相場は1ドル￥108であった。

ア．仕入　イ．売掛金　ウ．当座預金　エ．売上　オ．為替差損益
カ．買掛金　キ．繰越商品

4．2月10日　宮城商事株式会社は、アメリカの得意先に対して商品3,000ドルを輸出し、代金は掛けとした。また、取引と同時に1ドル￥108で為替予約を付した。なお、2月10日の直物為替相場は1ドル￥106であった（取引高と債権額に振当処理を行うこと）。

ア．未収入金　イ．当座預金　ウ．売掛金　エ．仕入　オ．売上

カ．為替差損益　キ．支払手数料

5．3月1日　岩手商事株式会社は、アメリカの仕入先であるA社との間で生じた買掛金6,000ドルについて、1ドル¥105で為替予約を付した。この買掛金は2月1日にA社より商品を掛けで購入した際に生じたものであり、掛け代金の決済日は4月30日の予定である。なお、2月1日の直物為替相場は1ドル¥104、3月1日の直物為替相場は1ドル¥107であった。また、為替予約の処理は振当処理を適用することとするが、2月1日の為替相場による円への換算額と、為替予約による円換算額との差額はすべて当期の損益として処理する。

ア．当座預金　イ．売掛金　ウ．買掛金　エ．仕入　オ．売上

カ．為替差損益　キ．未収入金

6．4月30日　岩手商事株式会社は、上記5．の輸入代金6,000ドルの支払期日を迎えたので、取引銀行との為替予約契約にもとづき、仕入先に6,000ドルを送金し、当座預金口座から決済した。なお、4月30日の為替相場は1ドル¥108であった。

ア．仕入　イ．売掛金　ウ．当座預金　エ．売上　オ．為替差損益

カ．買掛金　キ．雑益

第1問対策－⑭／16問

本支店会計

教科書 CHAPTER 19、(参考)
解答解説 122ページ

下記の各取引について仕訳しなさい。ただし、勘定科目は、設問ごとに最も適当と思われるものを選び、(　　)の中に記号で解答すること。

1．近畿産業株式会社の大阪支店は、京都支店より大阪支店負担の広告宣伝費¥120,000を立替払いした旨の連絡を受けた。なお、同社は支店分散計算制度を採用している。

ア．広告宣伝費　イ．本店　ウ．大阪支店　エ．未払金　オ．京都支店

カ．買掛金　キ．立替金

2．東京商事株式会社は横浜支店と松戸支店の２つの支店を有しており、本店集中計算制度により会計処理を行っている。この場合に、横浜支店が、松戸支店の広告宣伝費￥150,000を現金で支払った取引について、本店で行われる仕訳を示しなさい。

ア．未払金　イ．現金　ウ．横浜支店　エ．松戸支店　オ．本店
カ．広告宣伝費　キ．立替金

3．埼玉に支店を開設することになり、本店から現金￥100,000、商品（原価￥800,000、売価￥1,200,000）、備品（取得価額￥500,000、減価償却累計額￥100,000）が移管された。支店独立会計制度を採用している場合の、支店側の仕訳をしなさい。なお、当社は商品売買について、「商品の販売のつど売上原価勘定に振り替える方法」を採用しており、減価償却の記帳方法は間接法によっている。

ア．現金　イ．仕入　ウ．商品　エ．備品　オ．備品減価償却累計額
カ．本店　キ．売上原価

4．決算にあたり、本店は支店から当期純利益￥870,000を計上したとの報告を受けた。本店側の仕訳を答えなさい。なお、当社は支店独立会計制度を採用している。

ア．損益　イ．繰越利益剰余金　ウ．本店　エ．支店
オ．資本金　カ．法人税等

第1問対策－⑮／16問

税効果会計

教科書 CHAPTER 17
解答解説 124ページ

下記の各取引について仕訳しなさい。ただし、勘定科目は、設問ごとに最も適当と思われるものを選び、（　　）の中に記号で解答すること。

1．決算において、売掛金に対して貸倒引当金を￥100,000計上したが、そのうち￥40,000は税法上損金に算入することが認められなかった。貸倒引当金を設定する仕訳と税効果に関する仕訳を示しなさい。なお、法人税等の実効税率は40％とする。また、決算整理前の貸倒引当金の残高はゼロである。

ア．繰延税金負債　イ．法人税等調整額　ウ．貸倒引当金　エ．法人税等
オ．貸倒引当金繰入　カ．繰延税金資産　キ．繰越利益剰余金

2．決算にあたり、当期首に取得した備品（取得原価￥480,000、残存価額ゼロ、耐用年数４年）について、定額法により減価償却を行った。なお、税法で認められている耐用年数は６年であるために、税法で認められる償却額を超過した部分については損金に算入することが認められない。よって税効果に関する仕訳を示しなさい。なお、法人税等の実効税率は30％とし、減価償却に関する仕訳は不要である。

ア．法人税等調整額　イ．繰延税金負債　ウ．法人税等　エ．未払法人税等
オ．仮払法人税等　カ．繰延税金資産　キ．租税公課

3．決算において、その他有価証券として保有する岩手商事株式会社の株式500株（１株あたりの帳簿価額￥2,000）を全部純資産直入法にもとづき１株につき￥2,400に評価替えする。税効果会計を適用し、法定実効税率は30％とする。

ア．法人税等調整額　イ．その他有価証券　ウ．法人税、住民税及び事業税
エ．その他有価証券評価差額金　オ．繰延税金資産　カ．有価証券評価益
キ．繰延税金負債

第1問対策－⑯／16問

連結会計

教科書 CHAPTER 20、21
解答解説 127ページ

下記の各取引について仕訳しなさい。ただし、勘定科目は、設問ごとに最も適当と思われるものを選び、（　　）の中に記号で解答すること。

1．Ｐ社は×1年３月31日（決算日）に、Ｓ社の発行済株式の60％を￥950,000で取得して支配を獲得した。×1年３月31日におけるＳ社の純資産は、資本金￥1,000,000、資本剰余金￥200,000、利益剰余金￥300,000であった。支配獲得日における連結貸借対照表を作成するために必要な連結修正仕訳を示しなさい。

ア．利益剰余金　イ．子会社株式　ウ．非支配株主持分　エ．のれん
オ．資本金　カ．資本剰余金　キ．負ののれん発生益

2．Ｐ社は×1年３月31日に、Ｓ社の発行済株式の70％を取得し、支配を獲得している。Ｐ社は連結第１年度（×1年４月１日から×2年３月31日）より、Ｓ社に対し、原価に10％の利益を加算して商品を販売している。連結第１年度末におけるＳ社の

期末商品のうち、¥220,000はＰ社から仕入れたものであった。連結第１年度の連結財務諸表を作成するのに必要な未実現利益を控除するための連結修正仕訳を示しなさい。

ア．商品　イ．非支配株主持分　ウ．売上原価　エ．利益剰余金　オ．資本金

カ．非支配株主に帰属する当期純損益　キ．資本剰余金

3．Ｐ社は×1年３月31日に、Ｓ社の発行済株式の60％を取得し、支配を獲得している。Ｓ社は連結第１年度（×1年４月１日から×2年３月31日）より、Ｐ社に対し、原価に10％の利益を加算して商品を販売している。連結第１年度末におけるＰ社の期末商品のうち、¥330,000はＳ社から仕入れたものであった。連結第１年度の連結財務諸表を作成するのに必要な未実現利益を控除するための連結修正仕訳を示しなさい。

ア．非支配株主持分　イ．非支配株主に帰属する当期純損益　ウ．商品

エ．売上高　オ．売上原価　カ．買掛金

第2問対策

第2問の配点は20点で、有価証券、固定資産、株主資本等変動計算書など個別的な問題が出題されます。また、理論問題や連結会計（連結精算表や連結財務諸表の作成）も出題されます。
ネット試験での出題頻度が高い株主資本等変動計算書と連結会計から解いてみましょう。

問題No.	論　点	「教科書」との対応
第２問対策－❶	株主資本等変動計算書の作成	CHAPTER16
第２問対策－❷	連結会計	CHAPTER20～22
第２問対策－❸	連結財務諸表、連結精算表の作成－Ⅰ	CHAPTER20～22
第２問対策－❹	連結財務諸表、連結精算表の作成－Ⅱ	CHAPTER20～22
第２問対策－❺	連結財務諸表、連結精算表の作成－Ⅲ	CHAPTER20～22
第２問対策－❻	連結財務諸表、連結精算表の作成－Ⅳ	CHAPTER20～22
第２問対策－❼	商品売買	CHAPTER05
第２問対策－❽	現金預金	CHAPTER07
第２問対策－❾	有価証券	CHAPTER11
第２問対策－❿	固定資産－Ⅰ	CHAPTER08
第２問対策－⓫	固定資産－Ⅱ	CHAPTER08、09
第２問対策－⓬	リース取引	CHAPTER09
第２問対策－⓭	外貨建取引	CHAPTER15
第２問対策－⓮	理論問題	CHAPTER01～23

株主資本等変動計算書の作成

教科書 CHAPTER 16
解答解説 130ページ

次の［資料］にもとづいて、答案用紙に示した（　　）に適切な金額を記入して、東京物産株式会社の×1年度（自×1年4月1日　至×2年3月31日）の株主資本等変動計算書（単位：千円）を完成させなさい。なお、減少については、金額の前に△をつけて示すこと。

［資　料］

1．前期の決算で作成した貸借対照表の純資産の部に記載された項目の金額は次のとおりである。なお、この時点における当社の発行済株式総数は10,000株である。

資本金	¥30,000,000	資本準備金	¥ 4,000,000
その他資本剰余金	¥ 1,500,000	利益準備金	¥ 1,500,000
新築積立金	¥ 0	別途積立金	¥ 250,000
繰越利益剰余金	¥ 3,300,000		

2．×1年6月25日に開催された株主総会において、剰余金の配当等が次のとおり承認、決定された。

① 株主への配当金について、その他資本剰余金を財源として1株につき¥20、繰越利益剰余金を財源として1株につき¥80の配当を行う。

② 上記の配当に関連して、会社法が定める金額を資本準備金および利益準備金として積み立てる。

③ 繰越利益剰余金を処分し、新築積立金¥300,000を積み立てる。

3．×1年7月1日に増資を行い、3,000株を1株につき@¥4,000で発行した。払込金は全額当座預金に預け入れた。なお、資本金は会社法で規定する最低額を計上することとした。

4．×1年11月20日に埼玉商事株式会社を吸収合併し、埼玉商事株式会社の株主に対し、株式4,000株を1株につき@¥4,200で交付した。なお、埼玉商事株式会社の諸資産は80,000千円、諸負債は63,200千円であり、資産と負債の時価は帳簿価額と一致している。資本金増加額は8,000千円、資本準備金増加額は7,000千円、およびその他資本剰余金増加額は1,800千円とした。

5．×2年3月31日、決算の結果、当期純利益は700千円であることが判明した。

連結会計

教科書 CHAPTER 20〜22
解答解説 133ページ

当社は、品川産業株式会社の発行済株式総数10,000株のうち8,000株を１株あたり¥2,400で当期首（×2年４月１日）に小切手を振り出して取得し、同社を子会社とした。そのときの品川産業株式会社の純資産は、資本金¥15,000,000、資本準備金¥4,800,000、繰越利益剰余金¥3,000,000であり、資産と負債の時価は帳簿価額と一致していた。

以下の問いに答えなさい。なお、仕訳で用いる勘定科目は、問いごとに最も適当なものを選び、（　　）の中に**記号**を記入すること。また、仕訳不要の場合には、借方科目欄に「仕訳なし」の記号を記入すること。

問１　品川産業株式会社株式を取得したときの仕訳をしなさい。

ア．当座預金　イ．売買目的有価証券　ウ．子会社株式　エ．その他有価証券
オ．投資有価証券　カ．仕訳なし

問２　上記株式に係る決算時の評価に関する仕訳をしなさい。なお、品川産業株式会社の株式の期末時価は１株あたり¥2,200であった。

ア．売買目的有価証券　イ．その他有価証券　ウ．子会社株式
エ．有価証券評価損　オ．有価証券評価益　カ．その他有価証券評価差額金
キ．仕訳なし

問３　当社は、品川産業株式会社を子会社としたことにより、×3年３月期より連結財務諸表を作成することになる。そこで、連結初年度の連結修正仕訳を答えなさい。ただし、⑴投資と資本の相殺消去、⑵のれんの償却、⑶非支配株主に帰属する当期純損益の振り替えに分けて仕訳すること。

なお、のれんは取得時から10年間で定額法で償却する。また、品川産業株式会社の当期純利益は¥540,000であり、剰余金の配当は行っておらず、当社と資産等の売買取引を行っていない。

ア．子会社株式　イ．資本金　ウ．資本準備金　エ．繰越利益剰余金
オ．非支配株主持分　カ．のれん　キ．のれん償却
ク．非支配株主に帰属する当期純利益　ケ．仕訳なし

第2問対策－❸／14問

連結財務諸表、連結精算表の作成－Ⅰ

教科書 CHAPTER 20～22
解答解説 135ページ

次の［資料］にもとづいて、×1年３月期（×0年４月１日から×1年３月31日）の連結精算表（連結損益計算書と連結貸借対照表の部分）を作成しなさい。

［資　料］

1．Ｐ社は×0年３月31日にＳ社の発行済株式総数の60％を23,200千円で取得して支配を獲得した。×0年３月31日のＳ社の純資産の部は、次のとおりであった。

資　本　金　24,000千円
資本剰余金　6,400千円
利益剰余金　1,600千円

2．のれんの償却は、支配獲得時の翌年度から10年間で均等償却を行っている。

3．当年度において、Ｓ社は400千円の配当を行っている。

4．Ｐ社はＳ社に対し、原価に10％の利益を加算して商品を販売しており、当年度末にＳ社が保有する期末商品のうち、Ｐ社から仕入れた商品は8,800千円であった。

5．Ｐ社およびＳ社の債権債務残高および取引高は、次のとおりであった。

Ｐ社からＳ社		Ｓ社からＰ社	
売　掛　金	8,000千円	買　掛　金	8,000千円
貸　付　金	10,000千円	借　入　金	10,000千円
未収収益	100千円	未払費用	100千円
売　上　高	52,800千円	仕　入　高	52,800千円
受取利息	300千円	支払利息	300千円

6．Ｓ社は当年度中に土地（帳簿価額5,000千円）をＰ社に対して6,000千円で売却した。

第2問対策－❹／14問

連結財務諸表、連結精算表の作成－Ⅱ

教科書 CHAPTER 20〜22
解答解説 139ページ

次の［資料］にもとづいて、連結第２年度（×2年４月１日から×3年３月31日）の連結精算表を作成しなさい。

［資料Ⅰ］　連結に関する事項

1．Ｐ社は、×1年３月31日にＳ社の発行済株式総数の70％を96,000千円で取得して支配を獲得し、それ以降Ｓ社を連結子会社として連結財務諸表を作成している。

2．×1年３月31日（支配獲得時）におけるＳ社の純資産項目は、資本金80,000千円、資本剰余金30,000千円、利益剰余金24,000千円であった。

3．のれんは、支配獲得時の翌年度から10年間にわたり定額法により償却を行っている。

4．連結第１年度（×1年４月１日から×2年３月31日）において、Ｓ社は配当を行っていない。

5．連結第１年度より、Ｐ社はＳ社に対して売上総利益率20％で商品を販売している。

6．連結第２年度（×2年４月１日から×3年３月31日）において、Ｓ社は5,000千円の配当を行った。

［資料Ⅱ］　連結会社間の取引等

1．連結第２年度におけるＰ社のＳ社に対する売上高は68,000千円であった。

2．連結第２年度末（当年度末）において、Ｓ社の保有する商品のうち9,000千円はＰ社から仕入れた商品であった。また、期首におけるＳ社の保有する商品のうち7,000千円はＰ社から仕入れたものであった。

3．連結第２年度末において、Ｐ社の売掛金残高のうち25,000千円はＳ社に対するものであった。

4．Ｐ社の長期貸付金50,000千円はＳ社に対して×2年11月１日に、年利率2.4％、期間３年で貸し付けているものである。利息の受け取りは返済時に行う。なお、Ｐ社・Ｓ社ともに利息を月割計算によって計上している。

5．Ｐ社は連結第２年度中に土地（帳簿価額12,000千円）を、Ｓ社に対して13,000千円で売却した。

第2問対策－❺／14問

連結財務諸表、連結精算表の作成－Ⅲ

教科書 CHAPTER 20～22
解答解説 146ページ

次の［資料］にもとづき、連結第2年度（×2年4月1日から×3年3月31日）の連結損益計算書と連結貸借対照表を作成しなさい。

［資料1］×3年3月31日におけるP社（親会社）とS社（子会社）の決算整理後残高試算表

決算整理後残高試算表　　（単位：円）

借方		勘定科目	貸方	
P　社	S　社		P　社	S　社
17,288,000	13,540,000	現金預金		
19,200,000	12,800,000	売掛金		
		貸倒引当金	768,000	512,000
	2,500,000	未収入金		
32,000,000	13,312,000	商品		
30,000,000	20,000,000	建物		
35,000,000	8,000,000	土地		
18,560,000		子会社株式		
		建物減価償却累計額	12,000,000	13,000,000
		買掛金	10,240,000	13,400,000
		未払金	3,600,000	640,000
		資本金	89,600,000	19,200,000
		資本準備金	6,400,000	5,120,000
		利益準備金	2,000,000	
		繰越利益剰余金	13,360,000	6,760,000
		売上	153,600,000	120,000,000
115,200,000	96,960,000	売上原価		
25,600,000	14,080,000	販売費及び一般管理費		
		営業外収益	8,960,000	6,000,000
7,680,000	3,840,000	営業外費用		
		土地売却益		400,000
300,528,000	185,032,000		300,528,000	185,032,000

［資料２］Ｐ社とＳ社の連結に関して、必要となる事項

1．Ｐ社は×1年３月31日にＳ社の発行済株式総数の60％を￥18,560,000で取得して支配を獲得している。×1年３月31日におけるＳ社の純資産の部は次のとおりであった。

資　本　金	￥19,200,000
資本剰余金（すべて資本準備金）	￥ 5,120,000
利益剰余金（すべて繰越利益剰余金）	￥ 1,280,000

2．のれんは支配獲得時の翌年度から10年間で均等償却を行っている。

3．Ｓ社の前期の個別損益計算書における当期純利益は￥5,800,000であった。また、Ｓ社は前期は配当を実施していないが、当期は繰越利益剰余金を財源として￥320,000の配当を行っている。

4．前期よりＰ社はＳ社に商品を販売しており、前期・当期ともに原価に20％の利益を加算して単価を決定している。当期におけるＰ社の売上高のうち、￥46,080,000はＳ社に対するものである。また、Ｓ社の期首商品のうち￥7,200,000および期末商品のうち￥7,680,000はＰ社から仕入れたものである。

5．Ｓ社は保有している土地￥7,600,000を決算日直前に￥8,000,000でＰ社に売却しており、Ｐ社はその土地を保有している。未実現損益は全額を相殺消去する。

6．連結会社（Ｐ社とＳ社）間における当期末の債権債務の残高は次のとおりである。なお、Ｐ社・Ｓ社とも連結会社間の債権について貸倒引当金を設定していない。

Ｐ社のＳ社に対する債権債務		Ｓ社のＰ社に対する債権債務	
売　掛　金	￥6,400,000	買　掛　金	￥6,400,000
未　払　金	￥2,500,000	未 収 入 金	￥2,500,000

第2問対策－❻／14問

連結財務諸表、連結精算表の作成－Ⅳ

教科書 CHAPTER 20〜22
解答解説 153ページ

次の［資料］にもとづき、連結第２年度（×2年４月１日から×3年３月31日まで）の連結損益計算書と連結貸借対照表を作成しなさい。

［資料１］当期のＰ社とＳ社の個別損益計算書と個別貸借対照表

損　益　計　算　書

自×2年４月１日　至×3年３月31日　（単位：千円）

借　方	Ｐ　社	Ｓ　社	貸　方	Ｐ　社	Ｓ　社
売上原価	150,000	75,000	売　上　高	200,000	100,000
貸倒引当金繰入	1,500	700	その他収益	58,000	32,000
その他費用	28,500	16,300	土地売却益	2,000	－
当期純利益	80,000	40,000			
	260,000	132,000		260,000	132,000

貸　借　対　照　表

×3年３月31日　（単位：千円）

資　産	Ｐ　社	Ｓ　社	負債・純資産	Ｐ　社	Ｓ　社
諸　資　産	400,000	270,000	諸　負　債	230,000	45,000
売　掛　金	100,000	50,000	買　掛　金	60,000	30,000
貸倒引当金	△2,000	△1,000	資　本　金	200,000	120,000
商　　品	52,000	26,000	資本剰余金	10,000	5,000
土　　地	30,000	15,000	利益剰余金	220,000	160,000
Ｓ社株式	140,000	－			
	720,000	360,000		720,000	360,000

［資料２］ Ｐ社とＳ社の連結に関して、必要となる事項

1．Ｐ社は×1年３月31日にＳ社の発行済株式総数の60％を140,000千円で取得して支配を獲得し、Ｓ社を連結子会社としている。なお、×1年３月31日のＳ社の純資産の部は、次のとおりであった。

資本金	120,000千円	資本剰余金	5,000千円
利益剰余金	100,000千円		

2．支配獲得後、Ｓ社は配当を行っていない。また、のれんは支配獲得時の翌年度から10年にわたって定額法で償却している。

3．Ｓ社の前期における当期純利益は20,000千円であった。

4．Ｐ社およびＳ社間の当期末における債権債務残高および当期の取引高は、次のとおりであった。

Ｐ社からＳ社		Ｓ社からＰ社	
売掛金	20,000千円	買掛金	20,000千円
売上高	60,000千円	売上原価	60,000千円

5．当期末においてＳ社が保有する商品のうちＰ社から仕入れた商品は15,000千円であった。Ｐ社はＳ社に対して、原価に25％の利益を加算して商品を販売している。なお、Ｓ社の期首の商品残高のうちＰ社から仕入れた商品は10,000千円であった。

6．Ｐ社の前期の貸借対照表にはＳ社に対する売掛金10,000千円が計上されている。Ｐ社・Ｓ社ともに売掛金期末残高に対して毎期２％の貸倒引当金を差額補充法により設定している。

7．Ｐ社は当年度中に土地（帳簿価額13,000千円）を、Ｓ社に対して15,000千円で売却した。なお、Ｓ社はこの土地を期末現在、保有している。

第2問対策－⑦／14問

商品売買

教科書 CHAPTER 05
解答解説 158ページ

次の商品売買に係る一連の取引についての［資料］および［注意事項］にもとづいて、以下の問いに答えなさい。

［資料］

×2年	取 引 内 容	
4月1日	前期繰越	X商品　数量100個@￥600 Y商品　数量 80個@￥500
4日	仕入①	仕入先A社よりX商品を@￥640で40個、Y商品を@￥540で60個仕入れ、代金は掛けとした。
5日	仕入返品・仕入②	4日に仕入れた商品につき、品違いであったY商品20個をA社に返品し、追加でX商品20個を@￥640で仕入れた。代金は掛けで調整した。
11日	売上①	得意先O社にX商品110個を@￥1,200で販売し、代金は掛けとした。
14日	仕入③	仕入先B社よりX商品を@￥660で90個、Y商品を@￥460で40個仕入れた。代金は、以前に他社が振り出し、受け取っていた約束手形￥50,000を裏書譲渡し、残額は掛けとした。
17日	売掛金の回収	11日に販売した商品の掛代金をO社振出の小切手で受け取った。
22日	売上②	得意先P社にX商品を@￥1,200で80個、Y商品を@￥1,000で130個に送料￥1,600を加えて販売し、代金は掛けとした。なお、送料￥1,600は現金で支払った。
27日	売掛金の回収	Q社に対する売掛金￥60,000について、電子債権記録機関から取引銀行を通じて債権の発生記録の通知を受けた。
30日	月次決算	X商品の当月末の実地棚卸数量は60個、正味売却価額は@￥620であった。また、Y商品の当月末の実地棚卸数量は30個、正味売却価額は@￥400であった。

［注意事項］

⑴　当社は、払出単価の決定方法として先入先出法を採用している。

⑵　当社は、商品売買の記録に関して、販売のつど売上原価勘定に振り替える方法を採用している。

⑶　当社は、毎月末に実地棚卸を行って、棚卸減耗損および商品評価損を把握している。棚卸減耗損と商品評価損はいずれも売上原価に算入する。

⑷　上記の［資料］以外に商品売買に関する取引はない。

⑸　月次決算を行うにあたり、便宜上、各勘定を英米式決算法で締め切っている。

問１　答案用紙の売掛金勘定および商品勘定の記入を行いなさい。なお、摘要欄に入る語句は、下記の中から最も適当なものを選び、（　　）の中に記号を記入すること。

摘要欄

ア．売掛金　イ．買掛金　ウ．売上　エ．仕入　オ．売上原価

カ．電子記録債権　キ．商品評価損　ク．現金　ケ．諸口

問２　①当月の売上高、②当月の売上原価を計算しなさい。

現金預金

教科書 CHAPTER 07
解答解説 162ページ

次の岩手商事に関する［資料］にもとづいて、以下の各問に答えなさい。

［資料Ⅰ］

当座預金の決算整理前残高試算表の金額は￥150,800であった。

［資料Ⅱ］

決算日に、取引銀行から銀行残高証明書を入手したところ、証明書の残高は￥149,200であった。当座預金勘定と照合し、以下の原因が判明した。

1．決算日において、現金￥52,000を当座預金口座に預け入れたが、営業時間外のため、銀行で翌日付けの入金として処理された。

2．決算日において、得意先鹿児島商事から売掛金￥60,000について当座預金口座に振り込みがあったが、この通知が当社に未達であった。

3．備品の購入にかかる未払金の支払いのために作成した小切手￥5,500が決算日現在未渡しのままになっていた。

4．仕入先長崎商事に振り出した小切手￥69,700が、決算日において、まだ銀行に呈示されていなかった。

5．得意先熊本商事から受け取った小切手￥45,000を銀行に持ち込み、取り立てを依頼していたが、決算日において、まだ銀行が取り立てを行っていなかった。

6．得意先から他社振出小切手￥39,800を受け入れていたが、当社ではこれを当座預金の増加として処理しており、決算日現在金庫に保管したままであった。

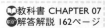

問１　岩手商事において、［資料Ⅱ］の１.から６.について必要な決算整理仕訳を示しなさい。ただし、勘定科目は、次の中から最も適切と思われるものを選び、（　　）の中に記号を記入すること。また、当社において仕訳が不要な場合は借方科目の欄に「ケ」（仕訳なし）と記号を記入すること。

ア．現金　イ．当座預金　ウ．受取手形　エ．売掛金　オ．未収入金

カ．買掛金　キ．未払金　ク．支払手形　ケ．仕訳なし

問２　銀行勘定調整表を答案用紙に従って作成しなさい。なお、［　　］には［資料Ⅱ］における番号を記入すること。

問３　岩手商事の貸借対照表に計上される当座預金の残高を求めなさい。

第**2**問対策－❾／14問

有価証券

教科書 CHAPTER 11
解答解説 164ページ

次の［資料］にもとづいて、下記の各問に答えなさい。ただし、利息を計算するにあたっては、すべて月割りによるものとする。また、会計期間は4月1日から3月31日までの1年である。［資料］以外に有価証券の取引はないものとし、売買目的有価証券は分記法で処理する。

［資料］　有価証券に係る一連の取引

(1)　×1年の取引

6月1日　売買目的で額面総額￥20,000,000の国債（×1年1月1日に償還期間5年で発行されたものであり、利払日は毎年6月末日と12月末日、利率は年0.72％である）を額面￥100あたり￥98.9で購入し、代金は購入日までの経過利息￥60,000を含めて後日支払うこととした。

6月30日　上記国債の利払日を迎え、普通預金口座に利息が振り込まれた。

10月31日　上記国債のうち、額面総額￥5,000,000を額面￥100あたり￥96.8で売却し、代金は売却日までの経過利息￥12,000を含めて後日受け取ることとした。

12月31日　上記国債の利払日を迎え、普通預金口座に利息が振り込まれた。

(2)　×2年の取引

1月31日　上記国債のうち、額面総額￥3,000,000を額面￥100あたり￥99.1で売却し、代金は売却日までの経過利息￥1,800を含めて後日受け取ることとした。

3月31日　決算日を迎えた。上記国債の時価は額面￥100あたり￥97.6であった。また、利息に関する決算整理仕訳とともに、必要な決算振替仕訳を行った。

4月1日　期首につき、開始記入を行う。また、経過勘定項目について再振替仕訳を行う。

問１　答案用紙の売買目的有価証券勘定および有価証券利息勘定（残高式）に記入しなさい。英米式決算法によって締め切ること。

なお、摘要欄の勘定科目は、下記の中から最も適当なものを選び、（　　）の中に記号を記入すること。

ア．現金　イ．普通預金　ウ．未払金　エ．未収入金　オ．売買目的有価証券
カ．未収有価証券利息　キ．有価証券利息　ク．有価証券評価益
ケ．有価証券評価損　コ．有価証券売却益　サ．有価証券売却損　シ．損益
ス．諸口　セ．前期繰越　ソ．次期繰越

問２　当期の有価証券売却損益を計算しなさい。なお、［　　］には「損」または「益」を記入すること。

問３　仮に上記の［資料］で６月１日に購入した国債を満期まで保有する目的で取得し、期中に売却を行わずそのまま決算日を迎えた場合の下記の金額を計算しなさい。ただし、額面金額と取得価額との差額は金利調整差額と認められるため、償却原価法（定額法）を適用する（月割計算）。

（Ａ）当期末時点での満期保有目的債券勘定の次期繰越額
（Ｂ）有価証券利息の当期発生額

固定資産－Ⅰ

教科書 CHAPTER 08
解答解説 169ページ

次の機械装置に関係する取引の［資料］にもとづいて、以下の各問に答えなさい。なお、当社は英米式決算法を採用している。

［資　料］

×5年４月１日　以下の機械装置を現金で購入した。

機械装置X　取得原価：¥500,000
　　　　　　耐用年数：９年
機械装置Y　取得原価：¥120,000
　　　　　　耐用年数：６年
機械装置Z　取得原価：¥400,000
　　　　　　耐用年数：４年

×5年７月１日　機械装置Xの修繕費¥50,000を現金で支払った。

×6年６月１日　機械装置Pを現金で購入した。

機械装置P　取得原価：¥100,000
　　　　　　耐用年数：２年

×6年10月１日　機械装置Zの改良費¥20,000を小切手を振り出して支払った。なお、この支出により機械装置Zの性能は向上したが、耐用年数は変わらなかった。

×7年３月31日　機械装置Xを¥360,000で売却し、代金は当座預金に振り込まれた。

×7年９月30日　機械装置Yは、損耗が激しいため除却することにした。処分価格は¥10,000と見積もられている。

減価償却方法：定額法
残 存 価 額：取得原価の10%（資本的支出部分を含む）
会 計 期 間：毎年３月31日に終了する１年間

減価償却費の配分は月割計算によって行うものとする。なお、改良費については、当初の耐用年数から経過期間を差し引いた残りの期間で償却すること。

問１　×5年度、×6年度の減価償却費の金額を求めなさい。

問２　×7年３月31日における機械装置Xの売却損（益）の金額を求めなさい。なお、益・損のいずれかに○をつけること。

問３　×6年度の機械装置勘定の記入を示しなさい。なお、摘要欄に入る語句は、下記の中から最も適当なものを選び、（　　）の中に記号を記入すること。

摘要欄

ア．現金　イ．当座預金　ウ．諸口　エ．前期繰越　オ．次期繰越

問４　×7年度の機械装置減価償却累計額勘定の記入を示しなさい。なお、摘要欄に入る語句は、下記の中から最も適当なものを選び、（　　）の中に記号を記入すること。

摘要欄

ア．機械装置　イ．減価償却費　ウ．諸口　エ．前期繰越　オ．次期繰越

問５　機械装置Yの減価償却を定率法（償却率年30％）によって行っていた場合の×7年９月30日における機械装置Yの除却損の金額を求めなさい。

固定資産－Ⅱ

教科書 CHAPTER 08、09
解答解説 174ページ

次の固定資産に関する取引（当期は×1年４月１日から×2年３月31日までの１年間）にもとづいて、下記の各問に答えなさい。なお、固定資産の減価償却にかかる記帳方法は直接法によっている。また、総勘定元帳の各勘定は英米式決算法により締め切っている。

［資料］固定資産に関する取引

取引日	摘要	内容
４月１日	前期繰越	建物（取得原価￥30,000,000、残存価額はゼロ、耐用年数は30年、定額法。取得日から前期末まで８年経過している）
４月１日	リース取引開始	備品のリース契約を締結し、ただちに引き渡しを受け、使用を開始した。 ・年間リース料：￥360,000（毎年３月末日に後払い） ・見積現金購入価額：￥1,500,000 ・リース期間：５年 ・減価償却：残存価額はゼロ、耐用年数をリース期間とした定額法 ・ファイナンス・リース取引に該当し、利子抜き法（利息の期間配分は定額法による）を採用する
８月１日	建物の修繕工事完了	建物の修繕工事が完了し、工事代金￥400,000は普通預金口座から支払った。なお、前期末において修繕引当金￥250,000を設定している。
９月15日	国庫補助金の受け入れ	機械装置の購入にあたって、国庫補助金￥1,000,000を受け取り、普通預金口座に預け入れた。
11月１日	機械装置の取得	機械装置￥3,400,000（残存価額はゼロ、200％定率法、耐用年数は５年）を購入し、小切手を振り出して支払った。なお、ただちに使用を開始している。
11月２日	圧縮記帳	上記機械装置について、９月15日に受け入れた国庫補助金の額について圧縮記帳を行った（直接減額方式）。
３月31日	リース料の支払い	期首に開始したリース取引について、年間リース料を普通預金口座から支払った。
３月31日	決算	固定資産について減価償却を行う。なお、期中に取得した固定資産については月割り計算によって減価償却費を計上する。

問１　総勘定元帳における建物勘定、リース資産勘定、機械装置勘定に記入しなさい。なお、摘要欄には次の中から最も適当な用語を選び、（　　）の中に記号を記入すること。

ア．前期繰越　イ．次期繰越　ウ．減価償却費　エ．リース債務

オ．固定資産圧縮損　カ．普通預金　キ．当座預金

問２　11月２日の仕訳を答えなさい。なお、勘定科目は次の中から最も適当な用語を選び、（　　）の中に記号を記入すること。

ア．機械装置　イ．減価償却費　ウ．固定資産圧縮損　エ．国庫補助金受贈益

問３　機械装置について、会計上の耐用年数は５年であるが、税法上の耐用年数は10年（償却率は0.2）であった場合の、税効果会計を適用した場合に必要な仕訳を答えなさい。なお、法人税、住民税及び事業税の実効税率は30%とし、勘定科目は次の中から最も適当な用語を選び、（　　）の中に記号を記入すること。

ア．繰延税金資産　イ．繰延税金負債　ウ．法人税、住民税及び事業税

エ．法人税等調整額　オ．未払法人税等

第2問対策－⑫／14問

リース取引

教科書 CHAPTER 09
解答解説 177ページ

埼玉商事株式会社がリース取引によって調達している備品の状況は、以下のとおりである。

名称	リース開始日	リース期間	リース料支払日	年額リース料	見積現金購入価額
A備品	×2年4月1日	6年	毎年3月末日	¥1,000,000	¥5,400,000
B備品	×2年8月1日	5年	毎年7月末日	¥　804,000	¥3,480,000
C備品	×2年12月1日	4年	毎年11月末日	¥　720,000	¥2,640,000

このうちA備品とB備品にかかるリース取引は、ファイナンス・リース取引と判定された。これらの備品の減価償却は、リース期間を耐用年数とする定額法で行う。

以上から、ファイナンス・リース取引の会計処理を(1)利子込み法で行った場合と、(2)利子抜き法で行った場合とに分けて、答案用紙に示す×2年度（×2年4月1日から×3年3月31日）の財務諸表上の各金額を求めなさい。ただし、利子抜き法による場合、利息の期間配分は定額法によって行うこと。

MEMO

第2問対策−⑬／14問

外貨建取引

教科書 CHAPTER 15
解答解説 180ページ

次の［資料］にもとづいて、(1)答案用紙に示された総勘定元帳の買掛金および備品の各勘定の記入を示し、(2)損益に関する勘定のうち、①当期の売上高、②当期の為替差損益の金額を計算しなさい。

なお、当期は×1年4月1日から×2年3月31日までの1年間であり、総勘定元帳の摘要欄には、下記の中から最も適当なものを選び、（　　）の中に記号を記入すること。

摘要欄

ア．普通預金　イ．未払金　ウ．仕入　エ．減価償却費　オ．為替差損益

［資料］

取引日	取 引 内 容	
×1年4月1日	前期繰越	輸入商品X（ドル建て）　¥1,000,000 買掛金（ドル建て）　¥1,260,000 前期末の為替相場：1ドル¥105
4月30日	売　上	商品Xを¥900,000で売り上げ、代金は掛けとした。
5月31日	買掛金の支払い	期首の買掛金(ドル建て)を普通預金口座から支払った。 支払時の為替相場：1ドル¥108
6月30日	売掛金の回収	4月30日に発生した売掛金が普通預金口座に入金された。
8月1日	輸　入	商品X15,000ドルを輸入した。なお、代金の支払いは3か月後である。 輸入時の為替相場：1ドル¥109
8月20日	売　上	商品Xを¥2,000,000で売り上げ、代金は掛けとした。
10月20日	売掛金の回収	8月20日に発生した売掛金が普通預金口座に入金された。
10月31日	買掛金の支払い	8月1日に計上した買掛金（ドル建て）を普通預金口座から支払った。 支払時の為替相場：1ドル¥113

×2年1月10日	輸　入	商品X10,000ドルを輸入した。なお、代金の支払いは3か月後とした。 輸入時の為替相場：1ドル¥115
2月1日	輸　入	自社で使用するための備品25,500ドルを輸入した。なお、代金の支払いは3か月後である。 輸入時の為替相場：1ドル¥114
3月1日	売　上	商品Xを¥3,375,000で売り上げ、代金は掛けとした。
3月31日	決　算	決算日の為替相場：1ドル¥116
同　上	同　上	商品Xの期末商品棚卸高　¥578,500 なお、棚卸減耗損や商品評価損は生じていない。
同　上	同　上	2月1日に輸入した備品について、2か月分の減価償却費を計上した。なお、減価償却方法は耐用年数5年、残存価額ゼロの定額法、記帳方法は直接法による。

[注意事項]

1. 当社は商品売買について、三分法を用いて処理している。
2. 決算にあたり、各勘定を英米式決算法で締め切る。

第2問対策－⑭／14問

理論問題

教科書 CHAPTER 01～23
解答解説 183ページ

問１　次の文章の（ア）から（ス）に入るもっとも適当な用語を［語群］から選び、番号で答えなさい。

⑴　期末において保有しているその他有価証券は、決算時の時価で評価されることになるが、時価が取得原価を上回る場合、「その他有価証券評価差額金」は（　ア　）側に残高が生じることになる。

⑵　自社利用のソフトウェアを資産計上する場合、貸借対照表上、（　イ　）の区分に表示する。

⑶　貸付金（回収可能性に問題は生じていない）にかかる「貸倒引当金繰入」は、損益計算書の（　ウ　）に表示する。

⑷　株主総会において、繰越利益剰余金を財源とする配当が決議された場合、（　エ　）を積み立てる。なお、（　エ　）の積立額は、資本準備金と利益準備金の合計額が資本金の（　オ　）に達するまで、配当金の（　カ　）である。

⑸　課税所得の算定にあたって、損金不算入額は（　キ　）する。

⑹　リース取引は、（　ク　）と（　ケ　）に分類され、（　ク　）では、通常の売買取引と同様の会計処理を行うが、（　ケ　）では通常の賃貸借取引に準じた会計処理を行う。

⑺　決算において、外貨建て売掛金は、為替予約が付されている場合を除き、（　コ　）で換算する。

⑻　外貨建て取引の換算において生じた為替差益は、損益計算書上、（　サ　）に表示する。

⑼　Ａ社がＢ社の発行済株式総数の過半数を取得している場合、Ｂ社を（　シ　）という。

⑽　貸借対照表等に計上されている資産および負債の金額と課税所得計算上の資産および負債の金額との差額のうち税効果会計の対象となるものは（　ス　）と呼ばれる。

［語群］

1．借方　2．貸方　3．親会社　4．子会社　5．純資産
6．2分の1　7．4分の1　8．5分の1　9．10分の1　10．資本金
11．資本準備金　12．利益準備金　13．有形固定資産
14．無形固定資産　15．販売費及び一般管理費　16．営業外収益
17．営業外費用　18．特別利益　19．特別損失
20．取引発生時の為替相場　21．決算時の為替相場　22．予約レート
23．ファイナンス・リース取引　24．オペレーティング・リース取引
25．税引前当期純利益に加算　26．税引前当期純利益から減算
27．永久差異　28．一時差異

問2　以下の各文章の内容が正しい場合には○を、誤っている場合には×を答案用紙に記入しなさい。

1．従来の建物に非常階段を設置するなど、固定資産の価値を高める、または固定資産の耐用年数を延長させるための工事支出を収益的支出という。
2．満期保有目的の債券は、決算時の評価を時価で行わなければならない。
3．子会社株式は、原則として決算時に時価への評価替えをせず、取得原価で評価する。
4．商品売上の支払方法がクレジット・カードによる場合、通常の売掛金と区別してクレジット売掛金を借方に計上する。
5．電子記録債権は、手形とは異なり他人に譲渡することはできない。
6．のれんは貸借対照表の固定資産のうち、投資その他の資産の区分に表示する。
7．企業が株式を発行したとき、原則として2分の1を資本金として計上しなければならない。
8．収益の認識において、商品を売り上げたときに割戻しが予想される場合でも、予想される割戻額については売上収益から控除しないで処理する。
9．損益計算書の利益は、売上総利益、経常利益、営業利益、当期純利益の順番に記載する。
10．連絡未通知とは、当座振込みや当座引落しがあったにもかかわらず、銀行からの連絡が企業に未達である状態をいうが、このときは企業側の処理は何も行う必要はない。

11. 国庫補助金を受領し、直接控除方式により圧縮記帳を行った場合と、圧縮記帳を行わなかった場合とを比較すると、毎期計上される減価償却費は同額になる。
12. ファイナンス・リース取引において、利子込み法で処理している場合、リース資産の計上価額は見積現金購入価額となる。
13. 為替予約を付した外貨建て買掛金についても、決算時においては決算時の為替相場で換算し、換算差額は為替差損または為替差益として処理する。
14. 親会社から子会社に対して原価に一定の利益を付加して商品を販売している場合、連結財務諸表を作成するさいに、子会社の期末商品棚卸高のうち、親会社から仕入れた分について未実現利益を消去する処理を行うが、このとき、非支配株主持分に相当する部分については非支配株主持分に負担させる処理も行う。

第３問対策

第３問の配点は20点で、個別決算に関する問題が出題されます。

決算整理仕訳がしっかりできるかどうかが合格へのカギとなります。決算整理仕訳をしっかり確認しておきましょう。

なお、製造業を営む会社の決算処理は、商業簿記と工業簿記を融合させた問題です。工業簿記が終わってから、再度戻って解いてみましょう。

問題No.	論　点	「教科書」との対応
第３問対策－❶	財務諸表の作成－Ⅰ	CHAPTER16
第３問対策－❷	財務諸表の作成－Ⅱ	CHAPTER16
第３問対策－❸	財務諸表の作成－Ⅲ	CHAPTER16、17
第３問対策－❹	財務諸表の作成－Ⅳ	CHAPTER16、17
第３問対策－❺	財務諸表の作成－Ⅴ	CHAPTER16
第３問対策－❻	本支店合併財務諸表の作成－Ⅰ	CHAPTER19
第３問対策－❼	本支店合併財務諸表の作成－Ⅱ	CHAPTER19
第３問対策－❽	製造業を営む会社の決算処理	CHAPTER23

第3問対策－❶／8問

財務諸表の作成－I

教科書 CHAPTER 16
解答解説 188ページ

次の［資料］にもとづいて、答案用紙の損益計算書を完成させなさい。なお、会計期間は×4年4月1日から×5年3月31日までである。

［資料Ⅰ：決算整理前残高試算表］

残高試算表　　　　（単位：円）

借方	勘定科目	貸方
97,100	現金	
412,000	当座預金	
250,000	受取手形	
425,000	売掛金	
61,600	売買目的有価証券	
252,000	繰越商品	
600,000	建物	
111,600	備品	
24,000	特許権	
49,000	満期保有目的債券	
	支払手形	240,000
	買掛金	189,300
	仮受金	24,000
	貸倒引当金	3,500
	退職給付引当金	96,000
	建物減価償却累計額	180,000
	備品減価償却累計額	20,000
	資本金	1,000,000
	利益準備金	156,000
	繰越利益剰余金	72,000
	売上	1,845,000
	有価証券利息	1,500
1,308,000	仕入	
216,000	給料	
18,000	支払地代	
3,000	貸倒損失	
3,827,300		3,827,300

［資料Ⅱ：決算整理事項等］

1．現金出納帳と現金の実際有高を照合したところ実際有高が￥600不足していたので、その原因を調査した結果、当期に購入した備品（下記5.参照）の据付費用￥400の支払いが記帳漏れであったことが判明した。なお、残額については原因不明である。

2．仮受金は得意先甲社に対する売掛金を回収したものであることが判明した。なお、甲社に対する売掛金は￥50,000（全額当期に発生）であるが、これ以上の回収は見込めないため、残額を貸倒れとして処理することにした。

3．売上債権について、次のように貸倒引当金の設定を行う。

⑴　得意先乙社に対する売掛金￥100,000は債権額から担保処分見込額￥40,000を控除した残額の50％を貸倒引当金として設定する。

⑵　それ以外の売上債権については、貸倒実績率２％で貸倒引当金を設定する。

4．期末商品棚卸高

帳簿棚卸数量　200個　　原価　@￥1,300

実地棚卸数量　195個　　うち ｛185個の正味売却価額　@￥1,350
　　　　　　　　　　　　　　　10個の正味売却価額　@￥1,290

なお、棚卸減耗損と商品評価損は売上原価の内訳科目として表示する。

5．固定資産の減価償却は次のとおり行う。

建物：定額法；耐用年数　30年、残存価額　取得原価の10％

備品：200％定率法；耐用年数　10年、残存価額　ゼロ

なお、備品のうち￥11,600は当期の10月31日に取得し、翌日から使用を開始したもので、新備品の減価償却は月割計算による。

6．有価証券の内訳は次のとおりである。なお、売買目的有価証券の記帳方法は分記法による。

	帳簿価額	時　価	保有目的
A社株式	￥25,500	￥25,800	売買目的
B社株式	￥36,100	￥34,200	売買目的
C社社債	￥49,000	￥48,950	満期保有目的

C社社債（額面総額￥50,000、利率：年３％、満期日：×6年３月31日）については、償却原価法（定額法）によって評価する。

7．退職給付引当金￥8,000を繰り入れる。

8．特許権は前々期の期首に取得したもので、取得後８年間にわたり、定額法で償却

している。

9．当期の地代の未払額が￥3,600ある。

10. 税引前当期純利益の30％を法人税、住民税及び事業税として計上する。なお、期中に仮払法人税等はない。

MEMO

第3問対策－❷／8問

財務諸表の作成－Ⅱ

教科書 CHAPTER 16
解答解説 193ページ

次の［資料］にもとづいて、答案用紙の貸借対照表を完成させなさい。なお、会計期間は×5年4月1日から×6年3月31日までである。

［資料Ⅰ：決算整理前残高試算表］

残高試算表　（単位：円）

借方	勘定科目	貸方
586,500	現金預金	
906,800	売掛金	
80,000	契約資産	
107,600	売買目的有価証券	
153,000	繰越商品	
20,000	仮払法人税等	
3,000,000	建物	
600,000	備品	
80,000	ソフトウェア	
110,000	その他有価証券	
	買掛金	536,300
	貸倒引当金	8,900
	借入金	320,000
	建物減価償却累計額	887,500
	備品減価償却累計額	208,000
	資本金	3,000,000
	繰越利益剰余金	270,000
	売上	3,275,100
2,160,000	仕入	
456,000	給料	
10,000	広告宣伝費	
7,200	保険料	
225,500	減価償却費	
3,200	支払利息	
8,505,800		8,505,800

［資料Ⅱ：決算整理事項等］

1．当座預金の帳簿残高と銀行の残高証明書残高の金額が一致していなかったため、不一致の原因を調べたところ、次の事実が判明した。

⑴　広告宣伝費の支払いのために振り出した小切手¥5,000が未渡しであった。

⑵　さきに取引先に対して振り出していた小切手¥7,000があるが、決算日現在、取引先がいまだ銀行に持ち込んでいなかった。

⑶　決算日において借入金の利息¥3,200が当座預金口座から引き落とされていたが、銀行からの通知がまだ届いていなかった。

2．売掛金のうち¥8,000は得意先Z社が倒産したため、回収不能であることが判明した。この売掛金は前期から繰り越されたものである。

3．売掛金期末残高のうち、期中に外貨建て（ドル建て）で生じた売掛金（輸出時の為替相場：1ドル¥100）が¥60,000ある。決算日の為替相場は1ドル¥102である。

4．売掛金および契約資産の期末残高に対して3％の貸倒引当金を差額補充法により設定する。

5．期末商品棚卸高は次のとおりである。

	帳簿棚卸数量	実地棚卸数量	原　価	正味売却価額
甲商品	150個	130個	@¥250	@¥270
乙商品	220個	210個	@¥430	@¥410
丙商品	50個	48個	@¥600	@¥600

6．固定資産の減価償却は次のとおり行う。

建物：定額法；耐用年数　20年、残存価額　ゼロ

備品：定率法；償却率　年20％

減価償却費については、固定資産の期首の残高を基礎として、建物は¥12,500、備品は¥8,000を4月から2月までの11か月間に毎月計上してきており、決算月も同様の処理を行う。

7．売買目的有価証券の内訳は次のとおりである。なお、売買目的有価証券の記帳方法は分記法による。

	帳簿価額	時　　価
A社株式	¥39,600	¥43,800
B社株式	¥68,000	¥66,000

8．ソフトウェアは前期の期首に自社利用のソフトウェアを購入したときに計上したものであり、前期より利用期間5年で償却している。

9．その他有価証券（当期に購入）の決算時における時価は¥120,000である。その他有価証券については全部純資産直入法を採用しており、税効果会計を適用する（法定実効税率は40％である）。

10．保険料は、×5年8月1日に向こう1年分を支払ったものである。

11．当期の法人税、住民税及び事業税として¥130,000を計上する。

財務諸表の作成－Ⅲ

教科書 CHAPTER 16、17
解答解説 198ページ

次の［資料］にもとづいて、答案用紙の損益計算書を完成させなさい。なお、会計期間は×7年1月1日から×7年12月31日までである。

［資料Ⅰ：決算整理前残高試算表］

残高試算表　（単位：円）

借方	勘定科目	貸方
213,200	現金	
501,600	当座預金	
550,000	受取手形	
480,000	売掛金	
880,000	売買目的有価証券	
854,000	繰越商品	
200,000	貸付金	
150,000	仮払法人税等	
900,000	建物	
600,000	備品	
779,000	満期保有目的債券	
2,400	繰延税金資産	
	支払手形	300,000
	買掛金	600,600
	借入金	700,000
	貸倒引当金	14,000
	建物減価償却累計額	450,000
	備品減価償却累計額	216,000
	資本金	2,000,000
	利益準備金	175,000
	繰越利益剰余金	102,700
	売上	9,183,100
	受取配当金	80,700
	有価証券利息	17,600
6,797,000	仕入	
672,000	給料	
76,500	保険料	
172,000	広告宣伝費	
12,000	支払利息	
13,839,700		13,839,700

[資料Ⅱ：決算整理事項等]

1．決算日において現金の実査を行ったところ、現金の実際有高が帳簿残高より¥15,000不足していたが、その原因は不明である。

2．得意先より売掛代金¥30,000が当座預金口座に振り込まれていたが記帳漏れであった。

3．決算にあたって、不用となった備品（取得原価¥200,000、当期首より2年前に取得、減価償却方法はほかの備品と同様）を除却した。なお、この備品の処分価額は¥40,000である。

4．買掛金期末残高のうち、期中に外貨建て（ドル建て）で生じた買掛金（輸入時の為替相場：1ドル¥105）が¥52,500ある。決算日の為替相場は1ドル¥103である。

5．債権について、次のように貸倒引当金の設定を差額補充法によって行う。なお、試算表の貸倒引当金残高のうち、¥10,000は売上債権に対するものであり、¥4,000は貸付金に対するものである。

(1) 売上債権の期末残高に対して3％の貸倒引当金を設定する。

(2) 貸付金の期末残高に対して3％の貸倒引当金を設定する。

6．期末商品棚卸高は¥900,000である。なお、商品評価損¥4,000と棚卸減耗損¥30,000が生じている。商品評価損は売上原価の内訳科目として表示し、棚卸減耗損は販売費及び一般管理費に表示する。

7．売買目的有価証券は、東西商業株式会社の株式400株（原価@¥2,200、時価@¥2,050）である。決算にあたって時価法により評価替えする。

8．固定資産の減価償却は次のとおり行う。

建物：定額法；耐用年数　30年、残存価額　ゼロ

備品：200％定率法；耐用年数　10年、残存価額　ゼロ

9．満期保有目的債券は、南北商事株式会社の社債（額面総額：¥800,000、満期日：×9年11月30日、利率：年2.4％、利払日：5月末日と11月末日）を、×5年12月1日に額面¥100につき¥96.4で取得したものである。決算にあたって、償却原価法（定額法）により評価する。

10．保険料については毎年同額を6月1日に支払っている。

11．有価証券利息（上記9.参照）のうち、当期未収分を計上する。

12．借入金のうち¥400,000は当期の8月1日に利率年3％、期間1年、利息の支払いは元本の返済時に行うという条件で借り入れたものである。当期分の利息を計上する。

13．法人税等の課税見込額は¥398,100である。

14．税効果会計上の一時差異は、次のとおりである。なお、法定実効税率は30％である。

	期首	期末
貸倒引当金損金算入限度超過額	¥8,000	¥10,000

財務諸表の作成－Ⅳ

教科書 CHAPTER 16、17
解答解説 204ページ

次の［資料］にもとづいて、答案用紙の貸借対照表を完成させなさい。なお、会計期間は×6年4月1日から×7年3月31日までである。

［資料Ⅰ：決算整理前残高試算表］

残高試算表　　　（単位：円）

借方	勘定科目	貸方
109,450	現金預金	
40,000	受取手形	
75,000	売掛金	
36,000	売買目的有価証券	
43,200	繰越商品	
10,000	仮払法人税等	
60,000	建物	
40,000	備品	
50,000	車両運搬具	
30,000	建設仮勘定	
10,000	ソフトウェア	
32,000	その他有価証券	
	支払手形	60,000
	買掛金	60,340
	貸倒引当金	1,000
	建物減価償却累計額	32,400
	備品減価償却累計額	10,000
	退職給付引当金	22,000
	借入金	50,000
	リース債務	40,000
	資本金	100,000
	資本準備金	10,000
	利益準備金	9,000
	繰越利益剰余金	7,800
	売上	467,850
	受取地代	9,000
294,600	仕入	
38,000	給料	
7,200	保険料	
1,600	広告宣伝費	
900	通信費	
1,440	支払利息	
879,390		879,390

［資料Ⅱ：決算整理事項等］

1．当座預金残高について銀行勘定調整表を作成したところ、次の事実が判明した。

⑴　仕入先に振り出した小切手￥5,200が銀行に未呈示であった。

⑵　得意先より売掛金￥5,000が当座預金口座に振り込まれていたが、これが未記帳であった。

⑶　広告宣伝費の支払いのために振り出した小切手￥800が金庫に保管されたまま未渡しであることが判明した。

2．建設仮勘定は新店舗にかかるものであり、×7年２月１日に完成し、引き渡しを受けていた（同日より使用している）が、未処理のままであった。

3．受取手形と売掛金の期末残高に対して、差額補充法により２％の貸倒引当金を設定する。

4．期末商品棚卸高

帳簿棚卸数量　200個　　原価　@￥200

実地棚卸数量　190個　　時価　@￥180

5．売買目的有価証券の期末時価は￥40,800である。

6．固定資産の減価償却は次のとおり行う。

建物：定額法；耐用年数　20年、残存価額　取得原価の10％

備品：200％定率法；耐用年数　８年

車両運搬具：車両運搬具はリース資産であり、×6年４月１日に契約したものである。リース期間は５年で中途解約不能。リース料は年額￥10,000であり、期末に５回均等額支払い。ファイナンス・リース取引に該当し、利子込み法によって処理している。残存価額ゼロの定額法（耐用年数はリース期間）により減価償却を行う。

なお、当期に取得した建物についても同様の条件で減価償却を行うが、残存価額はゼロとし、月割りで減価償却費を計上する。

7．ソフトウェアは当期の期首に自社利用のソフトウェアを購入したときに計上したものであり、利用可能期間５年で償却する。

8．当期に購入したその他有価証券の決算時における時価は￥33,000である。その他有価証券については全部純資産直入法を採用しており、税効果会計を適用する際の実効税率は40％とする。

9．退職給付引当金の当期繰入額は￥2,190である。

10．通信費として計上した郵便切手代のうち、￥100が未使用である。

11. 地代の未収分￥300を計上する。

12. 保険料は当期の８月１日に３年分を前払いしたものである。

13. 借入金は、×7年３月１日に借り入れたものであり、その内訳は次のとおりである。

残高：￥30,000　返済期日　×8年２月28日　利率年1.2％

残高：￥20,000　返済期日　×10年２月28日　利率年2.4％

利払日は２月末と８月末の後払いであり、利息の未払分を月割計算で計上する。

14. 税引前当期純利益（￥109,000）の40％を法人税、住民税及び事業税として計上する。

MEMO

第3問対策－❺／8問

財務諸表の作成－V

教科書 CHAPTER 16
解答解説 210ページ

［資料Ⅰ］決算整理前残高試算表と、次の事業の内容の説明および［資料Ⅱ］決算整理事項にもとづいて、損益計算書を作成しなさい。なお、会計期間は、×7年4月1日から×8年3月31日までである。

［資料Ⅰ］　決算整理前残高試算表

残高試算表

×8年3月31日　　（単位：千円）

借方	勘定科目	貸方
629,760	現金預金	
593,320	売掛金	
1,100	仕掛品	
10,400	前払費用	
	貸倒引当金	1,320
160,000	備品	
	備品減価償却累計額	80,000
148,800	ソフトウェア	
	借入金	200,000
	未払金	166,400
	未払法人税等	40,000
	未払費用	320
	賞与引当金	93,500
	退職給付引当金	26,400
	資本金	80,000
	資本準備金	84,000
	利益準備金	4,000
	繰越利益剰余金	517,520
	役務収益	2,980,120
	受取利息	800
2,168,800	役務原価（報酬）	
33,340	役務原価（その他）	
240,000	給料	
2,000	旅費交通費	
2,560	水道光熱費	
10,600	通信費	

次ページに続く

前ページより続き

借　　　方	勘定科目	貸　　　方
144,200	支払家賃	
93,500	賞与引当金繰入	
2,000	支払利息	
	その他有価証券売却益	6,000
40,000	法人税、住民税及び事業税	
4,280,380		4,280,380

［事業の内容］

東京ＡＢＣサービス㈱は、事務作業、コンピュータ・オペレーション等を中心とした人材派遣業を営んでいる。顧客への請求と役務収益への計上は、①１時間あたりの請求額が契約上定められており勤務報告書に記入された時間にもとづき請求・計上するものと、②一定の作業が完了後に一括して契約額総額を請求・計上するものとの２つの形態がある。派遣されたスタッフの給与は、いずれの形態であっても、勤務報告書で報告された時間に１時間あたりの給与額を乗じたもので支払われ、役務原価（報酬）に計上される。①の形態の場合には、１時間あたりの給与額は顧客への請求額の75％で設定されているが、②の形態の場合にはそのような関係はなく別々に決められる。

［資料Ⅱ］　決算整理事項

1．売掛金の中に、前期発生と当期発生で回収が遅延していたものが、それぞれ400千円と1,000千円が含まれており、回収の可能性がないものと判断して貸倒れ処理することとした。

2．仕掛品は２月末に［事業の内容］に記述された②の形態の給与を先行して支払ったものであるが、３月に請求（売上計上）されたため、役務原価に振り替える。また、この②の形態で、４月以降に請求（売上計上）されるものに対する３月給与の支払額で役務原価に計上されたものが1,300千円ある。

3．［事業の内容］に記述された①の形態で、勤務報告書の提出漏れ（勤務総時間80時間、１時間あたり給与750円）が発見され、これを適切に処理することとした。

4．貸倒引当金を差額補充法により売掛金残高の１％を計上する。

5．決算整理前試算表に計上されている前払費用と未払費用は前期末の決算整理で計上されたものであり、当期の期首に再振替仕訳は行われていない。内容は前払家賃と未払水道光熱費であり、当期末に計上すべき金額は、それぞれ13,600千円と360千円であった。

6．備品はすべて×3年4月1日に取得したものであり、耐用年数8年、残存価額ゼロの定額法で減価償却を行う。

7．ソフトウェアは10年間の定額法で償却しており、その内訳は、期首残高28,800千円（期首で取得後6年経過）と当期取得（12月1日取得）の新経理システム120,000千円である。この新経理システムの稼働にともない、期首残高のソフトウェアは除却処理することとした。なお、償却費は月割計算すること。

8．引当金の処理は次のとおりである。

(1) 退職給付引当金を5,000千円追加計上する。

(2) 賞与は年1回決算後に支払われるため、月次決算において2月まで毎月各8,500千円を計上してきたが、期末になり支給見込み額が104,000千円と見積もられた。

9．税引前当期純利益に対して、法人税、住民税及び事業税を40%となるように追加計上する。

MEMO

第3問対策－❻／8問

本支店合併財務諸表の作成－Ⅰ

教科書 CHAPTER 19
解答解説 216ページ

次の［資料］にもとづいて、答案用紙の本支店合併財務諸表を完成させなさい。なお、会計期間は×6年4月1日から×7年3月31日までであり、当期純利益は貸借対照表上、繰越利益剰余金に含めて表示する。

［資料Ⅰ］

残高試算表
×7年3月31日

借方	本店	支店	貸方	本店	支店
現金預金	491,800	30,400	支払手形	150,000	110,000
受取手形	260,000	24,000	買掛金	180,900	74,800
売掛金	360,000	124,000	借入金	200,000	－
繰越商品	395,000	220,000	未払金	13,000	9,000
建物	300,000	100,000	建物減価償却累計額	150,000	25,000
備品	140,000	30,000	備品減価償却累計額	42,000	6,000
支店	98,000	－	貸倒引当金	7,200	2,400
仕入	2,256,000	1,242,400	本店	－	98,000
給料	68,200	38,800	資本金	1,000,000	－
広告宣伝費	61,100	57,000	繰越利益剰余金	100,000	－
支払利息	5,400	－	売上	2,558,400	1,527,000
			受取手数料	34,000	14,400
	4,435,500	1,866,600		4,435,500	1,866,600

［資料Ⅱ］　決算整理事項等

1．期末商品棚卸高

　　本店：¥242,000

　　支店：¥239,200

2．売上債権に対して差額補充法により、４％の貸倒引当金を設定する。

3．本店・支店ともに、建物および備品について定額法により減価償却を行う。耐用年数は建物が20年、備品は10年であり、残存価額はともにゼロである。

4．広告宣伝費の未払額が本店に¥18,000、支店に¥5,200ある。

5．受取手数料の未収額が本店に¥9,000、支店に¥1,600ある。

第3問対策－❼／8問

本支店合併財務諸表の作成－Ⅱ

教科書 CHAPTER 19
解答解説 220ページ

次の［資料］にもとづいて、以下の各問に答えなさい。なお、会計期間は×7年4月1日から×8年3月31日までである。ただし、本問では法人税、住民税及び事業税と税効果会計は考慮しないものとする。

［資料］

（A）残高試算表（本店・支店）

残　高　試　算　表
×8年3月31日

借　　方	本　店	支　店	貸　　方	本　店	支　店
現金預金	325,500	274,600	支払手形	169,000	120,000
受取手形	420,000	230,000	買掛金	144,800	195,400
売掛金	350,000	180,000	短期借入金	250,000	－
繰越商品	63,600	62,400	建物減価償却累計額	320,000	－
建物	800,000	－	備品減価償却累計額	100,000	50,000
備品	400,000	200,000	貸倒引当金	3,200	2,200
支店	193,700	－	本店	－	160,700
仕入	1,414,000	798,800	資本金	800,000	－
給料	460,000	92,000	繰越利益剰余金	54,800	－
支払家賃	442,000	60,000	売上	3,243,000	1,403,000
通信費	110,000	25,600			
旅費交通費	102,000	7,900			
支払利息	4,000	－			
	5,084,800	1,931,300		5,084,800	1,931,300

（B）未処理事項

1．支店が本店の得意先から売掛金￥50,000を回収したが、本店で未処理であった。

2．本店が支店の通信費￥3,000を小切手を振り出して支払っていたが、支店で未処理であった。

3．本店から支店に商品￥80,000（仕入原価）を移送したが、支店で未処理であった。

（C）決算整理事項等

1．商品の期末棚卸高は次のとおりである。なお、売上原価は売上原価勘定で算定している。ただし、棚卸減耗損と商品評価損は損益計算書上は売上原価の内訳科目として表示するが、損益勘定では独立の費用科目として処理している。

⑴　本店

原　　　　価：@¥210　正味売却価額：@¥200

帳簿棚卸数量：500個　　実地棚卸数量：480個

⑵　支店（上記（B）３．処理後）

原　　　　価：@¥185　正味売却価額：@¥180

帳簿棚卸数量：450個　　実地棚卸数量：420個

2．売上債権に対して差額補充法により、２％の貸倒引当金を設定する。

3．本店・支店ともに、固定資産の減価償却を次のように行う。

建物：定額法（耐用年数25年、残存価額はゼロ）

備品：定率法（償却率25％）

4．支払家賃の前払分が本店に¥34,000、支店に¥12,000ある。

5．残高試算表の短期借入金は本店が×7年11月１日に期間10か月、年利率4.8％、利息の支払いは元金の返済時に行うという条件で借り入れたものである。利息については月割計算による。

問１　未処理事項を処理したあとの本店における支店勘定の金額（支店における本店勘定と同額）を求めなさい。

問２　本店の損益勘定を完成しなさい。

第3問対策－❽／8問

製造業を営む会社の決算処理

教科書 CHAPTER 23
解答解説 226ページ

受注生産・販売を行っているＳ製作所の［資料１］と［資料２］にもとづいて、答案用紙の貸借対照表を完成させるとともに、区分式損益計算書に表示される、指定された種類の利益の金額を答えなさい。なお、会計期間は×7年４月１日から×8年３月31日までの１年間である。

［資料１］×8年２月末現在の残高試算表

残高試算表　　（単位：円）

借方	勘定科目	貸方
46,360,300	現金預金	
8,362,500	受取手形	
5,592,500	売掛金	
120,250	材料	
125,000	仕掛品	
62,500	製品	
225,000	短期貸付金	
375,000	仮払法人税等	
	貸倒引当金	112,550
	製品保証引当金	15,000
3,600,000	建物	
2,700,000	機械装置	
	建物減価償却累計額	320,000
	機械装置減価償却累計額	1,225,000
	支払手形	1,330,000
	買掛金	2,155,000
	長期借入金	2,000,000
	退職給付引当金	3,650,000
	資本金	32,563,500
	利益準備金	6,545,000
	繰越利益剰余金	15,617,600
	売上	8,825,000
	固定資産売却益	62,500
5,662,500	売上原価	
1,195,600	販売費及び一般管理費	
40,000	支払利息	
74,421,150		74,421,150

[資料2] 3月の取引・決算整理等に関する事項

1. 3月について、材料仕入高(すべて掛買い)¥225,000、直接材料費¥175,000、直接工直接作業賃金支払高(現金払い、月初・月末未払なし)¥200,000、製造間接費予定配賦額¥225,000、間接材料費実際発生額¥50,000、間接材料費と以下の事項以外の製造間接費実際発生額(すべて現金支出を伴うものであった)¥81,250、当月完成品総合原価¥575,000、当月売上原価¥550,000、当月売上高(すべて掛売り)¥800,000であった。年度末に生じた原価差異は、以下に示されている事項のみである。なお、原価差異は、いずれも比較的少額であり正常な原因によるものであった。また、×7年4月から×8年2月までの各月の月次決算で生じた原価差異はそれぞれの月で売上原価に賦課されているものとする。

2. 決算にあたり実地棚卸を行ったところ、材料実際有高は¥120,000、製品実際有高は¥82,500であった。減耗は、材料・製品とも正常な理由により生じたものであり、製品の棚卸減耗については売上原価に賦課する。

3. 固定資産の減価償却費については、期首に年間発生額を見積もり、以下の月割額を毎月計上し、決算月も同様の処理を行った。

   建物¥10,000(製造活動用¥6,500、販売・一般管理活動用¥3,500)

   機械装置(すべて製造用)¥28,000

4. 過去の実績をもとに、売上債権の期末残高に対して1%、短期貸付金の期末残高について2%の貸倒れを見積もり、差額補充法により貸倒引当金を設定する。なお、営業外債権に対する貸倒引当金の決算整理前の期末残高は0円である。

5. 退職給付引当金については、年度見積額の12分の1を毎月計上しており、決算月も同様の処理を行った。製造活動に携わる従業員に関わるものは、月¥60,000、それ以外の従業員に関わるものは月¥40,000である。年度末に繰入額を確定したところ、年度見積額に比べ、製造活動に携わる従業員に関わるものは¥3,700多かった。それ以外の従業員に関わるものは、年度初めの見積もりどおりであった。

6. 過去の経験率にもとづき¥12,500の製品保証引当金を設定した。決算整理前残高試算表に計上されている製品保証引当金に関する特約期間は終了した。なお、製品保証引当金戻入については、製品保証引当金繰入と相殺し、それを越えた額については、営業外収益の区分に計上する。

7. 税引前当期純利益の40%を「法人税、住民税及び事業税」に計上する。なお、法人税、住民税及び事業税の算出額については、税法の規定により100円未満は切り捨てとする。

日商2級　商業簿記　解答解説編
第1問対策～第3問対策、模擬試験

第1問対策－❶／16問　純資産の取引

解答

	借方		貸方	
	記号	金額	記号	金額
1	(イ)当座預金	500,000	(ウ)資本金	250,000
			(エ)資本準備金	250,000
2	(カ)当座預金	90,000,000	(ア)資本金	45,000,000
			(エ)資本準備金	45,000,000
	(ウ)創立費	190,000	(イ)現金	190,000
3	(カ)当座預金	50,000,000	(イ)資本金	40,000,000
			(オ)資本準備金	10,000,000
	(ウ)株式交付費	80,000	(エ)現金	80,000
4	(ア)株式申込証拠金	21,000,000	(ウ)資本金	10,500,000
			(オ)資本準備金	10,500,000
	(イ)当座預金	21,000,000	(エ)別段預金	21,000,000
5	(イ)受取手形	3,500,000	(ウ)買掛金	1,850,000
	(オ)仕入	2,200,000	(ケ)当座預金	4,200,000
	(エ)のれん	350,000		
6	(オ)繰越利益剰余金	2,780,000	(ア)未払配当金	1,800,000
			(ウ)別途積立金	800,000
			(イ)利益準備金	180,000
7	(キ)繰越利益剰余金	1,480,000	(エ)当座預金	1,300,000
			(ウ)利益準備金	100,000
			(オ)新築積立金	80,000
8	(ウ)その他資本剰余金	110,000	(オ)未払配当金	300,000
	(カ)繰越利益剰余金	220,000	(ア)資本準備金	10,000
			(イ)利益準備金	20,000
9	(ウ)その他資本剰余金	500,000	(イ)資本金	500,000
10	(ウ)繰越利益剰余金	5,400,000	(ア)損益	5,400,000

解説

1 増資の処理

株式を発行したときの払込金額は、原則として全額を**資本金**［**純資産**］で処理します。ただし、払込金額の２分の１を超えない金額は**資本金**［**純資産**］としないことも会社法によって容認されています。この場合の**資本金**［**純資産**］としなかった金額は**資本準備金**［**純資産**］で処理します。

本問では、「会社法が認める最低額を資本金とする」とあるので、払込金額のうち半分を**資本金**［**純資産**］として処理し、残りは**資本準備金**［**純資産**］として処理します。

払込金額：@500円×1,000株＝500,000円

資本金：500,000円×$\frac{1}{2}$＝250,000円

資本準備金：500,000円－250,000円＝250,000円

2 会社設立時の処理

「資本金とする額は、会社法が認める最低限度額とする」とあるので、払込金額のうち半分を**資本金**［**純資産**］として処理し、残りは**資本準備金**［**純資産**］として処理します。

払込金額：@90,000円×1,000株＝90,000,000円

資本金：90,000,000円×$\frac{1}{2}$＝45,000,000円

資本準備金：90,000,000円－45,000,000円＝45,000,000円

また、設立準備のための諸費用は**創立費**［**費用**］として処理します。

3 新株発行時の処理

新株発行時にかかった費用は**株式交付費**［**費用**］として処理します。なお、本問では、「払込金の８割に相当する金額を資本金とする」とあるので、払込金額のうち80%を**資本金**［**純資産**］として処理し、残りの20%は**資本準備金**［**純資産**］として処理します。

払込金額：@100,000円×500株＝50,000,000円

資本金：50,000,000円×80%＝40,000,000円

資本準備金：50,000,000円－40,000,000円＝10,000,000円

4 新株発行における払込期日の処理

新株の発行に際して、申込証拠金を受け取ったときは、**株式申込証拠金**［純資産］で処理するとともに、同額を**別段預金**［資産］で処理します。そして、払込期日の到来とともに、**株式申込証拠金**［純資産］は**資本金**［純資産］等に、**別段預金**［資産］は**当座預金**［資産］等に振り替えます。

なお、本問では、「会社法が認める最低額を資本金とする」とあるので、払込金額のうち半分を**資本金**［純資産］として処理し、残りは**資本準備金**［純資産］として処理します。

払込金額：@70,000円×300株＝21,000,000円

資　本　金：21,000,000円×$\frac{1}{2}$＝10,500,000円

資本準備金：21,000,000円－10,500,000円＝10,500,000円

申込証拠金の受取時の仕訳：

（別　段　預　金）	21,000,000	（株式申込証拠金）	21,000,000

5 買収の処理

他社を買収したときは、資産・負債を時価で受け入れる処理をします。なお、買収にあたって商品を受け入れたときは、新たな仕入れがあったとして処理します。

また、受け入れた純資産額と支払対価との差額は**のれん**［資産］で処理します。

受け入れた純資産額：（3,500,000円＋2,200,000円）－1,850,000円＝3,850,000円

の　れ　ん：4,200,000円－3,850,000円＝350,000円

6 剰余金の配当と処分

繰越利益剰余金の配当および処分があったときは、**繰越利益剰余金**［純資産］から該当する各勘定科目への振り替えを行います。

なお、利益準備金の積立額は次の計算によって求めます。

①1,800,000円（株主配当金）×$\frac{1}{10}$＝180,000円

②20,000,000円（資本金）×$\frac{1}{4}$－（2,000,000円（資本準備金）＋500,000円（利益準備金））＝2,500,000円

③①＜②より①180,000円

7 剰余金の配当と処分

株主総会で株主配当金が決定したときは、**未払配当金**［**負債**］で処理しますが、本問は株主配当金がただちに当座預金口座から支払われているため、**当座預金**［**資産**］の減少で処理します。

なお、利益準備金の積立額は次の計算によって求めます。

①$\underbrace{1{,}300{,}000円}_{\text{株主配当金}} \times \frac{1}{10} = 130{,}000円$

②$\underbrace{10{,}000{,}000円}_{\text{資本金}} \times \frac{1}{4} - (\underbrace{1{,}600{,}000円}_{\text{資本準備金}} + \underbrace{800{,}000円}_{\text{利益準備金}}) = 100{,}000円$

③①＞②より②100,000円

8 剰余金の配当と処分

配当財源がその他資本剰余金と繰越利益剰余金のときは、**資本準備金**［**純資産**］と**利益準備金**［**純資産**］を積み立てます。なお、本問では資本金等の資料がないため、問題文の指示にしたがって、その他資本剰余金からの配当の10分の１を資本準備金に、繰越利益剰余金からの配当の10分の１を利益準備金に積み立てます。

資本準備金積立額：$100{,}000円 \times \frac{1}{10} = 10{,}000円$

利益準備金積立額：$200{,}000円 \times \frac{1}{10} = 20{,}000円$

9 株主資本の計数変動

その他資本剰余金［**純資産**］を減らして、**資本金**［**純資産**］に振り替えます。

10 当期純損益の振り替え

決算において、各収益の勘定残高は損益勘定の貸方に、各費用の勘定残高は損益勘定の借方に振り替えます。そして、損益勘定の貸借差額で当期純利益または当期純損失を計算し、当期純利益の場合には、損益勘定から**繰越利益剰余金勘定**の貸方に振り替え、当期純損失の場合には、損益勘定から**繰越利益剰余金勘定**の借方に振り替えます。

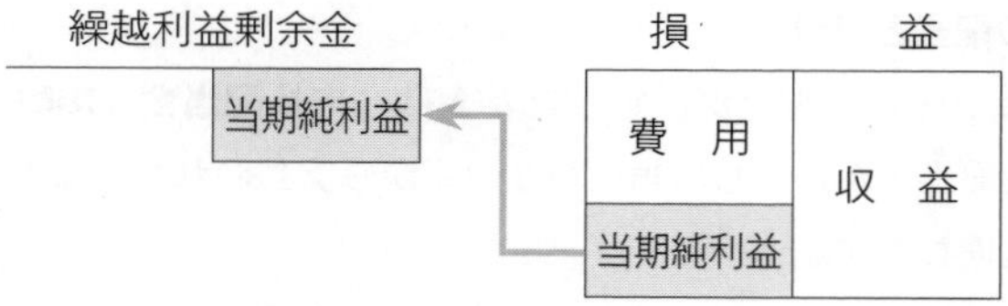

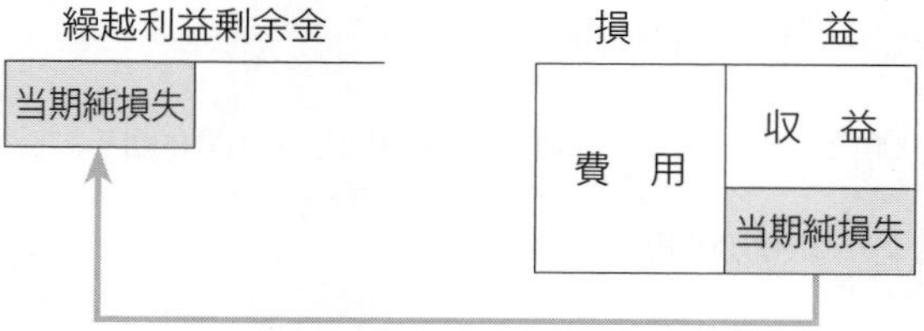

純資産の取引のポイント

[1] 資本金とする額

✔ 原則：払込金額の全額を**資本金［純資産］**で処理する

✔ 容認：最低、払込金額の半分は**資本金［純資産］**で処理する（残りは**資本準備金［純資産］**で処理する）

[2] 株式発行時の発行費用の処理

✔ 会社設立時：**創立費**で処理する

✔ 新株発行時：**株式交付費**で処理する

[3] 株式申込証拠金の処理

✔ 申込証拠金の受取時：

（別　段　預　金）	××	（株式申込証拠金）	××

✔ 払込期日：

（株式申込証拠金）	××	（資 本 金 な ど）	××
（当 座 預 金 な ど）	××	（別　段　預　金）	××

[4] 準備金（資本準備金、利益準備金）の積立額

①株主配当金×$\frac{1}{10}$

②資本金×$\frac{1}{4}$－（資本準備金＋利益準備金）

③①と②のうち、いずれか小さいほう

第1問対策－❷／16問　税　金

解答

	借方		貸方	
	記号	金額	記号	金額
1	(カ)法人税、住民税及び事業税	600,000	(イ)仮払法人税等	200,000
			(ア)未払法人税等	400,000
2	(ア)法人税、住民税及び事業税	225,000	(エ)未払法人税等	225,000
3	(オ)仮受消費税	450,000	(エ)仮払消費税	300,000
			(イ)未払消費税	150,000

解説

1 法人税等の処理

決算において、法人税・住民税・事業税の額が確定したら、**法人税、住民税及び事業税（または法人税等）**で処理します。

法人税、住民税及び事業税：1,500,000円×40％＝600,000円

また、期中に中間納付した場合には、**仮払法人税等［資産］**で処理しているので、確定時にこれを取り消し、確定額と中間納付額との差額は**未払法人税等［負債］**で処理します。

中間納付時：	(仮払法人税等)	200,000	(当座預金など)	200,000
決算時：	(法人税、住民税及び事業税)	600,000	(仮払法人税等)	200,000
			(未払法人税等)	400,000

2 課税所得の算定方法

法人税等の額は、課税所得（税引前当期純利益に損金不算入額等を調整した金額）に税率を掛けて計算します。なお、損金不算入額（会計上は費用に計上しているが、税法上は損金として認められないもの）は税引前当期純利益に加算します。

課税所得：400,000円＋350,000円＝750,000円

法人税、住民税及び事業税：750,000円×30％＝225,000円

3 消費税の処理

消費税を仮払いしたとき（商品等を購入したとき）は、**仮払消費税**［**資産**］、消費税を仮受けしたとき（商品等を販売したとき）は、**仮受消費税**［**負債**］で処理しているので、決算において、**仮払消費税**［**資産**］と**仮受消費税**［**負債**］を相殺します。なお、相殺できなかった額については**未払消費税**［**負債**］または**未収還付消費税**［**資産**］で処理します。

税金のポイント

［1］法人税等の処理

①中間納付時	(仮払法人税等)	××	(当座預金など)	××
②決　算　時	(法人税、住民税及び事業税) または「法人税等」	××	(仮払法人税等) (未払法人税等)	×× ××

［2］課税所得の算定方法

✔ 損金不算入額は税引前当期純利益に**加算**する
✔ 損金算入額は税引前当期純利益から**減算**する
✔ 益金不算入額は税引前当期純利益から**減算**する
✔ 益金算入額は税引前当期純利益に**加算**する

［3］消費税の処理（税抜方式）

①仕　入　時	(仕　　　入) (仮払消費税)	×× 税抜価額 ××	(買掛金など)	××
②売　上　時	(売掛金など)	××	(売　　　上) (仮受消費税)	×× 税抜価額 ××
③決　算　時	(仮受消費税)	××	(仮払消費税) (未払消費税)	×× ××
		または		
	(仮受消費税) (未収還付消費税)	×× ××	(仮払消費税)	××

第1問対策－❸／16問　商品売買

解答

	借方		貸方	
	記号	金額	記号	金額
1	(イ)商品	150,000	(ア)買掛金	150,000
2	(イ)売掛金	16,000	(エ)売上	16,000
	(ア)売上原価	10,000	(ウ)商品	10,000
3	(イ)支払手数料	8,000	(エ)売上	200,000
	(ウ)クレジット売掛金	192,000		
4	(ウ)支払手数料	4,000	(イ)売上	100,000
	(オ)クレジット売掛金	106,000	(ア)仮受消費税	10,000

解説

1 売上原価対立法

売上原価対立法では、商品を仕入れたときに原価で**商品**［資産］を計上します。

2 売上原価対立法

売上原価対立法では、商品を販売したときは、売価で**売上**［収益］を計上するとともに、その商品の原価を**商品**［資産］から**売上原価**［費用］に振り替えます。

売　　上：@320円×50個＝16,000円

売上原価：@200円×50個＝10,000円

3 クレジット売掛金

クレジット払いの条件で商品を販売したときの、あとで商品代金を受け取る権利は**クレジット売掛金**［資産］で処理します。また、信販会社への手数料は**支払手数料**［費用］で処理します。

支払手数料：200,000円×４％＝8,000円

クレジット売掛金：200,000円－8,000円＝192,000円

4　クレジット売掛金

クレジット払いの条件で商品を販売したときの処理ですが、消費税の処理もあるので、商品の販売と消費税の処理を分けて考えます。

(1)　商品の販売

クレジット払いの条件で商品を販売したときの仕訳をします。

支払手数料：100,000円×４％＝4,000円

クレジット売掛金：100,000円－4,000円＝96,000円

（支払手数料）	4,000	（売　　上）	100,000
（クレジット売掛金）	96,000		

(2)　消費税の処理

税抜方式で消費税の仕訳をします。

仮受消費税：100,000円×10％＝10,000円

（クレジット売掛金）	10,000	（仮受消費税）	10,000

上記を合わせた仕訳が解答の仕訳となります。

商品売買のポイント

［1］売上原価対立法

①仕　入　時	（商　　品）	×× 原価	（買　掛　金）	××
②売　上　時	（売　掛　金）	××	（売　　上）	×× 売価
	（売上原価）	×× 原価	（商　　品）	××

［2］仕入戻し・仕入割戻しの処理

✔ 仕入戻し・仕入割戻し…**仕入［費用］**を取り消す

［3］クレジット売掛金

✔ クレジット払いの条件で商品を販売したときの、あとで商品代金を受け取る権利は**クレジット売掛金［資産］**で処理する

✔ 信販会社への手数料は**支払手数料［費用］**で処理する

第1問対策－❹／16問　手形と電子記録債権（債務）等

解答

	借方		貸方	
	記号	金額	記号	金額
1	(オ)不渡手形	701,800	(ア)当座預金 (エ)現金	700,000 1,800
2	(オ)現金 (ウ)貸倒引当金 (ア)貸倒損失	115,000 80,000 220,000	(イ)不渡手形	415,000
3	(カ)仕入	400,000	(オ)受取手形 (イ)現金	300,000 100,000
4	(エ)手形売却損 (カ)普通預金	1,050 198,950	(ウ)受取手形	200,000
5	(イ)支払手形 (キ)支払利息	300,000 6,000	(イ)支払手形	306,000
6	(オ)買掛金	300,000	(ウ)電子記録債務	300,000
7	(イ)当座預金	300,000	(エ)電子記録債権	300,000
8	(カ)買掛金	200,000	(オ)電子記録債権	200,000
9	(エ)買掛金 (カ)当座預金 (キ)電子記録債権売却損	300,000 190,000 10,000	(ア)電子記録債権	500,000
10	(ア)電子記録債権売却損 (カ)当座預金	1,000 179,000	(ウ)電子記録債権	180,000
11	(エ)普通預金 (オ)債権売却損	98,000 2,000	(イ)売掛金	100,000

解説

1　不渡手形の処理

以前に割り引いていた手形が不渡りとなったときには、手形の額面金額および償還請求にかかった費用を**不渡手形**［資産］で処理します。

2 不渡手形の貸倒れ

前期に**不渡手形**［資産］として処理していた債権のうち、回収不能額については貸倒れの処理をします。本問は前期に発生した債権の貸倒れなので、**貸倒引当金**を取り崩し、これを超過する額は**貸倒損失**［費用］で処理します。

3 手形の裏書譲渡

手形を裏書譲渡したときや手形を割り引いたときは、**受取手形**［資産］の減少として処理します。

4 手形の割引き

手形を割り引いたときは、**受取手形**［資産］の減少として処理します。また、割引料は**手形売却損**［費用］で処理します。

5 手形の更改

以前に振り出している手形を更改したときは、旧手形にかかる**支払手形**［負債］を減少させ、新手形にかかる**支払手形**［負債］を増加させます。なお、支払期日を延長したことによって発生した利息は**支払利息**［費用］で処理します。この利息は現金等で支払う場合と、新手形の額面金額に含める場合がありますが、本問では新手形の額面金額に含めるので、新手形の額面金額が306,000円（300,000円＋6,000円）となります。

6 電子記録債権（債務）

発生記録によって電子記録債務が発生したときは、**電子記録債務**［負債］で処理します。

7 電子記録債権（債務）

支払期日が到来し、電子記録債権の債権金額が振り込まれたときは、**電子記録債権**［資産］の減少で処理します。

8 電子記録債権（債務）

電子記録債権を譲渡したときは、**電子記録債権**［資産］の減少で処理します。

9 電子記録債権（債務）

電子記録債権を譲渡したときは、**電子記録債権［資産］**の減少で処理します。なお、額面金額と譲渡価額（換金代金）との差額は**電子記録債権売却損［費用］**で処理します。

10 電子記録債権（債務）

電子記録債権を割り引いたときは、**電子記録債権［資産］**の減少で処理します。また、割引料については**電子記録債権売却損［費用］**で処理します。

11 売掛金の譲渡

売掛金を譲渡したときは、**売掛金［資産］**の減少として処理します。また、債権金額と売却価額との差額は**債権売却損［費用］**で処理します。

手形のポイント

[1] 不渡手形の処理

✔ 所有する手形が不渡りとなったときは、**受取手形［資産］**から**不渡手形［資産］**に振り替える

✔ 手形の不渡りにかかる償還請求費用等は、**不渡手形［資産］**に含めて処理する

[2] 手形の裏書譲渡

✔ 所有する手形を裏書譲渡したときは、**受取手形［資産］**の減少として処理する

[3] 手形の割引き

✔ 所有する手形を割り引いたときは、**受取手形［資産］**の減少として処理する

✔ 割引料は、**手形売却損［費用］**で処理する

[4] 手形の更改

✔ 手形を更改したときは旧手形の額面金額を減少させ、新手形の額面金額を増加させる

✔ 手形の更改にかかる利息は現金等で決済する場合と、新手形の額面金額に含める場合がある

[5] 電子記録債権（債務）

✔ 発生記録によって電子記録債権が発生したときは**電子記録債権［資産］**で処理する

✔ 発生記録によって電子記録債務が発生したときは**電子記録債務［負債］**で処理する

✔ 電子記録債権を譲渡した（割り引いた）ときは**電子記録債権［資産］**の減少で処理する

✔ 電子記録債権を譲渡した際の債権金額と譲渡価額との差額や、電子記録債権を割り引いた際の割引料は**電子記録債権売却損［費用］**で処理する

[6] 売掛金の譲渡

✔ 売掛金を譲渡したときは、**売掛金［資産］**の減少として処理する

✔ 売掛金の債権金額と譲渡金額との差額は、**債権売却損［費用］**で処理する

第1問対策－❺／16問　現金預金

解答

		借方		貸方	
		記号	金額	記号	金額
1		(ウ)当座預金	200,000	(イ)買掛金	200,000
2	①	(イ)水道光熱費	50,000	(エ)当座預金	50,000
	②	(キ)仕訳なし			
	③	(エ)当座預金	200,000	(ウ)未払金	200,000

解説

1 当座預金の修正

未渡小切手については修正仕訳が必要です。

小切手を振り出したときに**当座預金［資産］**の減少として処理しているので、この小切手が未渡しの場合には**当座預金［資産］**の増加として処理します。

なお、掛け代金の支払いとして振り出した小切手が未渡しなので、小切手の振出時に処理した**買掛金［負債］**の減少を取り消します。

2 当座預金の修正

①は電気代の連絡未通知なので、修正仕訳が必要です。

②は未取付小切手（当社が振り出したものの取引先がまだ銀行に持ち込んでいない小切手）なので、修正仕訳は不要です。

③は未渡小切手なので、修正仕訳が必要です。なお、未払金の支払いのために振り出した小切手が未渡しなので、小切手の振出時に処理した**未払金［負債］**の減少を取り消します。

現金預金のポイント

[1] 当座預金残高について修正仕訳が不要な項目

✔ 時間外預入れ
✔ 未取立小切手＊1
✔ 未取付小切手＊2

＊1　銀行に取立依頼をしているにもかかわらず、銀行側でまだ代金の取り立てをしていない小切手

＊2　取引先に対して振り出した小切手で、その取引先がまだ銀行に持ち込んでいない小切手

[2] 当座預金残高について修正仕訳が必要な項目

✔ 連絡未通知
✔ 誤記入
✔ 未渡小切手→買掛金の決済のために振り出した小切手が未渡しの場合は**買掛金［負債］**の減少を取り消す
→費用の支払いまたは**未払金［負債］**の決済のために振り出した小切手が未渡しの場合は貸方を**未払金［負債］**で処理する

第1問対策－❻／16問　固定資産

解答

	借方		貸方	
	記号	金額	記号	金額
1	(エ)備品	200,000	(ウ)営業外支払手形	200,000
2	(イ)現金	2,000,000	(キ)土地	10,000,000
	(カ)営業外受取手形	10,000,000	(ウ)固定資産売却益	2,000,000
3	(エ)営業外支払手形	500,000	(ア)当座預金	500,000
	(オ)支払利息	20,000	(イ)前払利息	20,000
4	(カ)減価償却費	540,000	(オ)車両運搬具減価償却累計額	540,000
5	(ア)車両運搬具	3,000,000	(ア)車両運搬具	5,000,000
	(カ)車両運搬具減価償却累計額	3,600,000	(オ)未払金	2,400,000
	(ウ)減価償却費	270,000		
	(エ)固定資産売却損	530,000		
6	(キ)貯蔵品	30,000	(オ)備品	85,000
	(イ)固定資産除却損	55,000		
7	(エ)建物	10,090,000	(ア)建設仮勘定	3,500,000
			(イ)当座預金	1,090,000
			(カ)未払金	5,500,000
8	(カ)建物	500,000	(ア)当座預金	200,000
	(ウ)修繕引当金	250,000	(オ)未払金	700,000
	(イ)修繕費	150,000		
9	(キ)建物減価償却累計額	3,240,000	(イ)建物	6,000,000
	(ア)減価償却費	15,000		
	(ク)未決算	2,745,000		
10	(イ)未収入金	3,800,000	(エ)未決算	3,600,000
			(ウ)保険差益	200,000
11	(ウ)当座預金	300,000	(ア)国庫補助金受贈益	300,000
12	(ウ)備品	1,000,000	(エ)未払金	1,000,000
	(ア)固定資産圧縮損	300,000	(ウ)備品	300,000
13	(ア)減価償却費	140,000	(エ)備品減価償却累計額	140,000

解説

1 営業外支払手形の処理

商品以外のものを購入し、約束手形を振り出したときは、**営業外支払手形**［負債］で処理します。

2 営業外受取手形

商品以外のものを売却し、約束手形を受け取ったときは、**営業外受取手形**［資産］で処理します。

3 固定資産の割賦購入

固定資産を購入し、約束手形を振り出しているので**営業外支払手形**［負債］で処理します。

(1) 固定資産の取得時の仕訳

固定資産を割賦購入したときは、現金販売価額（2,400,000円）を取得原価として処理し、利息相当額については**前払利息**［資産］などで処理します。なお、利息相当額は手形の総額から現金販売価額（2,400,000円）を差し引いて計算します。

手形の総額：500,000円×５枚＝2,500,000円

利息相当額：2,500,000円－2,400,000円＝100,000円

（車両運搬具）	2,400,000	（営業外支払手形）	2,500,000
（前払利息）	100,000		

(2) 手形代金を支払ったときの仕訳（解答の仕訳）

手形代金の支払期日が到来したときには、支払った分だけ**営業外支払手形**［負債］を減少させます。なお、本問では利息の処理について、「手形代金の支払いのつど、利息相当額を前払利息勘定から支払利息勘定に振り替える」という指示があるので、支払った分に対応する利息相当額を**前払利息**［資産］から**支払利息**［費用］に振り替えます。

支払った分に対応する利息相当額：100,000円÷５枚＝20,000円

（営業外支払手形）	500,000	（当座預金）	500,000
（支払利息）	20,000	（前払利息）	20,000

4 生産高比例法

生産高比例法によって減価償却費を計算します。

残 存 価 額：4,000,000円×10%＝400,000円

減価償却費：(4,000,000円－400,000円)×$\frac{45,000\text{km}}{300,000\text{km}}$＝540,000円

なお、残存価額が取得原価の10%ということは、取得原価の90%を償却するということです。したがって、次のようにして減価償却費を計算することもできます。

減価償却費：4,000,000円×0.9×$\frac{45,000\text{km}}{300,000\text{km}}$＝540,000円

5 固定資産の買換え

固定資産を買い換えたときは、旧固定資産の売却の仕訳と新固定資産の購入の仕訳をあわせた仕訳をします。なお、旧固定資産の売却価額は下取価額とし、いったん**現金［資産］**で処理しておき、新固定資産の代金の支払額に充当したと仮定して処理します。

当期の減価償却費：(5,000,000円－500,000円)×$\frac{12,000\text{km}}{200,000\text{km}}$＝270,000円

①旧固定資産の売却の仕訳：

~~(現　　　金)~~	~~600,000~~	(車 両 運 搬 具)	5,000,000
(車両運搬具減価償却累計額)	3,600,000		
(減 価 償 却 費)	270,000		
(固定資産売却損)	530,000		

＋

②新固定資産の購入の仕訳：

(車 両 運 搬 具)	3,000,000	~~(現　　　金)~~	~~600,000~~
		(未　払　金)	2,400,000

↓

③解答の仕訳：

(車 両 運 搬 具)	3,000,000	(車 両 運 搬 具)	5,000,000
(車両運搬具減価償却累計額)	3,600,000	(未　払　金)	2,400,000
(減 価 償 却 費)	270,000		
(固定資産売却損)	530,000		

6 固定資産の除却

固定資産を除却したときの処分価額は**貯蔵品［資産］**で処理します。

なお、記帳方法が直接法なので、帳簿価額（取得原価－減価償却累計額）を減少させます。

帳簿価額：400,000円－315,000円＝85,000円

7 建設仮勘定

建設中の建物にかかる支払額は**建設仮勘定［資産］**で処理しておき、建物が完成したら**建物［資産］**に振り替えます。

建　物：3,500,000円＋6,500,000円＋90,000円＝10,090,000円
登記料

未払金：6,500,000円－1,000,000円＝5,500,000円

8 資本的支出と収益的支出

建物の修繕にかかる支出額のうち、建物の耐用年数を延長させるための支出額（資本的支出）は、**建物［資産］**の取得原価に加算します。また、それ以外の支出額（収益的支出）は、**修繕費［費用］**で処理します。

本問では、修繕引当金の残高があるので、修繕引当金（250,000円）を充当したあとの残高（150,000円）を**修繕費［費用］**として処理します。

9 固定資産の滅失

保険が掛けられている固定資産が滅失したときは、保険金額が確定するまでの間、滅失時の帳簿価額を**未決算勘定**で処理しておきます。

$$\text{当期の減価償却費：6,000,000円} \times 0.9 \div \text{30年} \times \frac{\text{1か月(4/1〜4/30)}}{\text{12か月}} = \text{15,000円}$$

10 固定資産の滅失

滅失した固定資産について、保険金額が確定したら、保険金額と**未決算勘定**との差額を**火災損失［費用］**または**保険差益［収益］**で処理します。

(1) 火災発生時の仕訳

取得日から前期末までの18年分の減価償却累計額を計算します。また、当期の4か月分（4月1日から7月31日まで）の減価償却費を計上します。

減価償却累計額：8,000,000円×0.9×$\frac{18年}{30年}$＝4,320,000円

減 価 償 却 費：8,000,000円×0.9÷30年×$\frac{4か月}{12か月}$＝80,000円

（建物減価償却累計額）	4,320,000	（建　　　　　物）	8,000,000
（減 価 償 却 費）	80,000		
（未　　決　　算）	3,600,000		

(2) 保険金額の確定時の仕訳（解答の仕訳）

（未 収 入 金）	3,800,000	（未　　決　　算）	3,600,000
		（保 険 差 益）	200,000

11 圧縮記帳（国庫補助金の受取時）

国庫補助金を受け取ったときは、**国庫補助金受贈益［収益］**を計上します。

12 圧縮記帳（固定資産の取得時）

固定資産を取得し、圧縮記帳をするときは、受け取った国庫補助金の額で**固定資産圧縮損［費用］**を計上するとともに、同額だけ固定資産の取得原価を減額します（直接控除方式）。

13 圧縮記帳（決算時）

圧縮記帳を行った場合は、圧縮記帳後の帳簿価額をもとにして減価償却を行います。

減価償却費：（1,000,000円－300,000円）÷５年＝140,000円

固定資産のポイント

[1] 営業外受取手形と営業外支払手形

✔ 商品以外のものを売却し、約束手形を受け取ったときは、**営業外受取手形［資産］**で処理する

✔ 商品以外のものを購入し、約束手形を振り出したときは、**営業外支払手形［負債］**で処理する

[2] 固定資産の割賦購入

✔ 固定資産を割賦購入したときは、現金正価（現金販売価額）を取得原価として処理し、利息相当額については**支払利息［費用］**や**前払利息［資産］**などで処理する（勘定科目は問題文の指示に従う）

✔ 購入時に利息相当額を**前払利息［資産］**で処理したときは、割賦代金の支払時（または決算時）において、支払った分の利息を**前払利息［資産］**から**支払利息［費用］**に振り替える

✔ 購入時に利息相当額を**支払利息［費用］**で処理したときは、決算時において、支払期日が到来していない分の利息（次期以降の利息）を**支払利息［費用］**から**前払利息［資産］**に振り替える

[3] 減価償却の記帳方法

✔ 直接法…減価償却費を固定資産の取得原価から直接控除する方法

✔ 間接法…減価償却費を固定資産の取得原価から直接控除しないで、減価償却累計額を用いて処理する方法

[4] 生産高比例法

$$減価償却費＝(取得原価－残存価額)\times\frac{当期利用量}{総利用可能量}$$

[5] 固定資産の買換え

✔ 固定資産を買い換えたときは、旧固定資産の売却の仕訳（下取価額で売却）と新固定資産の購入の仕訳（下取価額を代金の一部に充当）をあわせた仕訳をする

[6] 固定資産の除却・廃棄

✔ 固定資産を除却したときの処分価額は**貯蔵品［資産］**で処理する

✔ 固定資産を廃棄したときは処分価額はない

✔ 固定資産を除却または廃棄したときに費用がかかったときは、その費用は**固定資産除却損［費用］**または**固定資産廃棄損［費用］**に含める

[7] 建設仮勘定

✔ 完成前の建物にかかる支出額は**建設仮勘定［資産］**で処理する
✔ 建物が完成したら**建設仮勘定［資産］**から**建物［資産］**に振り替える

[8] 固定資産の改良・修繕

✔ 資本的支出…固定資産の改良（固定資産の価値を高めたり、耐用年数を延長させる効果があるもの）にかかる支出額
→**建物［資産］**などの固定資産の取得原価に加算する
✔ 収益的支出…固定資産の修繕（固定資産の機能をもとの状態に戻すこと）にかかる支出額
→**修繕費［費用］**で処理する

[9] 固定資産の滅失

✔ 保険が掛けられている固定資産が滅失したときは、滅失時の固定資産の帳簿価額を**未決算勘定**で処理しておく
✔ 保険金額が確定したら、**未決算勘定**を減額するとともに、保険金額と未決算勘定との差額を**火災損失［費用］**または**保険差益［収益］**で処理する

[10] 圧縮記帳

①国庫補助金の受取時	(当座預金など)	××	(国庫補助金受贈益)	××
②固定資産の取得時	(備 品 な ど)	××	(未 払 金 な ど)	××
	(固定資産圧縮損)	××	(備 品 な ど)	××

✔ 決算においては、圧縮記帳後の帳簿価額をもとに減価償却を行う

第1問対策－❼／16問　リース取引

解答

	借方		貸方	
	記号	金額	記号	金額
1	(ウ)リース資産	375,000	(エ)リース債務	375,000
2	(ウ)リース債務	75,000	(オ)当座預金	90,000
	(ア)支払利息	15,000		
	(エ)減価償却費	75,000	(カ)リース資産減価償却累計額	75,000
3	(ウ)リース債務	100,000	(オ)当座預金	100,000
	(カ)減価償却費	100,000	(キ)リース資産減価償却累計額	100,000
4	(オ)リース債務	840,000	(エ)普通預金	840,000
	(イ)リース資産減価償却累計額	1,260,000	(ア)リース資産	2,100,000
	(ウ)固定資産除却損	840,000		
5	(エ)支払リース料	20,000	(カ)現金	20,000

解説

1 ファイナンス・リース取引（利子抜き法、リース取引の開始時）

リース取引を開始したときは、**リース資産**［資産］と**リース債務**［負債］を計上します。リース資産の計上価額は、利子抜き法の場合は利息相当額を含まない金額（見積現金購入価額）となります。

2 ファイナンス・リース取引（利子抜き法、リース料の支払時、決算時）

利子抜き法の場合、リース料を支払ったときは、支払ったリース料に含まれる利息相当額を**支払利息**［費用］として処理します。

リース債務：375,000円÷５年＝75,000円

リース料総額：90,000円×５年＝450,000円

支払利息総額：450,000円－375,000円＝75,000円

当期分の支払利息：75,000円÷５年＝15,000円

また、決算日には減価償却を行います。

減価償却費：375,000円÷５年＝75,000円

3 ファイナンス・リース取引（利子込み法、リース料の支払時、決算時）

利子込み法の場合、リース資産の計上価額は利息相当額を含んだ金額となります。したがって、利息相当額が含まれるリース料の総額をリース資産の額とします。

リース資産：100,000円×５年＝500,000円

リース料を支払ったときは、支払ったリース料の分だけ**リース債務［負債］**を減少させます。このとき、利子込み法では利息の計上は行いません。

また、決算日には減価償却を行います。

減価償却費：500,000円÷５年＝100,000円

4 ファイナンス・リース取引（利子込み法、除却時）

利子込み法の場合、リース資産の計上価額は利息相当額を含んだ金額となります。また、リース債務の残高（２年分）を支払うとともに、リース資産の帳簿価額を除却損として処理します。

リース資産の計上価額：35,000円×12か月×５年＝2,100,000円

リース債務の残高：35,000円×12か月×２年＝840,000円

減価償却累計額：$2{,}100{,}000円 \times \dfrac{3年}{5年} = 1{,}260{,}000円$

解約時の帳簿価額（除却損）：2,100,000円－1,260,000円＝840,000円

5 オペレーティング・リース取引

オペレーティング・リース取引では、リース取引の開始時にはなんの処理もせず、リース料を支払ったときに、**支払リース料［費用］**を計上します。

リース取引のポイント

[1] ファイナンス・リース取引～利子込み法と利子抜き法

【リース取引の開始時】

利子込み法	(リース資産) 450,000 (リース債務) 450,000 ✔ リース資産の計上価額は利息相当額を含んだ価額
利子抜き法	(リース資産) 375,000 (リース債務) 375,000 ✔ リース資産の計上価額は利息相当額を含まない価額

【リース料の支払時】

利子込み法	(リース債務) 90,000 (当座預金など) 90,000 ✔ 支払利息の計上はない
利子抜き法	(リース債務) 75,000 (当座預金など) 90,000 (支払利息) 15,000 ✔ 支払利息の計上がある

【決算時① 減価償却費の計上】

✔ リース資産の計上価額をもとに、残存価額をゼロ、耐用年数をリース期間として減価償却費を計算する

✔ 期中にリース取引を開始したときは減価償却費は月割計上する

利子込み法	(減価償却費) 90,000 (リース資産 減価償却累計額) 90,000
利子抜き法	(減価償却費) 75,000 (リース資産 減価償却累計額) 75,000

【決算時② 決算日とリース料支払日がずれている場合】

利子込み法	仕 訳 な し ✔ 支払利息の未払計上はない
利子抜き法	(支払利息) ×× (未払利息) ×× ✔ 支払利息の未払計上がある

[2] オペレーティング・リース取引

①リース取引の開始時	仕 訳 な し
②リース料の支払時	(支払リース料) ×× (現金など) ××
③決算時	(支払リース料) ×× (未払リース料) ××

第1問対策－❽／16問　研究開発費と無形固定資産

解答

	借方		貸方	
	記号	金額	記号	金額
1	(ウ)研究開発費	100,000	(カ)当座預金	100,000
2	(オ)ソフトウェア	150,000	(イ)当座預金	150,000
3	(ウ)ソフトウェア償却	50,000	(ア)ソフトウェア	50,000
4	(エ)ソフトウェア	900,000	(ウ)ソフトウェア仮勘定	900,000
	(カ)未払金	300,000	(ア)普通預金	300,000

解説

1 研究開発費の処理

研究開発に要した費用は、支出したときに**研究開発費［費用］**として処理します。

2 ソフトウェアの取得

ソフトウェアを取得したときは、**ソフトウェア［資産］**で処理します。

3 ソフトウェアの償却

ソフトウェアは、決算において、残存価額をゼロとして利用可能期間にわたって償却します。

ソフトウェア償却：250,000円÷５年＝50,000円

4 ソフトウェアの完成

制作途中のソフトウェアの制作費は、**ソフトウェア仮勘定［資産］**で処理しておき、ソフトウェアが完成したときに、**ソフトウェア仮勘定［資産］**から**ソフトウェア［資産］**に振り替えます。

(1) ソフトウェアの契約総額を未払計上したときの仕訳

(ソフトウェア仮勘定)	900,000	(未　払　金)	900,000

(2) **未払金を支払ったときの仕訳**（**第1回目**）

1回の支払額：900,000円÷3回＝300,000円

（未　払　金）	300,000	（普 通 預 金）	300,000

(3) **未払金を支払ったときの仕訳**（**第2回目**）

（未　払　金）	300,000	（普 通 預 金）	300,000

(4) **ソフトウェアが完成したときの仕訳←本問の仕訳**

（ソフトウェア）	900,000	（ソフトウェア仮勘定）	900,000

(5) **未払金を支払ったときの仕訳←本問の仕訳**

（未　払　金）	300,000	（普 通 預 金）	300,000

以上より、上記(4)と(5)を合わせた仕訳が解答の仕訳となります。

研究開発費と無形固定資産のポイント

[1] 研究開発費

✔ 研究開発費は、支出したときに全額を**研究開発費［費用］**で処理する

[2] 無形固定資産とソフトウェア

✔ ソフトウェアは無形固定資産に分類される

✔ 無形固定資産は、決算において償却する。償却方法は残存価額をゼロとした定額法で、記帳方法は直接法

✔ 自社利用のソフトウェアは利用可能期間にわたって償却する

✔ 制作途中のソフトウェア制作費は**ソフトウェア仮勘定［資産］**で処理し、完成したときに、**ソフトウェア仮勘定［資産］**から**ソフトウェア［資産］**に振り替える

第1問対策－⑨／16問　有価証券

解答

	借方		貸方	
	記号	金額	記号	金額
1	(エ)その他有価証券	7,560,000	(イ)当座預金	7,560,000
2	(イ)その他有価証券	4,030,000	(エ)未払金	4,030,000
3	(ウ)子会社株式	2,500,000	(イ)当座預金	2,500,000
4	(オ)関連会社株式	556,000	(ウ)当座預金	556,000
5	(カ)未収入金	511,000	(ア)売買目的有価証券	497,000
			(イ)有価証券売却益	14,000
6	(カ)満期保有目的債券	4,866,000	(オ)当座預金	4,902,500
	(ウ)有価証券利息	36,500		
7	(カ)現金	2,456,750	(エ)売買目的有価証券	2,409,000
			(ア)有価証券売却益	22,250
			(オ)有価証券利息	25,500
8	(イ)当座預金	2,964,300	(オ)売買目的有価証券	2,934,000
			(エ)有価証券売却益	6,000
			(ウ)有価証券利息	24,300
9	(カ)有価証券評価損	30,000	(ア)売買目的有価証券	30,000
10	(カ)その他有価証券	1,490,000	(イ)その他有価証券評価差額金	1,490,000

解説

1 有価証券の分類と購入

有価証券の購入目的が「同社との長期にわたる取引関係を維持するため」である（売買目的、満期保有目的、支配目的のいずれにも該当しない）ので、群馬商事株式会社株式は**その他有価証券［資産］**に分類されます。また、有価証券の取得原価は、購入代価に付随費用（売買手数料など）を加算して計算します。

取得原価：@1,500円×5,000株＋60,000円＝7,560,000円

2 有価証券の分類と購入

有価証券の購入目的が「長期利殖目的」である（売買目的、満期保有目的、支配目的の

いずれにも該当しない）ので、新潟産業株式会社株式は**その他有価証券［資産］**に分類されます。

取得原価：@4,000円×1,000株＋30,000円＝4,030,000円

3 有価証券の分類と購入

「北海道工業株式会社の発行済株式の過半数（50％超）を取得している」とある（発行済株式の過半数を取得している場合には支配従属関係があるとされる）ので、北海道工業株式会社株式は**子会社株式［資産］**に分類されます。

取得原価：@5,000円×500株＝2,500,000円

4 有価証券の分類と購入

浜松商事株式会社の発行済株式総数が4,000株で、そのうち1,000株（25％）を取得している（20％以上を取得している）ので、浜松商事株式会社株式は**関連会社株式［資産］**に分類されます。

$$\text{取得割合：}\frac{1{,}000\text{株}}{4{,}000\text{株}}\times 100 = 25\%$$

取得原価：@550円×1,000株＋6,000円＝556,000円

5 有価証券の売却、複数回に分けて取得した有価証券の帳簿単価の計算

有価証券を売却したときは、売却した有価証券の帳簿価額を減らします。なお、平均原価法によって、A社株式の帳簿単価を計算します。

$$\text{帳簿単価：}\frac{@650\text{円}\times 300\text{株}+@750\text{円}\times 500\text{株}+@700\text{円}\times 200\text{株}}{300\text{株}+500\text{株}+200\text{株}} = @710\text{円}$$

売却した株式の帳簿価額：@710円×700株＝497,000円

売却価額：@730円×700株＝511,000円

売却した有価証券の帳簿価額と売却価額との差額は、**有価証券売却損［費用］**または、**有価証券売却益［収益］**で処理します。本問は、売却した有価証券の帳簿価額よりも売却価額のほうが高いので、有価証券売却益［収益］で処理します。

6 端数利息の計算

前回の利払日の翌日（×8年４月１日）から購入日（×8年６月12日）までの端数利息は前の所有者が受け取るべき利息なので、前の所有者に支払うとともに、**有価証券利息［収益］**の減少として処理します。

端数利息：$5{,}000{,}000\text{円} \times 3.65\% \times \frac{73\text{日}^{*}}{365\text{日}} = 36{,}500\text{円}$

＊　30日（４月）＋31日（５月）＋12日（６月）＝73日

満期保有目的債券：$5{,}000{,}000\text{円} \times \frac{97.20\text{円}}{100\text{円}} + 6{,}000\text{円} = 4{,}866{,}000\text{円}$

7 端数利息の計算

前回の利払日の翌日（×8年10月１日）から売却日（×8年11月20日）までの端数利息は当社が受け取るべき利息にもかかわらず、利払日に後の所有者（購入者）に支払われます。そのため、売却時において、後の所有者からその分の利息を受け取ります。

なお、裸相場とは、利息を含まない金額のことをいいます。

端数利息：$2{,}500{,}000\text{円} \times 7.3\% \times \frac{51\text{日}^{*}}{365\text{日}} = 25{,}500\text{円}$

＊　31日（10月）＋20日（11月）＝51日

売却社債の帳簿価額：$2{,}500{,}000\text{円} \times \frac{96.36\text{円}}{100\text{円}} = 2{,}409{,}000\text{円}$

売却価額：$2{,}500{,}000\text{円} \times \frac{97.25\text{円}}{100\text{円}} = 2{,}431{,}250\text{円}$

現　　金：$2{,}431{,}250\text{円} + \underbrace{25{,}500\text{円}}_{\text{端数利息}} = 2{,}456{,}750\text{円}$

有価証券売却損益：$\underbrace{2{,}431{,}250\text{円}}_{\text{売却価額}} - \underbrace{2{,}409{,}000\text{円}}_{\text{帳簿価額}} = 22{,}250\text{円}$（売却益）

8 端数利息の計算

前回の利払日の翌日（×8年10月１日）から売却日（×8年12月20日）までの端数利息を**有価証券利息［収益］**として処理します。

端数利息：$6{,}000{,}000\text{円} \times \frac{1}{2} \times 3.65\% \times \frac{81\text{日}^{*}}{365\text{日}} = 24{,}300\text{円}$

＊　31日（10月）＋30日（11月）＋20日（12月）＝81日

切放法とは、決算時に売買目的有価証券の帳簿価額を時価に評価替えしたあと、翌期首に取得原価に振り戻さない処理方法をいいます。

したがって、切放法によって処理している場合、売却時における売買目的有価証券の帳簿価額は前期末の時価ということになります。

売却社債の帳簿価額：$6{,}000{,}000\text{円} \times \frac{1}{2} \times \frac{97.80\text{円（前期末の時価）}}{100\text{円}} = 2{,}934{,}000\text{円}$

売却価額：$6{,}000{,}000\text{円} \times \frac{1}{2} \times \frac{98.00\text{円}}{100\text{円}} = 2{,}940{,}000\text{円}$

当座預金：2,940,000円＋24,300円＝2,964,300円
端数利息

有価証券売却損益：2,940,000円－2,934,000円＝6,000円（売却益）
売却価額　帳簿価額

9 有価証券の評価替え

売買目的有価証券は決算日において時価に評価替えをします。

評価損益：（@2,150円－@2,200円）×600株＝△30,000円（評価損）
時価　帳簿価額

10 有価証券の評価替え

群馬商事株式会社の株式の購入目的が「長期にわたる取引関係を維持するため」である（売買目的、満期保有目的、支配目的のいずれにも該当しない）ので、群馬商事株式会社株式は**その他有価証券［資産］**です。その他有価証券について、全部純資産直入法を採用している場合には、評価差額（取得原価と時価との差額）を**その他有価証券評価差額金［純資産］**で処理します。

取得原価：@1,500円×5,000株＋10,000円＝7,510,000円

時　　価：@1,800円×5,000株＝9,000,000円

評価差額：9,000,000円－7,510,000円＝1,490,000円（評価差益）
時価　原価

有価証券のポイント

[1] 有価証券の分類

- ✔ 売買目的有価証券…時価の変動により、儲けを得ることを目的として取得する有価証券
- ✔ 満期保有目的債券…利息を受け取ることを目的として、満期まで保有するつもりで取得する公社債
- ✔ 子会社株式…他の会社の意思決定機関を支配する目的で取得する株式。一般的に、他の会社の議決権（発行済株式）の過半数（50％超）を取得している場合には子会社株式と判断する
- ✔ 関連会社株式…他の会社の意思決定に重要な影響を与えることができる場合の、他の会社が発行した株式。一般的に、他の会社の議決権（発行済株式）の20％以上を取得している場合には関連会社株式と判断する
- ✔ その他有価証券…上記のいずれの目的にも該当しない有価証券

[2] 複数回に分けて購入した有価証券の帳簿単価

- ✔ 有価証券を複数回に分けて購入した場合には、平均原価法によって帳簿単価を計算する

[3] 端数利息

- ✔ 前回の利払日の翌日から売買日までの利息は、売買日において、後の所有者（購入者）が、社債の発行会社に代わって、前の所有者（売却者）に支払う

$$\text{端数利息}=\text{額面金額}\times\text{年利率}\times\frac{\text{前回の利払日の翌日から売買日までの日数}}{\text{365日}}$$

[4] 有価証券の評価

- ✔ 売買目的有価証券…時価に評価替え。評価差額は**有価証券評価損**［費用］または**有価証券評価益**［収益］で処理
- ✔ 満期保有目的債券…原則として取得原価で評価。ただし、額面金額と取得価額の差額が金利調整差額と認められるときは償却原価法で評価
- ✔ 子会社株式・関連会社株式…取得原価で評価（評価替えしない）
- ✔ その他有価証券…時価に評価替え。評価差額は**その他有価証券評価差額金**［純資産］で処理（全部純資産直入法）

[5] 切放法と洗替法（参考）

✔ 切放法…前期末の決算において、売買目的有価証券の帳簿価額を時価に評価替えしたあと、翌期首に取得原価に振り戻さない方法

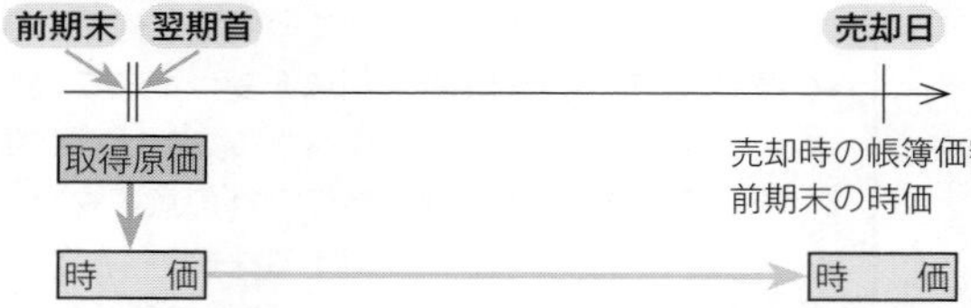

✔ 洗替法…前期末の決算において、売買目的有価証券の帳簿価額を時価に評価替えしたあと、翌期首において取得原価に振り戻す方法

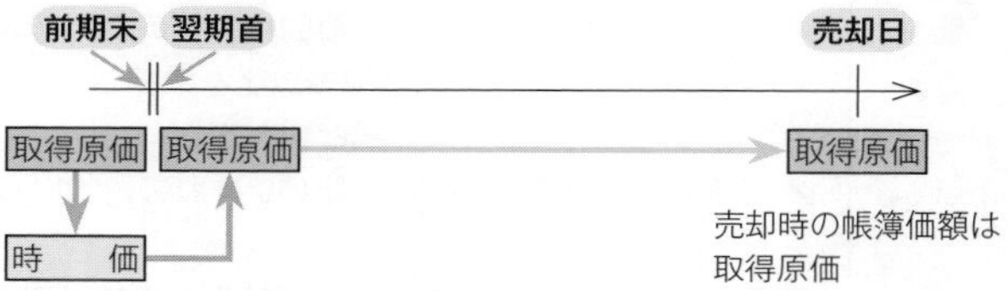

第1問対策－⑩／16問

引当金

解答

	借方		貸方	
	記号	金額	記号	金額
1	(ウ)貸倒引当金繰入	619,000	(カ)貸倒引当金	619,000
2	(ア)貸倒引当金	350,000	(カ)売掛金	500,000
	(イ)貸倒損失	150,000		
3	(ウ)修繕引当金	450,000	(エ)未払金	750,000
	(ア)修繕費	300,000		
4	(オ)役員賞与引当金繰入	800,000	(カ)役員賞与引当金	800,000
5	(ア)賞与引当金	1,600,000	(オ)所得税預り金	360,000
	(ウ)賞与	800,000	(イ)当座預金	2,040,000
6	(ウ)商品保証引当金	250,000	(エ)現金	250,000
7	(エ)商品保証引当金	40,000	(カ)商品保証引当金戻入	40,000
	(イ)商品保証引当金繰入	30,000	(エ)商品保証引当金	30,000

解説

1 貸倒引当金の設定

問題文の指示にしたがって、貸倒引当金を設定します。

①売掛金と電子記録債権にかかる貸倒引当金：

（1,000,000円＋1,200,000円）×２％＝44,000円

②貸付金にかかる貸倒引当金：1,200,000円×50％＝600,000円

③貸倒引当金の合計：44,000円＋600,000円＝644,000円

④貸倒引当金繰入：644,000円－25,000円＝619,000円

2 売掛金の貸倒れ

前期に発生した売掛金等が貸し倒れたときは、設定している**貸倒引当金**を取り崩し、これを超過する金額は**貸倒損失［費用］**で処理します。

また、当期に発生した売掛金等が貸し倒れたときは、全額、**貸倒損失［費用］**で処理します。

3 修繕引当金の取り崩し

修繕引当金を設定している場合で、定期修繕を行ったときは、設定している**修繕引当金**を取り崩し、これを超過する金額は**修繕費［費用］**で処理します。

4 役員賞与引当金の設定

決算において、役員賞与引当金を設定するときは、**役員賞与引当金［負債］**を設定するとともに、**役員賞与引当金繰入［費用］**を計上します。

5 賞与の支給

賞与を支給したときは、設定している**賞与引当金［負債］**を取り崩し、超過する額は**賞与［費用］**で処理します。また、源泉所得税は**所得税預り金［負債］**で処理します。

6 商品保証引当金の取り崩し

前期に販売した商品について修理費用を支払ったときは、設定している**商品保証引当金［負債］**を取り崩します。

7 商品保証引当金の戻入と設定

洗替法なので、前期に設定した商品保証引当金の残高を戻し入れるとともに、当期の売上に対応する商品保証引当金を設定します。

商品保証引当金繰入：3,000,000円×１％＝30,000円

引当金のポイント

[1] 貸倒引当金

✔ 回収可能性に問題がない債権
→一括して貸倒実績率により、貸倒引当金を設定する（一括評価）

✔ 回収可能性に問題がある債権
→個別に評価して貸倒引当金を設定する（個別評価）

[2] 貸倒れの処理

✔ 前期に発生した売掛金等が貸し倒れたとき
→まずは設定している**貸倒引当金**を取り崩し、これを超過する金額は**貸倒損失［費用］**で処理する

✔ 当期に発生した売掛金等が貸し倒れたとき
→全額、**貸倒損失［費用］**で処理する

[3] 修繕引当金

✔ **修繕引当金**を設定している場合で、定期修繕を行ったときは、設定している**修繕引当金**を取り崩し、これを超過する金額は**修繕費［費用］**で処理する

[4] 役員賞与引当金

✔ 決算において、役員賞与引当金を設定するときは、**役員賞与引当金［負債］**を設定するとともに、**役員賞与引当金繰入［費用］**を計上する

[5] 賞与引当金

✔ 決算において、次期に支給される賞与のうち、当期の費用となる部分については**賞与引当金繰入［費用］**を計上するとともに、相手科目は**賞与引当金［負債］**で処理する

✔ **賞与引当金**を設定している場合で、賞与を支給したときは、設定している**賞与引当金**を取り崩し、これを超過する額は**賞与［費用］**で処理する

サービス業の処理

解答

	借方		貸方	
	記号	金額	記号	金額
1	(ア)給料	200,000	(イ)現金	300,000
	(ウ)旅費交通費	100,000		
2	(ウ)仕掛品	150,000	(エ)給料	120,000
			(カ)旅費交通費	30,000
3	(イ)当座預金	280,000	(カ)役務収益	280,000
	(ア)役務原価	150,000	(オ)仕掛品	150,000
4	(ウ)前受金	1,000,000	(カ)役務収益	1,000,000
	(オ)役務原価	500,000	(イ)現金	500,000

解説

1 役務収益・役務原価

費用を支払ったときは、各費用の勘定で処理します。

2 役務収益・役務原価

支払った費用のうち、当該サービスにかかる分が明らかになったときは、その分について**仕掛品**［資産］に振り替えます。

3 役務収益・役務原価

サービスの提供が完了したときは、**役務収益**［収益］を計上します。また、役務収益に対応する費用を**仕掛品**［資産］から**役務原価**［費用］に振り替えます。

4 役務収益・役務原価

まだ提供していないサービスに対する代金を受け取ったときは、**前受金**［負債］で処理します。したがって、×1年8月25日に申込金を受け取ったときの仕訳は次のとおりです。

申込金を受け取ったとき（×1年8月25日）の仕訳：

（現　　金）1,000,000　（前　受　金）1,000,000

そして、サービスを提供したときには、**前受金**［負債］から**役務収益**［収益］に振り替えます。また、役務収益の発生と費用の発生がほぼ同時であるときには、費用について**仕掛品**［資産］を経由することなく、**役務原価**［費用］で処理します。

役務収益・役務原価のポイント

［1］役務収益

✔ サービスを提供する前に受け取った代金は**前受金**［負債］で処理

✔ サービスを提供したときは、**前受金**［負債］から**役務収益**［収益］に振り替える

［2］役務原価

✔ 費用を支出したときは、費用の各勘定で処理し、そのうち当該サービスにかかる分が明らかになったときに、費用の各勘定から**仕掛品**［資産］に振り替える

✔ サービスを提供したときは、**仕掛品**［資産］から**役務原価**［費用］に振り替える

✔ 役務収益の発生と役務費用の発生がほぼ同時であるときは、費用について**仕掛品**［資産］を経由せず、**役務原価**［費用］で処理する

第1問対策－⑫／16問　収益の認識基準

解答

	借方		貸方	
	記号	金額	記号	金額
1	(イ)普通預金	3,000,000	(オ)売上	2,000,000
			(エ)契約負債	1,000,000
2	(エ)契約負債	500,000	(オ)売上	500,000
3	(エ)契約資産	400,000	(イ)売上	400,000
4	(キ)売掛金	650,000	(オ)売上	250,000
			(ウ)契約資産	400,000
5	(カ)売掛金	600,000	(オ)売上	594,000
			(ウ)返金負債	6,000

解説

1　収益の認識と契約負債

商品の引渡時に対価を受け取っているため、商品の対価については**売上［収益］**を計上しますが、保守サービスの提供はまだされていないため、保守サービスの対価については**契約負債［負債］**で処理します。

2　収益の認識と契約負債

1年分の保守サービスの提供が完了したので、1年分の保守サービスの対価を**契約負債［負債］**から**売上［収益］**に振り替えます。

1年分の保守サービスの対価：1,000,000円÷2年＝500,000円

3　収益の認識と契約資産

商品Aを引き渡したので、商品Aについては**売上［収益］**を計上します。ただし、対価の受け取りは商品Bの引き渡しまで留保されるため、商品Aの対価について**契約資産［資産］**で処理します。

4　収益の認識と契約資産

商品Bを引き渡したので、商品Bについて**売上［収益］**を計上します。また、商

品Ｂを引き渡したことにより、商品Ａおよび商品Ｂについて法的請求権が生じるので、商品Ａおよび商品Ｂの対価を**売掛金**［**資産**］で処理します（商品Ａの対価は**契約資産**［**資産**］から**売掛金**［**資産**］に振り替えます）。

5 売上割戻し

商品を売り上げたときに、割戻しが予想される場合には、予想される割戻額を差し引いた金額で**売上**［**収益**］を計上し、予想される割戻額については**返金負債**［**負債**］で処理します。

売 掛 金：@2,000円×300個＝600,000円

売　　上：(@2,000円－@20円)×300個＝594,000円

返金負債：@20円×300個＝6,000円

収益の認識のポイント

［1］収益の認識と契約負債

✔ まだ提供していないサービスの対価を受け取ったときは、**契約負債**［**負債**］で処理し、サービスの提供が完了したときに**契約負債**［**負債**］から**売上**［**収益**］に振り替える

［2］収益の認識と契約資産

✔ 顧客に財またはサービスを移転した（履行義務を充足した）にもかかわらず、まだ対価を受け取っていない場合の、対価を受け取れる権利は、**契約資産**［**資産**］で処理する

［3］売上割戻し

✔ 商品を売り上げたときに、割戻しが予想される場合には、予想される割戻額を差し引いた金額で**売上**［**収益**］を計上し、予想される割戻額については**返金負債**［**負債**］で処理する

✔ 売上割戻しが適用されて、割戻額を支払った場合には、計上している**返金負債**［**負債**］を減少させる

✔ 当期中に売上割戻しが適用されなかった場合には、計上している**返金負債**［**負債**］から**売上**［**収益**］に振り替える

第1問対策－⑬／16問

外貨建取引

解答

	借方		貸方	
	記号	金額	記号	金額
1	(ウ)前受金 (エ)売掛金	120,000 826,000	(オ)売上	946,000
2	(カ)買掛金	110,000	(イ)当座預金 (エ)為替差損益	105,000 5,000
3	(イ)売掛金	8,000	(オ)為替差損益	8,000
4	(ウ)売掛金	324,000	(オ)売上	324,000
5	(カ)為替差損益	6,000	(ウ)買掛金	6,000
6	(カ)買掛金	630,000	(ウ)当座預金	630,000

解説

1 外貨建取引の輸出時の処理

商品の輸出に先立って手付金を受け取ったときは、手付金を受け取ったときの為替相場によって換算した金額で**前受金［負債］**を計上します。

前受金：1,000ドル×120円＝120,000円

また、商品を輸出したときは、**前受金［負債］**を減少させるとともに、外貨建ての輸出金額と手付金の差額を**売掛金［資産］**等で処理します。このときの為替相場は輸出時の為替相場を用います。

売掛金：(8,000ドル－1,000ドル)×118円＝826,000円

そして、上記の**前受金［負債］**と**売掛金［資産］**の合計を**売上［収益］**として計上します。

売　上：120,000円＋826,000円＝946,000円

2 外貨建取引の決済時の処理

商品を輸入したときは、取引発生時（輸入時）の為替相場（1ドル110円）によって換算した金額で仕入の処理をします。したがって、8月1日（輸入時）の仕訳は次のとおりです。

輸入時の仕訳：（仕　　　　入）110,000　（買　掛　金）110,000*

＊　110円×1,000ドル＝110,000円

そして、買掛金を決済したときの決済額は、決済時の為替相場（１ドル105円）で換算します。

決済額：105円×1,000ドル＝105,000円

したがって、輸入時の為替相場と決済時の為替相場が異なる場合、仕訳に貸借差額が生じます。この貸借差額は**為替差損益**で処理します。

為替差損益：110,000円－105,000円＝5,000円

3 外貨建取引の決算時の処理

外貨建ての資産および負債のうち、貨幣項目（外国通貨・外貨預金、受取手形、売掛金、支払手形、買掛金など）については、決算時において、決算時の為替相場（ＣＲ）で換算替えを行います。このとき生じた換算差額は**為替差損益**で処理します。

輸出時の仕訳：（売　掛　金）100,000　（売　　　　上）100,000*

＊　100円×1,000ドル＝100,000円

①売掛金の帳簿残高：100,000円

②ＣＲで換算した金額：108円×1,000ドル＝108,000円

③為替差損益：108,000円－100,000円＝8,000円（売掛金の増加）

4 為替予約

外貨建て金銭債権債務（売掛金や買掛金など）について、取引発生時（まで）に為替予約を付したときは、為替予約時の先物為替相場（予約レート：１ドル108円）で換算します。

売掛金：108円×3,000ドル＝324,000円

5 為替予約

輸入取引が発生したとき（２月１日）の仕訳は次のとおりです。

取引発生時の仕訳：

（仕　　　　入）624,000　（買　掛　金）624,000*

＊　104円×6,000ドル＝624,000円

外貨建て金銭債権債務について、取引発生後に為替予約を付したときは、外貨建て金銭債権債務について為替予約時の先物為替相場（予約レート：１ドル105円）で換

算します。このとき生じた換算差額は**為替差損益**で処理します。

①買掛金の帳簿価額：624,000円

②予約レートで換算したときの買掛金の価額：105円×6,000ドル＝630,000円

③為替差損益：630,000円－624,000円＝6,000円（買掛金の増加）

6 為替予約

為替予約を付したときは、為替予約時の先物為替相場（予約レート：1ドル105円）で決済が行われます。そのため、為替差損益は生じません。

外貨建取引のポイント

[1] 外貨建取引の換算

取引発生時	✔ 原則として**取引発生時**の為替相場で換算する
決済時	✔ 買掛金や売掛金を決済したときは、決済額については、**決済時**の為替相場で換算する ✔ 仕訳の貸借差額は**為替差損益**で処理する
決算時	✔ 外貨建ての資産および負債のうち、貨幣項目（外国通貨・外貨預金、受取手形、売掛金、支払手形、買掛金など）については、決算時において、決算時の為替相場（CR）で換算替えを行う ✔ 換算差額は**為替差損益**で処理する

[2] 為替予約①　取引発生時（まで）に為替予約を付した場合

取引発生時＆為替予約時	✔ 為替予約時の先物為替相場（予約レート）で換算する
決算時	✔ 仕訳なし
決済時	✔ 為替予約時の先物為替相場（予約レート）で決済が行われる→為替差損益は生じない

[3] 為替予約②　取引発生後に為替予約を付した場合

取引発生時	✔ 取引発生時の為替相場（直物為替相場）で換算する
為替予約時	✔ 為替予約時の先物為替相場（予約レート）で換算する ✔ 換算差額は**為替差損益**で処理する
決算時	✔ 仕訳なし
決済時	✔ 為替予約時の先物為替相場（予約レート）で決済が行われる→為替差損益は生じない

第1問対策－⑭／16問　本支店会計

解答

	借方		貸方	
	記号	金額	記号	金額
1	(ア)広告宣伝費	120,000	(オ)京都支店	120,000
2	(エ)松戸支店	150,000	(ウ)横浜支店	150,000
3	(ア)現金	100,000	(オ)備品減価償却累計額	100,000
	(ウ)商品	800,000	(カ)本店	1,300,000
	(エ)備品	500,000		
4	(エ)支店	870,000	(ア)損益	870,000

解説

1 支店分散計算制度

支店分散計算制度とは、それぞれの支店において、各支店勘定を設けて処理する方法をいいます。

本店および各支店の仕訳を示すと次のとおりです。

本　店：仕訳なし

大阪支店：（広告宣伝費）　120,000　（京都支店）　120,000

京都支店：（大阪支店）　120,000　（当座預金など）　120,000

2 本店集中計算制度

本店集中計算制度とは、それぞれの支店には本店勘定のみをおいて、支店間の取引は本店との取引とみなして処理する方法をいいます。

本店の仕訳は以下のように考えて行います。

①本店は横浜支店に広告宣伝費150,000円を支払ってもらった。

~~（広告宣伝費）~~	~~150,000~~	（横浜支店）	150,000

②本店は上記①の広告宣伝費150,000円を松戸支店の負担分として振り替えた。

（松戸支店）	150,000	~~（広告宣伝費）~~	~~150,000~~

③①＋②＝解答の仕訳

（松戸支店）	150,000	（横浜支店）	150,000

なお、各支店の仕訳は次のようになります。

横浜支店：本店の広告宣伝費150,000円を現金で支払ってあげた。

（本店）	150,000	（現金）	150,000

松戸支店：広告宣伝費150,000円を本店に支払ってもらった。

（広告宣伝費）	150,000	（本店）	150,000

3 支店独立会計制度

商品売買について、売上原価対立法で処理しているので、移管された商品は原価で**商品［資産］**として処理します。

4 支店独立会計制度

本支店会計では、本店側と支店側のそれぞれで各自の損益を計算したあと、支店の当期純損益を本店側に振り替え、本店の総合損益勘定または本店の損益勘定で会社全体の当期純損益を計算します。なお、本問では勘定科目に「総合損益」がないため、「損益」を用います。

支店：	（損益）	870,000	（本店）	870,000
本店：	（支店）	870,000	（損益）	870,000

第1問対策－⑮／16問　税効果会計

解答

	借方 記号	借方 金額	貸方 記号	貸方 金額
1	(オ)貸倒引当金繰入 (カ)繰延税金資産	100,000 16,000	(ウ)貸倒引当金 (イ)法人税等調整額	100,000 16,000
2	(カ)繰延税金資産	12,000	(ア)法人税等調整額	12,000
3	(イ)その他有価証券	200,000	(キ)繰延税金負債 (エ)その他有価証券評価差額金	60,000 140,000

解説

1 貸倒引当金の繰入限度超過額

貸倒引当金として計上した額のうち、損金不算入額（40,000円）について税効果会計を適用します。

税効果の金額：40,000円×40％＝16,000円

会計上の仕訳：（貸倒引当金繰入）　100,000　（貸　倒　引　当　金）　100,000

損益項目

税効果の仕訳：（繰 延 税 金 資 産）　16,000　（法人税等調整額）　16,000

2 減価償却費の償却限度超過額

減価償却費として計上した金額のうち、損金不算入額（40,000円）について、税効果会計を適用します。

会計上の減価償却費：480,000円÷４年＝120,000円

税法上の減価償却費：480,000円÷６年＝80,000円

損 金 不 算 入 額：120,000円－80,000円＝40,000円

税 効 果 の 金 額：40,000円×30％＝12,000円

会計上の仕訳：（減 価 償 却 費）　120,000　（備品減価償却累計額）　120,000

損益項目

税効果の仕訳：（繰 延 税 金 資 産）　12,000　（法人税等調整額）　12,000

3 その他有価証券の評価差額

決算時には、その他有価証券を時価に評価替えします。また、評価差額について税効果会計を適用します。

評価差額：(@2,400円－@2,000円)×500株＝200,000円（評価差益）

税効果の金額：200,000円×30％＝60,000円

評価差益の計上：	（その他有価証券）	200,000	（その他有価証券評価差額金）	200,000
			純資産項目	
税効果の仕訳：	（その他有価証券評価差額金）	60,000	（繰延税金負債）	60,000

↓

解答の仕訳：	（その他有価証券）	200,000	（繰延税金負債）	60,000
			（その他有価証券評価差額金）	140,000

税効果会計のポイント

[1] 税効果会計の対象となる差異

✔ 一時差異（引当金の繰入限度超過額、減価償却費の償却限度超過額、その他有価証券の評価差額など）について、税効果会計を適用する

[2] 貸倒引当金の繰入限度超過額

会計上の仕訳：	(貸倒引当金繰入) 損益項目	××	(貸 倒 引 当 金)	××
税効果の仕訳：	(繰延税金資産)	××	(法人税等調整額)	××※

※　損金不算入額×実効税率

[3] 減価償却費の償却限度超過額

会計上の仕訳：	(減 価 償 却 費) 損益項目	××	(減価償却累計額)	××
税効果の仕訳：	(繰延税金資産)	××	(法人税等調整額)	××※

※　損金不算入額×実効税率

[4] その他有価証券の評価差額

❶ 評価差損の場合

会計上の仕訳：	(その他有価証券評価差額金) 純資産項目	××	(その他有価証券)	××
税効果の仕訳：	(繰延税金資産)	××	(その他有価証券評価差額金)	××※

※　評価差額×実効税率

❷ 評価差益の場合

会計上の仕訳：	(その他有価証券)	××	(その他有価証券評価差額金) 純資産項目	××
税効果の仕訳：	(その他有価証券評価差額金)	××	(繰延税金負債)	××※

※　評価差額×実効税率

✔ その他有価証券の評価替えをしたときは、評価替えの仕訳および税効果の仕訳について、翌期首に再振替仕訳をする

第1問対策－⑯／16問　連結会計

解答

	借方		貸方	
	記号	金額	記号	金額
1	(オ)資本金	1,000,000	(イ)子会社株式	950,000
	(カ)資本剰余金	200,000	(ウ)非支配株主持分	600,000
	(ア)利益剰余金	300,000		
	(エ)のれん	50,000		
2	(ウ)売上原価	20,000	(ア)商品	20,000
3	(オ)売上原価	30,000	(ウ)商品	30,000
	(ア)非支配株主持分	12,000	(イ)非支配株主に帰属する当期純損益	12,000

解説

1 投資と資本の相殺消去

支配獲得日には、投資と資本を相殺消去する連結修正仕訳をします。

非支配株主持分：(1,000,000円＋200,000円＋300,000円)×40％＝600,000円

のれん：借方と貸方の差額

2 未実現利益の消去（ダウンストリーム）

親会社と子会社の間で、利益を付加して商品売買を行っているときは、親会社または子会社から仕入れた期末商品にかかる利益を消去します。

本問はＰ社（親会社）からＳ社（子会社）に対して商品を販売しているので、ダウンストリームです。

未実現利益：220,000円×$\frac{0.1}{1.1}$＝20,000円

3 未実現利益の消去（アップストリーム）

本問はＳ社（子会社）からＰ社（親会社）に対して商品を販売しているので、アップストリームです。アップストリームの場合、消去した未実現利益を非支配株主持分にも負担させます。

未実現利益：330,000円×$\frac{0.1}{1.1}$＝30,000円

非支配株主持分への按分：30,000円×40％＝12,000円

未実現利益の消去：

(売上原価)	30,000	(商品)	30,000

損益項目

非支配株主持分への按分：

(非支配株主持分当期変動額)	12,000	(非支配株主に帰属する当期純損益)	12,000

損益項目

連結会計のポイント

[1] 支配獲得日の連結修正仕訳（投資と資本の相殺消去）

(資本金)	××	(子会社株式)	××
(資本剰余金)	××	(非支配株主持分)	××
(利益剰余金)	××		
(のれん)	××		

[2] 連結１年目の連結修正仕訳

① 開始仕訳

✔ 前期末までに行った連結修正仕訳を再度行う（開始仕訳）

→純資産の項目の後ろに「当期首残高」をつける

（連結株主資本等変動計算書を作成しない場合には「当期首残高」をつけなくてもよい）

(資本金当期首残高)	××	(子会社株式)	××
(資本剰余金当期首残高)	××	(非支配株主持分当期首残高)	××
(利益剰余金当期首残高)	××		
(のれん)	××		

② のれんの償却

(のれん償却)	××	(のれん)	××

③ 子会社の当期純損益の振り替え

(非支配株主に帰属する当期純損益)	××	(非支配株主持分当期変動額)	××

④ 子会社の配当金の修正

(受取配当金)	××	(剰余金の配当)	××
(非支配株主持分当期変動額)	××		

[3] 連結２年目の連結修正仕訳

① **開始仕訳**

✔ 前期末までに行った連結修正仕訳を再度行う（開始仕訳）
→損益項目は「利益剰余金（当期首残高）」で処理する

[4] 内部取引高と債権債務の相殺消去

① **売上高と売上原価の相殺消去**

(売　上　高)	××	(売　上　原　価)	××

② **債権債務の消去（例：売掛金と買掛金の相殺消去）**

(買　掛　金)	××	(売　掛　金)	××

[5] 期末貸倒引当金の修正

✔ 債権債務の相殺消去にあたって、債権（売掛金など）にかかる貸倒引当金も消去する
✔ 子会社の期末貸倒引当金を修正するときは、貸倒引当金繰入の減額分を非支配株主持分にも負担させる

① **親会社の貸倒引当金の修正**

(貸 倒 引 当 金)	××	(貸倒引当金繰入)	××

② **子会社の貸倒引当金の修正**

(貸 倒 引 当 金)	××	(貸倒引当金繰入) 損益項目	××
(非支配株主に帰属する当期純損益) 損益項目	××	(非支配株主持分当期変動額)	××

[6] 期末商品に含まれる未実現利益の消去

✔ 期末商品に含まれる未実現利益は消去する
✔ アップストリームの場合、消去した未実現利益のうち非支配株主持分に相当する部分については非支配株主持分に負担させる

① **ダウンストリームの場合**

(売　上　原　価)	××	(商　　品)	××

② **アップストリームの場合**

(売　上　原　価) 損益項目	××	(商　　品)	××
(非支配株主持分当期変動額)	××	(非支配株主に帰属する当期純損益) 損益項目	××

第2問対策ー❶／14問

株主資本等変動計算書の作成

解答

株主資本等変動計算書

自×1年４月１日　至×2年３月31日　　（単位：千円）

	株主資本			
	資本金	資本剰余金		
		資本準備金	その他資本剰余金	資本剰余金合計
当期首残高	30,000	4,000	1,500	5,500
当期変動額				
剰余金の配当		(20)	(△ 220)	(△ 200)
新築積立金の積立て				
新株の発行	(6,000)	(6,000)		(6,000)
吸収合併	(8,000)	(7,000)	(1,800)	(8,800)
当期純利益				
当期変動額合計	(14,000)	(13,020)	(1,580)	(14,600)
当期末残高	(44,000)	(17,020)	(3,080)	(20,100)

下段へ続く

上段より続く

	株主資本					
	利益剰余金					株主資本合計
	利益準備金	その他利益剰余金			利益剰余金合計	
		新築積立金	別途積立金	繰越利益剰余金		
当期首残高	1,500	0	250	3,300	(5,050)	(40,550)
当期変動額						
剰余金の配当	(80)			(△ 880)	(△ 800)	(△1,000)
新築積立金の積立て		(300)		(△ 300)	—	—
新株の発行						(12,000)
吸収合併						16,800
当期純利益				(700)	(700)	(700)
当期変動額合計	(80)	(300)	0	(△ 480)	(△ 100)	(28,500)
当期末残高	(1,580)	(300)	250	(2,820)	(4,950)	(69,050)

解説

（仕訳の単位：千円）

株主資本等変動計算書を作成する問題です。株主資本等変動計算書には、純資産の項目について記載します。

1 当期首残高の記入

利益剰余金合計：1,500千円 + 0千円 + 250千円 + 3,300千円 = 5,050千円
（1,500千円：利益準備金、0千円：新築積立金、250千円：別途積立金、3,300千円：繰越利益剰余金）

株主資本合計：30,000千円 + 5,500千円 + 5,050千円 = 40,550千円
（30,000千円：資本金、5,500千円：資本剰余金合計、5,050千円：利益剰余金合計）

2 剰余金の配当

(1) その他資本剰余金からの配当

配当額：@20円×10,000株 = 200千円

資本準備金積立予定額：200千円 × $\frac{1}{10}$ = 20千円

(2) 繰越利益剰余金からの配当

配当額：@80円×10,000株 = 800千円

利益準備金積立予定額：800千円 × $\frac{1}{10}$ = 80千円

(3) 限度額の確認

①準備金積立予定額：20千円 + 80千円 = 100千円

②準備金積立限度額：30,000千円 × $\frac{1}{4}$ −（4,000千円 + 1,500千円）= 2,000千円
（30,000千円：資本金当期首残高、4,000千円：資本準備金当期首残高、1,500千円：利益準備金当期首残高）

③①＜②より、資本準備金積立額：20千円、利益準備金積立額：80千円

（その他資本剰余金）	220	（未払配当金）	200
		（資本準備金）	20
（繰越利益剰余金）	880	（未払配当金）	800
		（利益準備金）	80

3 新築積立金の積立て

（繰越利益剰余金）	300	（新築積立金）	300

4 新株発行

（当　座　預　金）	12,000[*1]	（資　　本　　金）	6,000[*2]
		（資 本 準 備 金）	6,000[*3]

＊1　@4,000円×3,000株＝12,000千円

＊2　12,000千円×$\frac{1}{2}$＝6,000千円

＊3　12,000千円－6,000千円＝6,000千円

5 吸収合併

（諸　　資　　産）	80,000	（諸　　負　　債）	63,200
		（資　　本　　金）	8,000
		（資 本 準 備 金）	7,000
		（その他資本剰余金）	1,800

※　①受入純資産：80,000千円－63,200千円＝16,800千円
　　②合併の対価（株式交付額）：@4,200円×4,000株＝16,800千円
　　③ ①＝②より、「のれん」の計上はなし

6 当期純利益の計上

（損　　　　益）	700	（繰越利益剰余金）	700

7 当期末残高の記入

各項目の当期首残高に当期変動額合計を加減して当期末残高を計算します。

株主資本等変動計算書のポイント

✔ **株主資本等変動計算書**には、**純資産の項目**について記入する

第2問対策ー❷／14問　連結会計

解答

		借方 記号	借方 金額	貸方 記号	貸方 金額
問1		(ウ)子会社株式	19,200,000	(ア)当座預金	19,200,000
問2		(キ)仕訳なし			
問3	(1)	(イ)資本金	15,000,000	(ア)子会社株式	19,200,000
		(ウ)資本準備金	4,800,000	(オ)非支配株主持分	4,560,000
		(エ)繰越利益剰余金	3,000,000		
		(カ)のれん	960,000		
	(2)	(キ)のれん償却	96,000	(カ)のれん	96,000
	(3)	(ク)非支配株主に帰属する当期純利益	108,000	(オ)非支配株主持分	108,000

解説

連結会計に関する問題です。

問1　子会社株式を取得したときの仕訳（個別会計）

子会社株式を取得したときは、**子会社株式［資産］**で処理します。

子会社株式：@2,400円×8,000株＝19,200,000円

問2　決算時における子会社株式の評価替え（個別会計）

子会社株式は決算において、時価に評価替えしません。

問3　連結修正仕訳（連結会計）

(1)　投資と資本の相殺消去

投資（子会社株式19,200,000円）と資本（品川産業株式会社の資本金15,000,000円、資本準備金4,800,000円、繰越利益剰余金3,000,000円）を相殺消去します。

なお、品川産業株式会社の発行済株式総数10,000株のうち8,000株を取得しているので、発行済株式の80％を取得しています。したがって、非支配株主の持分割合は20％となります。

当社の取得割合：$\frac{8{,}000株}{10{,}000株}\times 100 = 80\%$

非支配株主の持分割合：100％－80％＝20％

非支配株主持分：（15,000,000円＋4,800,000円＋3,000,000円）×20％
＝4,560,000円

のれん：貸借差額

(2) のれんの償却

本問は、「取得時から10年間で定額法で償却する」とあるので、当期からのれんの償却を行います。

のれん償却：960,000円÷10年＝96,000円

(3) 非支配株主に帰属する当期純損益の振り替え

品川産業株式会社は、当期純利益540,000円を計上しているので、このうち20％を非支配株主持分に振り替えます。なお、当期純利益なので、**非支配株主持分**［**純資産**］の増加となり、相手科目は**非支配株主に帰属する当期純利益**となります。

非支配株主持分への振り替え：540,000円×20％＝108,000円

第2問対策－❸／14問　連結財務諸表、連結精算表の作成－Ⅰ

解答

連　結　精　算　表　　　　（単位：千円）

科目	個別財務諸表		修正・消去		連結財務諸表
	P社	S社	借方	貸方	
貸借対照表					
現金預金	22,650	22,060			44,710
売掛金	54,000	28,000		8,000	74,000
商品	40,000	16,640		800	55,840
貸付金	14,000			10,000	4,000
未収収益	150			100	50
土地	16,000	3,000		1,000	18,000
S社株式	23,200			23,200	
[のれん]			4,000	400	3,600
資産合計	170,000	69,700	4,000	43,500	200,200
買掛金	22,800	13,600	8,000		28,400
借入金	8,000	10,000	10,000		8,000
未払費用		100	100		
資本金	112,000	24,000	24,000		112,000
資本剰余金	8,000	6,400	6,400		8,000
利益剰余金	19,200	15,600	1,600	400	25,800
			61,300	53,500	
非支配株主持分			160	12,800	18,000
			400	5,760	
負債・純資産合計	170,000	69,700	111,960	72,460	200,200
損益計算書					
売上高	193,100	152,500	52,800		292,800
売上原価	144,000	121,200	800	52,800	213,200
販売費及び一般管理費	32,000	17,600			49,600
[のれん]償却			400		400
受取利息	500		300		200
受取配当金	400		240		160
支払利息		300		300	
土地売却益		1,000	1,000		
当期純利益	18,000	14,400	55,540	53,100	29,960
非支配株主に帰属する当期純利益			5,760	400	5,360
親会社株主に帰属する当期純利益	18,000	14,400	61,300	53,500	24,600

解説

（仕訳の単位：千円）

連結第1年度における連結精算表を作成する問題です。

本問は連結株主資本等変動計算書の記入はないので、「当期首残高」や「当期変動額」はつけなくてもかまいません。

1 支配獲得時の連結修正仕訳

支配獲得時（×0年3月31日）には、投資と資本の相殺消去をします。

（資　本　金）	24,000	（S　社　株　式）	23,200
（資本剰余金）	6,400	（非支配株主持分）	12,800*1
（利益剰余金）	1,600		
（の　れ　ん）	4,000*2		

＊1　(24,000千円＋6,400千円＋1,600千円)×40%＝12,800千円

＊2　貸借差額

2 連結第1年度（×1年3月期）の連結修正仕訳

(1)　開始仕訳

支配獲得時に行った連結修正仕訳（投資と資本の相殺消去）を再度行います。その際、連結株主資本等変動計算書も作成するときは純資産の項目には「当期首残高」をつけますが、本問は連結株主資本等変動計算書は作成しないので「当期首残高」はつけなくてもかまいません。

（資　本　金 当期首残高）	24,000	（S　社　株　式）	23,200
（資本剰余金 当期首残高）	6,400	（非支配株主持分 当期首残高）	12,800
（利益剰余金 当期首残高）	1,600		
（の　れ　ん）	4,000		

(2)　連結第1年度の連結修正仕訳

×1年3月期の連結修正仕訳をします（「当期変動額」はつけなくてもかまいません）。

①　のれんの償却

（のれん償却）	400*	（の　れ　ん）	400

＊　4,000千円÷10年＝400千円

② 子会社の当期純損益の振り替え

(非支配株主に帰属する当期純利益)	5,760	(非支配株主持分当期変動額)	5,760*

* 14,400千円×40%＝5,760千円
S社当期純利益

③ 子会社の配当金の修正

(受取配当金)	240*1	(剰余金の配当) 利益剰余金	400
(非支配株主持分当期変動額)	160*2		

*1 400千円×60%＝240千円
*2 400千円×40%＝160千円

④ 期末商品に含まれる未実現利益の消去（ダウンストリーム）

(売上原価)	800	(商品)	800*

* 8,800千円×$\frac{0.1}{1.1}$＝800千円

⑤ 売掛金と買掛金の相殺消去

(買掛金)	8,000	(売掛金)	8,000

⑥ 貸付金と借入金の相殺消去

(借入金)	10,000	(貸付金)	10,000

⑦ 未収収益と未払費用の相殺消去

(未払費用)	100	(未収収益)	100

⑧ 売上高と売上原価の相殺消去

(売上高)	52,800	(売上原価)	52,800

⑨ 受取利息と支払利息の相殺消去

(受取利息)	300	(支払利息)	300

⑩ 土地に含まれる未実現利益の消去（アップストリーム）

当期において、S社からP社に対して帳簿価額5,000千円の土地を6,000千円で売却しているので、S社で土地売却益が1,000千円生じています（P社では土地6,000千円で計上しています）。これは未実現利益であるため、連結精算表の作成にあたって、消去します。

また、アップストリームであるため、消去した未実現利益を非支配株主に負担させます。

(土 地 売 却 益) 損益項目	1,000	(土　　　地)	1,000
(非支配株主持分 当 期 変 動 額)	400	(非支配株主に帰属する 当 期 純 利 益) 損益項目	400*

＊　1,000千円×40%＝400千円

第2問対策－❹／14問　連結財務諸表、連結精算表の作成－Ⅱ

解答

連　結　精　算　表　　　　(単位：千円)

科　目	個別財務諸表		連結財務諸表
	P　社	S　社	
貸借対照表			
現金預金	186,250	170,900	357,150
売掛金	90,000	75,000	140,000
商品	40,000	15,800	54,000
長期貸付金	50,000		
未収収益	500		
土地	25,000	13,000	37,000
S社株式	96,000		
[のれん]			1,760
資産合計	487,750	274,700	589,910
買掛金	97,000	54,000	126,000
長期借入金	30,000	70,000	50,000
未払費用	750	700	950
資本金	160,000	80,000	160,000
資本剰余金	80,000	30,000	80,000
利益剰余金	120,000	40,000	127,960 *3
非支配株主持分			45,000
負債・純資産合計	487,750	274,700	589,910
損益計算書			
売上高	481,700	174,300	588,000
売上原価	230,000	115,000	277,400
販売費及び一般管理費	180,000	43,000	223,000
[のれん]償却			220
受取利息	500		
受取配当金	6,000		2,500
支払利息	1,200	1,300	2,000
土地売却益	1,000		
当期純利益	78,000	15,000	87,880 *1
非支配株主に帰属する当期純利益			4,500
親会社株主に帰属する当期純利益	78,000	15,000	83,380 *2

＊1　588,000千円－277,400千円－223,000千円－220千円＋2,500千円－2,000千円＝87,880千円

＊2　87,880千円－4,500千円＝83,380千円

＊3　最後に連結貸借対照表の貸借差額で計算

解説

（仕訳の単位：千円）

連結第２年度における連結精算表を作成する問題です。

本問は連結株主資本等変動計算書の記入はないので、「当期首残高」や「当期変動額」はつけなくてもかまいません。

また、連結精算表に修正・消去欄がないので、親会社と子会社の個別財務諸表の金額に下書用紙の連結修正仕訳の金額を加減して連結損益計算書（連結P/L）と連結損益計算書（連結B/S）の金額を計算します。その際、連結貸借対照表の利益剰余金は、利益剰余金以外の欄を埋めたあと、最後に連結貸借対照表の貸借差額で計算します。

1 支配獲得時の連結修正仕訳

支配獲得時（×1年３月31日）には、投資と資本の相殺消去をします。

（資　本　金）	80,000	（S　社　株　式）	96,000
（資本剰余金）	30,000	（非支配株主持分）	40,200＊1
（利益剰余金）	24,000		
（の　れ　ん）	2,200＊2		

＊1　(80,000千円＋30,000千円＋24,000千円)×30%＝40,200千円
＊2　貸借差額

2 連結第１年度の連結修正仕訳

(1) 開始仕訳

支配獲得時に行った連結修正仕訳（投資と資本の相殺消去）を再度行います。

（資本金　当期首残高）	80,000	（S　社　株　式）	96,000
（資本剰余金　当期首残高）	30,000	（非支配株主持分　当期首残高）	40,200
（利益剰余金　当期首残高）	24,000		
（の　れ　ん）	2,200		

(2) 連結第１年度の連結修正仕訳

連結第１年度の連結修正仕訳をします。

① のれんの償却

（のれん償却）	220＊	（の　れ　ん）	220

＊　2,200千円÷10年＝220千円

② 子会社の当期純損益の振り替え

利益剰余金の期末残高は「期首残高＋当期純利益－剰余金の配当等」によって計算します。したがって、S社の連結第1年度の当期純利益は、下記のようにして計算します。

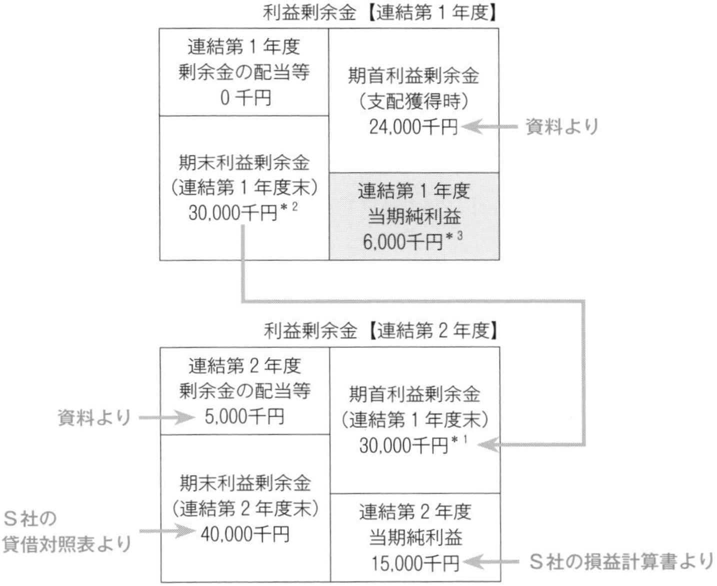

＊1　40,000千円＋5,000千円－15,000千円＝30,000千円
＊2　＊1より
＊3　30,000千円－24,000千円＝6,000千円

（非支配株主に帰属する当期純利益）	1,800	（非支配株主持分当期変動額）	1,800*

＊　6,000千円×30%＝1,800千円
（6,000千円：S社の第1年度当期純利益）

3 連結第2年度の連結修正仕訳

(1) 開始仕訳

連結第1年度に行った連結修正仕訳（2）を再度行います（開始仕訳）。その際、損益項目については「利益剰余金（当期首残高）」で仕訳します。

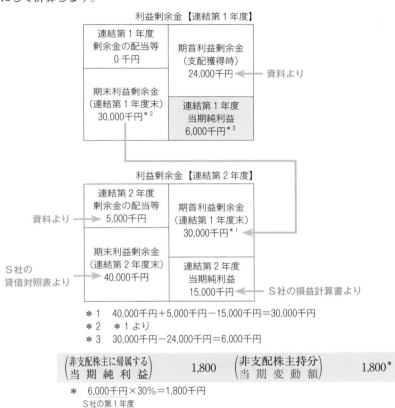

①　投資と資本の相殺に関する仕訳（2 (1)+(2)）

(資本金 当期首残高)	80,000	(S社株式)	96,000
(資本剰余金 当期首残高)	30,000	(非支配株主持分 当期首残高)	42,000*3
(利益剰余金 当期首残高)	26,020*1		
(のれん)	1,980*2		

＊1　24,000千円＋220千円＋1,800千円＝26,020千円
　　利益剰余金（当期首残高）　のれん償却　非支配株主に帰属する当期純利益

＊2　2,200千円－220千円＝1,980千円

＊3　40,200千円＋1,800千円＝42,000千円
　　非支配株主持分（当期首残高）　非支配株主持分（当期変動額）

連結B/S　資本金：160,000千円＋80,000千円－80,000千円＝160,000千円

(2)　連結第2年度の連結修正仕訳

連結第2年度の連結修正仕訳をします。

①　のれんの償却

(のれん償却)	220*	(のれん)	220

＊　2,200千円÷10年＝220千円

連結B/S　のれん：1,980千円－220千円＝1,760千円

連結P/L　のれん償却：220千円

②　子会社の当期純損益の振り替え

(非支配株主に帰属する当期純利益)	4,500	(非支配株主持分 当期変動額)	4,500*

＊　15,000千円×30％＝4,500千円
　　S社の第2年度当期純利益

連結P/L　非支配株主に帰属する当期純利益：4,500千円

③ 子会社の配当金の修正

(受取配当金)	3,500[*1]	(剰余金の配当) 利益剰余金	5,000
(非支配株主持分 当期変動額)	1,500[*2]		

＊1　5,000千円×70%＝3,500千円
＊2　5,000千円×30%＝1,500千円

連結P/L 受取配当金：6,000千円－3,500千円＝2,500千円

連結B/S 非支配株主持分：42,000千円＋4,500千円－1,500千円＝45,000千円

④ 売上高と売上原価の相殺消去

(売上高)	68,000	(売上原価)	68,000

連結P/L 売上高：481,700千円＋174,300千円－68,000千円＝588,000千円

⑤ 期首・期末商品に含まれる未実現利益の消去

期首分：

(利益剰余金 当期首残高)	1,400	(商品)	1,400[*1]
(商品)	1,400	(売上原価)	1,400

期末分：

(売上原価)	1,800	(商品)	1,800[*2]

＊1　7,000千円×20%＝1,400千円
＊2　9,000千円×20%＝1,800千円

連結P/L 売上原価：230,000千円＋115,000千円＋1,800千円－68,000千円
－1,400千円＝277,400千円

連結B/S 商品：40,000千円＋15,800千円＋1,400千円－1,400千円－1,800千円
＝54,000千円

⑥ 売掛金と買掛金の相殺消去

(買掛金)	25,000	(売掛金)	25,000

連結B/S 売掛金：90,000千円＋75,000千円－25,000千円＝140,000千円

連結B/S 買掛金：97,000千円＋54,000千円－25,000千円＝126,000千円

⑦ 長期貸付金と長期借入金、利息の相殺消去

P社の長期貸付金50,000千円とS社の長期借入金50,000千円を相殺消去します。また、当期分の利息（×2年11月1日から×3年3月31日までの5か月分）について、受取利息と支払利息を相殺消去するとともに、未収収益と未払費用を相殺消去します。

（長期借入金）	50,000	（長期貸付金）	50,000
（受取利息）	500	（支払利息）	500*
（未払費用）	500	（未収収益）	500*

* $50{,}000\text{千円}\times2.4\%\times\dfrac{5\text{か月}}{12\text{か月}}=500\text{千円}$

連結B/S 長期貸付金：50,000千円－50,000千円＝０円

連結B/S 長期借入金：30,000千円＋70,000千円－50,000千円＝50,000千円

連結B/S 未収収益：500千円－500千円＝０円

連結B/S 未払費用：750千円＋700千円－500千円＝950千円

連結P/L 受取利息：500千円－500千円＝０円

連結P/L 支払利息：1,200千円＋1,300千円－500千円＝2,000千円

⑧ 土地に含まれる未実現利益の消去（ダウンストリーム）

当期において、P社からS社に対して帳簿価額12,000千円の土地を13,000千円で売却しているので、P社で土地売却益が1,000千円生じています（S社では土地13,000千円で計上しています）。これは未実現利益であるため、連結精算表の作成にあたって、消去します。

（土地売却益）	1,000	（土地）	1,000

連結P/L 土地売却益：1,000千円－1,000千円＝０円

【タイムテーブル】

本問について、タイムテーブルを作成すると、次のようになります。

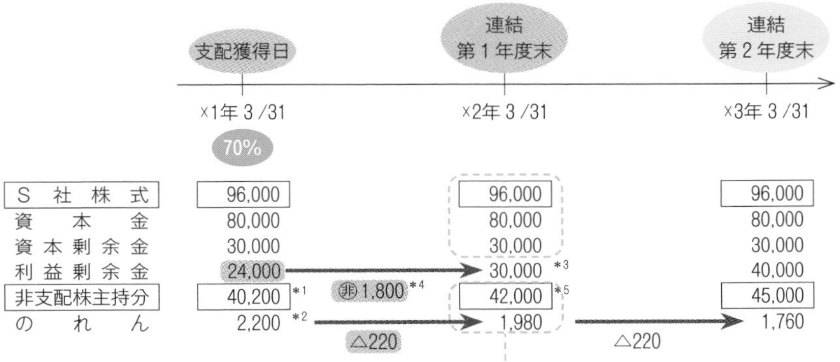

＊1　(80,000千円＋30,000千円＋24,000千円)×30%＝40,200千円

＊2　(96,000千円＋40,200千円)－(80,000千円＋30,000千円＋24,000千円)＝2,200千円

＊3　40,000千円＋5,000千円－15,000千円＝30,000千円
（5,000千円：第2年度の剰余金の配当、15,000千円：第2年度の当期純利益）

＊4　(30,000千円－24,000千円)×30%＝1,800千円

＊5　(80,000千円＋30,000千円＋30,000千円)×30%＝42,000千円

[開始仕訳（投資と資本の相殺消去）]

(資本金当期首残高)	80,000	(S社株式)	96,000
(資本剰余金当期首残高)	30,000	(非支配株主持分当期首残高)	42,000
(利益剰余金当期首残高)	26,020＊6		
(のれん)	1,980＊7		

＊6　24,000千円＋1,800千円＋220千円＝26,020千円

＊7　2,200千円－220千円＝1,980千円

解答

連結損益計算書

自×2年4月1日　至×3年3月31日　(単位：円)

売上高	(227,520,000)
売上原価	(166,160,000)
売上総利益	(61,360,000)
販売費及び一般管理費	(40,000,000)
営業利益	(21,360,000)
営業外収益	(14,768,000)
営業外費用	(11,520,000)
当期純利益	(24,608,000)
非支配株主に帰属する当期純利益	(4,448,000)
親会社株主に帰属する当期純利益	(20,160,000)

連結貸借対照表

×3年3月31日　　（単位：円）

資産の部		
現金預金		（ 30,828,000 ）
売掛金		（ 25,600,000 ）
貸倒引当金	△	（ 1,280,000 ）
商品		（ 44,032,000 ）
建物		（ 50,000,000 ）
減価償却累計額	△	（ 25,000,000 ）
土地		（ 42,600,000 ）
のれん		（ 2,560,000 ）
資産合計		（ 169,340,000 ）
負債の部		
買掛金		（ 17,240,000 ）
未払金		（ 1,740,000 ）
負債合計		（ 18,980,000 ）
純資産の部		
資本金		（ 89,600,000 ）
資本剰余金		（ 6,400,000 ）
利益剰余金		（ 37,480,000 ）
非支配株主持分		（ 16,880,000 ）
純資産合計		（ 150,360,000 ）
負債・純資産合計		（ 169,340,000 ）

解説

連結第２年度における連結財務諸表を作成する問題です。

1 支配獲得時の連結修正仕訳

支配獲得時（×1年３月31日）には、投資と資本の相殺消去をします。

（資本金）	19,200,000	（S社株式）	18,560,000
（資本剰余金）	5,120,000	（非支配株主持分）	10,240,000＊1
（利益剰余金）	1,280,000		
（のれん）	3,200,000＊2		

＊1　(19,200,000円＋5,120,000円＋1,280,000円)×40％＝10,240,000円

＊2　貸借差額

2 連結第1年度（前期）の連結修正仕訳

(1) 開始仕訳

支配獲得時に行った連結修正仕訳（投資と資本の相殺消去）を再度行います。その際、連結株主資本等変動計算書も作成するときは純資産の項目には「当期首残高」をつけますが、本問は連結株主資本等変動計算書は作成しないので「当期首残高」はつけなくてもかまいません。

(資本金 当期首残高)	19,200,000	(S社株式)	18,560,000
(資本剰余金 当期首残高)	5,120,000	(非支配株主持分 当期首残高)	10,240,000
(利益剰余金 当期首残高)	1,280,000		
(のれん)	3,200,000		

(2) 連結第1年度の連結修正仕訳

連結第1年度の連結修正仕訳をします（「当期変動額」はつけなくてもかまいません）。

① のれんの償却

(のれん償却) 販売費及び一般管理費	320,000*	(のれん)	320,000

* 3,200,000円÷10年＝320,000円

② 子会社の当期純損益の振り替え

(非支配株主に帰属する当期純利益)	2,320,000	(非支配株主持分 当期変動額)	2,320,000*

* 5,800,000円×40%＝2,320,000円
S社当期純利益

3 連結第2年度（当期）の連結修正仕訳

(1) 開始仕訳

連結第1年度に行った連結修正仕訳（2）を再度行います（開始仕訳）。その際、損益項目については「利益剰余金（当期首残高）」で処理します。

①　投資と資本の相殺に関する仕訳（2(1)+(2)）

(資本金 当期首残高)	19,200,000	(S社株式)	18,560,000
(資本剰余金 当期首残高)	5,120,000	(非支配株主持分 当期首残高)	12,560,000*3
(利益剰余金 当期首残高)	3,920,000*1		
(のれん)	2,880,000*2		

＊1　1,280,000円＋320,000円＋2,320,000円＝3,920,000円
　　利益剰余金（当期首残高）　のれん償却　非支配株主に帰属する当期純損益

＊2　3,200,000円－320,000円＝2,880,000円

＊3　10,240,000円＋2,320,000円＝12,560,000円
　　非支配株主持分（当期首残高）　非支配株主持分（当期変動額）

(2)　連結第２年度の連結修正仕訳

連結第２年度の連結修正仕訳をします。

①　のれんの償却

(のれん償却) 販売費及び一般管理費	320,000*	(のれん)	320,000

＊　3,200,000円÷10年＝320,000円

②　子会社の当期純損益の振り替え

［資料１］の決算整理後残高試算表から、Ｓ社の当期純利益（収益－費用）を計算し、非支配株主に按分します。

(非支配株主に帰属する当期純利益)	4,608,000	(非支配株主持分 当期変動額)	4,608,000*

＊　Ｓ社の当期純利益：120,000,000円＋6,000,000円＋400,000円
　　　　　　　　　　－(96,960,000円＋14,080,000円＋3,840,000円)
　　　　　　　　　　＝11,520,000円
　　非支配株主に帰属する当期純利益：11,520,000円×40%＝4,608,000円

③　子会社の配当金の修正

(受取配当金) 営業外収益	192,000*1	(剰余金の配当) 利益剰余金	320,000
(非支配株主持分 当期変動額)	128,000*2		

＊1　320,000円×60%＝192,000円

＊2　320,000円×40%＝128,000円

④　売上高と売上原価の相殺消去

(売上高)	46,080,000	(売上原価)	46,080,000

⑤　期首・期末商品に含まれる未実現利益の消去（ダウンストリーム）

期首分：

(利益剰余金 当期首残高)	1,200,000	(商　　　品)	1,200,000[*1]
(商　　　品)	1,200,000	(売 上 原 価)	1,200,000

期末分：

(売 上 原 価)	1,280,000	(商　　　品)	1,280,000[*2]

＊1　7,200,000円×$\frac{0.2}{1.2}$＝1,200,000円

＊2　7,680,000円×$\frac{0.2}{1.2}$＝1,280,000円

⑥　土地に含まれる未実現利益の消去（アップストリーム）

当期において、Ｓ社からＰ社に対して帳簿価額7,600,000円の土地を8,000,000円で売却しているので、Ｓ社で土地売却益が400,000円生じています（Ｐ社では土地8,000,000円で計上しています）。これは未実現利益であるため、連結財務諸表の作成にあたって、消去します。

また、アップストリームであるため、消去した未実現利益を非支配株主に負担させます。

(土地売却益) 損益項目	400,000	(土　　　地)	400,000
(非支配株主持分 当期変動額)	160,000	(非支配株主に帰属する 当期純利益) 損益項目	160,000[*]

＊　400,000円×40%＝160,000円

⑦　債権債務の相殺

(買　掛　金)	6,400,000	(売　掛　金)	6,400,000
(未　払　金)	2,500,000	(未 収 入 金)	2,500,000

4　解答の金額

(1)　連結損益計算書

① 売上高：153,600,000円＋120,000,000円－46,080,000円＝227,520,000円

153,600,000円	120,000,000円	46,080,000円
P社	S社	売上高と売上原価の相殺消去

② 売上原価：115,200,000円＋96,960,000円－46,080,000円－1,200,000円＋1,280,000円＝166,160,000円

115,200,000円	96,960,000円	46,080,000円	1,200,000円	1,280,000円
P社	S社	売上高と売上原価の相殺消去	期首商品に含まれる未実現利益の消去	期末商品に含まれる未実現利益の消去

③ 販売費及び一般管理費：

25,600,000円＋14,080,000円＋320,000円＝40,000,000円
P社　S社　のれん償却

④ 営業外収益：8,960,000円＋6,000,000円－192,000円＝14,768,000円
P社　S社　受取配当金

⑤ 営業外費用：7,680,000円＋3,840,000円＝11,520,000円
P社　S社

⑥ 特別利益：400,000円－400,000円＝０円
土地売却益

⑦ 非支配株主に帰属する当期純利益：4,608,000円－160,000円＝4,448,000円

(2) 連結貸借対照表

① 売　掛　金：19,200,000円＋12,800,000円－6,400,000円＝25,600,000円
P社　S社　債権債務の相殺消去

② 商　　　品：32,000,000円＋13,312,000円－1,280,000円＝44,032,000円
P社　S社　期末商品に含まれる未実現利益の消去

③ 土　　　地：35,000,000円＋8,000,000円－400,000円＝42,600,000円
P社　S社　土地に含まれる未実現利益の消去

④ の　れ　ん：2,880,000円－320,000円＝2,560,000円
のれん償却

⑤ 買　掛　金：10,240,000円＋13,400,000円－6,400,000円＝17,240,000円
P社　S社　債権債務の相殺消去

⑥ 未　払　金：3,600,000円＋640,000円－2,500,000円＝1,740,000円
P社　S社　債権債務の相殺消去

⑦ 利益剰余金：決算整理後残高試算表（後T/B）の繰越利益剰余金の金額は当期純利益を加算する前の金額です。また、本問において、利益剰余金は利益準備金と繰越利益剰余金が該当するので、当期末における連結貸借対照表の利益剰余金は次のようにして計算します。

P社当期純利益：153,600,000円＋8,960,000円－（115,200,000円＋25,600,000円＋7,680,000円）＝14,080,000円

S社当期純利益：11,520,000円（3(2)②より）

P社の個別貸借対照表上の利益剰余金：

2,000,000円＋13,360,000円＋14,080,000円
利益準備金　繰越利益剰余金　当期純利益

＝29,440,000円

S社の個別貸借対照表上の利益剰余金：

6,760,000円＋11,520,000円＝18,280,000円
繰越利益剰余金　　当期純利益

P社利益剰余金	29,440,000円
S社利益剰余金	18,280,000円
利益剰余金当期首残高	
（開　始　仕　訳）	△ 3,920,000円
（期首商品に含まれる未実現利益）	△ 1,200,000円
剰余金の配当	320,000円
当期の連結修正仕訳の損益項目合計	△ 5,440,000円*
	37,480,000円

＊　当期の連結修正仕訳の損益項目合計：

借方；320,000円＋4,608,000円＋192,000円＋46,080,000円＋1,280,000円
のれん償却　非支配株主に帰属する当期純利益　受取配当金　売上高　売上原価
＋400,000円＝52,880,000円
土地売却益

貸方；46,080,000円＋1,200,000円＋160,000円＝47,440,000円
売上原価　売上原価　非支配株主に帰属する当期純利益

差額；52,880,000円－47,440,000円＝5,440,000円（借方）

⑧　非支配株主持分：

非支配株主持分当期首残高（開始仕訳）	12,560,000円
非支配株主持分当期変動額	
（子会社当期純損益の振り替え）	4,608,000円
（配　当　金　の　修　正）	△ 128,000円
（土地に含まれる未実現利益の消去）	△ 160,000円
	16,880,000円

第2問対策－❻／14問　連結財務諸表、連結精算表の作成－Ⅳ

解答

連結損益計算書

自×2年4月1日　至×3年3月31日　(単位：千円)

Ⅰ 売上高		(240,000)
Ⅱ 売上原価		(166,000)
売上総利益		(74,000)
Ⅲ 販売費及び一般管理費		
1 貸倒引当金繰入	(2,000)	
2 のれん償却	(500)	
3 その他費用	(44,800)	(47,300)
営業利益		(26,700)
Ⅳ 営業外収益		
1 その他収益		(90,000)
当期純利益		(116,700)
非支配株主に帰属する当期純利益		(16,000)
親会社株主に帰属する当期純利益		(100,700)

連結貸借対照表

×3年3月31日　(単位：千円)

資産の部			負債の部	
Ⅰ 流動資産			Ⅰ 流動負債	
諸資産		(670,000)	諸負債	(275,000)
売掛金	(130,000)		買掛金	(70,000)
貸倒引当金	(2,600)	(127,400)	純資産の部	
商品		(75,000)	Ⅰ 株主資本	
Ⅱ 固定資産			資本金	(200,000)
土地		(43,000)	資本剰余金	(10,000)
のれん		(4,000)	利益剰余金	(250,400)
			Ⅱ 非支配株主持分	(114,000)
資産合計		(919,400)	負債・純資産合計	(919,400)

解説　　　　（仕訳の単位：千円）

連結第２年度における連結財務諸表を作成する問題です。

本問は連結株主資本等変動計算書を作成しないので「当期首残高」などをつけずに仕訳してもかまいません。

1 支配獲得時の連結修正仕訳

支配獲得時（×1年３月31日）には、投資と資本の相殺消去をします。

（資本金）	120,000	（S社株式）	140,000
（資本剰余金）	5,000	（非支配株主持分）	90,000*1
（利益剰余金）	100,000		
（のれん）	5,000*2		

＊1　（120,000千円＋5,000千円＋100,000千円）×40％＝90,000千円
＊2　貸借差額

2 連結第１年度（前期）の連結修正仕訳

(1) 開始仕訳

支配獲得時に行った連結修正仕訳（投資と資本の相殺消去）を再度行います。

（資本金 当期首残高）	120,000	（S社株式）	140,000
（資本剰余金 当期首残高）	5,000	（非支配株主持分 当期首残高）	90,000
（利益剰余金 当期首残高）	100,000		
（のれん）	5,000		

(2) 連結第１年度の連結修正仕訳

連結第１年度の連結修正仕訳をします（「当期変動額」はつけなくてもかまいません）。

① のれんの償却

（のれん償却）	500*	（のれん）	500

＊　5,000千円÷10年＝500千円

② 子会社の当期純損益の振り替え

（非支配株主に帰属する当期純損益）	8,000	（非支配株主持分 当期変動額）	8,000*

＊　20,000千円×40％＝8,000千円
　　S社当期純利益

3 連結第２年度（当期）の連結修正仕訳

(1) 開始仕訳

連結第１年度に行った連結修正仕訳（2）を再度行います（開始仕訳）。その際、損益項目については「利益剰余金（当期首残高）」で処理します。

① 投資と資本の相殺消去（2(1)+(2)）

(資本金 当期首残高)	120,000	(S社株式)	140,000
(資本剰余金 当期首残高)	5,000	(非支配株主持分 当期首残高)	98,000*3
(利益剰余金 当期首残高)	108,500*1		
(のれん)	4,500*2		

＊1　100,000千円＋500千円（のれん償却）＋8,000千円（非支配株主に帰属する当期純損益）＝108,500千円

＊2　5,000千円－500千円＝4,500千円

＊3　90,000千円（非支配株主持分（当期首残高））＋8,000千円（非支配株主持分（当期変動額））＝98,000千円

(2) 連結第２年度の連結修正仕訳

連結第２年度の連結修正仕訳をします。

① のれんの償却

(のれん償却)	500*	(のれん)	500

＊　5,000千円÷10年＝500千円

② 子会社の当期純損益の振り替え

［資料１］のＳ社損益計算書より、連結第２年度のＳ社の当期純利益は40,000千円です。

(非支配株主に帰属する 当期純損益)	16,000	(非支配株主持分 当期変動額)	16,000*

＊　40,000千円（S社当期純利益）×40%＝16,000千円

③ 連結会社間の取引の相殺消去

(買掛金)	20,000	(売掛金)	20,000

(売上高)	60,000	(売上原価)	60,000

④　期首・期末商品に含まれる未実現利益の消去（ダウンストリーム）

期首分：

（利益剰余金当期首残高）	2,000	（商　　　品）	2,000＊1
（商　　　品）	2,000	（売上原価）	2,000

期末分：

（売上原価）	3,000	（商　　　品）	3,000＊2

＊1　10,000千円×$\frac{0.25}{1.25}$＝2,000千円

＊2　15,000千円×$\frac{0.25}{1.25}$＝3,000千円

⑤　貸倒引当金の修正

（貸倒引当金）	200＊1	（利益剰余金当期首残高）	200
（貸倒引当金）	200＊2	（貸倒引当金繰入）	200

＊1　前期計上分：10,000千円×２％＝200千円
＊2　当期計上分：20,000千円×２％＝400千円
　　　　　　　　400千円－200千円＝200千円

⑥　土地に含まれる未実現利益の消去（ダウンストリーム）

（土地売却益）	2,000＊	（土　　　地）	2,000

＊　15,000千円－13,000千円＝2,000千円

4　解答の金額

(1)　連結損益計算書

①　売　上　高：200,000千円（P社）＋100,000千円（S社）－60,000千円（連結会社間の取引の相殺消去）＝240,000千円

②　売上原価：150,000千円（P社）＋75,000千円（S社）－60,000千円（連結会社間の取引の相殺消去）－2,000千円（期首商品に含まれる未実現利益の消去）＋3,000千円（期末商品に含まれる未実現利益の消去）＝166,000千円

③　貸倒引当金繰入：1,500千円（P社）＋700千円（S社）－200千円（貸倒引当金の修正）＝2,000千円

(2)　連結貸借対照表

①　売　掛　金：100,000千円（P社）＋50,000千円（S社）－20,000千円（連結会社間の取引の相殺消去）＝130,000千円

②　貸倒引当金：2,000千円（P社）＋1,000千円（S社）－（200千円＋200千円）（貸倒引当金の修正）＝2,600千円

③　商　　　品：52,000千円＋26,000千円－3,000千円＝75,000千円
P社　S社　期末商品に含まれる未実現利益の消去

④　土　　　地：30,000千円＋15,000千円－2,000千円＝43,000千円
P社　S社　土地に含まれる未実現利益の消去

⑤　の　れ　ん：4,500千円－500千円＝4,000千円

⑥　買　掛　金：60,000千円＋30,000千円－20,000千円＝70,000千円
P社　S社　連結会社間の取引の相殺消去

⑦　利益剰余金：

P社利益剰余金	220,000千円
S社利益剰余金	160,000千円
利益剰余金当期首残高	
（開　始　仕　訳）	△108,500千円
（期首商品に含まれる未実現利益）	△　2,000千円
（貸倒引当金の修正）	200千円
当期の連結修正仕訳の損益項目合計	△　19,300千円*
	250,400千円

＊　当期の連結修正仕訳の損益項目合計：

借方：500千円＋16,000千円＋60,000千円＋3,000千円
のれんの償却　非支配株主に帰属する当期純損益　売上高　売上原価

＋2,000千円＝81,500千円
土地売却益

貸方：60,000千円＋2,000千円＋200千円＝62,200千円
売上原価　売上原価　貸倒引当金繰入

差額：81,500千円－62,200千円＝19,300千円

⑧　非支配株主持分：

非支配株主持分当期首残高（開始仕訳）	98,000千円
非支配株主持分当期変動額	
（子会社当期純損益の振り替え）	16,000千円
	114,000千円

第2問対策－❼／14問　商品売買

解答

問1

総勘定元帳

売　掛　金　　4

×2年		摘要	借方	×2年		摘要	貸方
4	1	前期繰越	90,000	4	17	(ク)現金	132,000
	11	(ウ)売上	132,000		27	(カ)電子記録債権	60,000
	22	(ウ)売上	227,600		30	次月繰越	257,600
			449,600				449,600

商　品　　9

×2年		摘要	借方	×2年		摘要	貸方
4	1	前期繰越	100,000	4	5	(イ)買掛金	10,800
	4	(イ)買掛金	58,000		11	(オ)売上原価	66,400
	5	(イ)買掛金	12,800		22	(オ)売上原価	118,000
	14	(ケ)諸口	77,800		30	(キ)商品評価損	4,200
					〃	次月繰越	49,200
			248,600				248,600

問2　①　当月の売上高　¥　359,600

　　　②　当月の売上原価　¥　188,600

解説

売上原価対立法による、商品売買に関する一連の取引の問題です。

売上のつど、売上原価を算定する必要があるので、商品ボックスを書いて原価を整理しておきます。

1 商品ボックスによる原価の整理

X　商　品

月初有高	売上原価
1日　100個　@600円	11日（110個）　100個　@600円
当月仕入	11日（110個）　10個　@640円
	22日（80個）　30個　@640円
4日　40個　@640円	22日（80個）　20個　@640円
5日　20個　@640円	22日（80個）　30個　@660円
14日　90個　@660円	月末有高
	30日　60個　@660円

Y　商　品

月初有高	売上原価
1日　80個　@500円	22日（130個）　80個　@500円
当月仕入	22日（130個）　40個　@540円
4日　60個　@540円	22日（130個）　10個　@460円
5日　△20個　@540円	
14日　40個　@460円	
	月末有高
	30日　30個　@460円

2 取引の仕訳

(1) 4月1日（前期繰越）

商品勘定の前期繰越額：@600円×100個（X商品）＋@500円×80個（Y商品）＝100,000円

(2) 4月4日（仕入①）

（商　　品）	58,000*	（買　掛　金）	58,000

* @640円×40個（X商品）＋@540円×60個（Y商品）＝58,000円

(3)　**4月5日（仕入返品、仕入②）**

（買　掛　金）	10,800	（商　　　品）	10,800*1
（商　　　品）	12,800*2	（買　掛　金）	12,800

＊1　@540円×20個＝10,800円
　　　　Y商品
＊2　@640円×20個＝12,800円
　　　　X商品

(4)　**4月11日（売上①）**

売上原価対立法なので、売上計上時に売上原価も計上します（先入先出法）。

（売　掛　金）	132,000	（売　　　上）	132,000*1
（売上原価）	66,400	（商　　　品）	66,400*2

＊1　@1,200円×110個＝132,000円
＊2　@600円×100個＋@640円×10個＝66,400円
　　　　X商品

(5)　**4月14日（仕入③）**

（商　　　品）	77,800*1	（受取手形）	50,000
		（買　掛　金）	27,800*2

＊1　@660円×90個＋@460円×40個＝77,800円
　　　　X商品　　　　Y商品
＊2　77,800円－50,000円＝27,800円

(6)　**4月17日（売掛金の回収）**

（現　　　金）	132,000	（売　掛　金）	132,000

(7)　**4月22日（売上②）**

（売　掛　金）	227,600	（売　　　上）	227,600*1
（売上原価）	118,000	（商　　　品）	118,000*2
（発　送　費）	1,600	（現　　　金）	1,600

＊1　@1,200円×80個＋@1,000円×130個＋1,600円＝227,600円
　　　　X商品　　　　Y商品　　　　送料
＊2　@640円×30個＋@640円×20個＋@660円×30個＝ 51,800円
　　　　X商品
　　　@500円×80個＋@540円×40個＋@460円×10個＝ 66,200円
　　　　Y商品
　　　　　　　　　　　　　　　　合　計：118,000円

(8)　**4月27日（売掛金の回収）**

（電子記録債権）	60,000	（売　掛　金）	60,000

(9)　4月30日（月次決算ー商品の評価）

売上原価対立法では、売上のつど売上原価を計算しているので、決算において売上原価を算定する決算整理仕訳は不要となります。そのため、期末商品の評価のみ行います。

本問では、X商品、Y商品ともに帳簿棚卸数量と実地棚卸数量が一致しているので、商品評価損のみ計上します。

①X商品

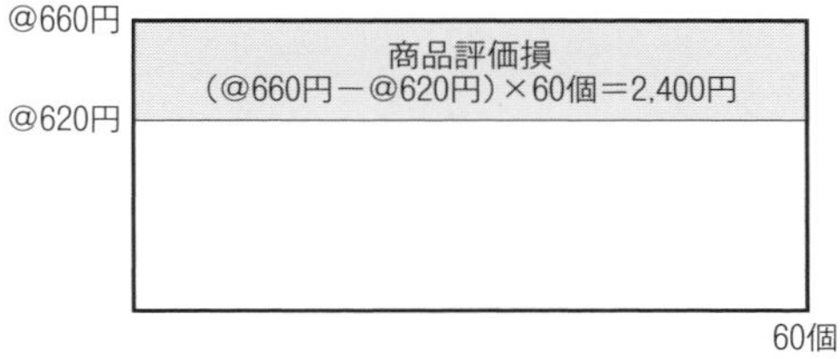

②Y商品

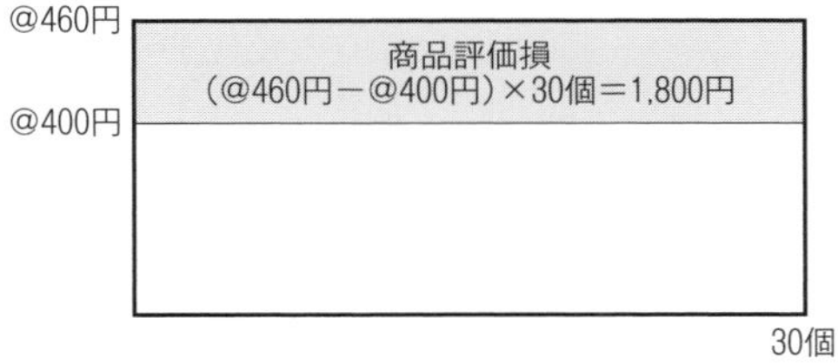

（商品評価損）	4,200*	（商　　品）	4,200
（売上原価）	4,200	（商品評価損）	4,200

＊　2,400円＋1,800円＝4,200円
　　X商品　　Y商品

3　売上高と売上原価

(1)　売上高

132,000円＋227,600円＝359,600円
　4/11　　　4/22

(2)　売上原価

66,400円＋118,000円＋4,200円＝188,600円
　4/11　　　4/22　　　4/30

第2問対策－❽／14問　現金預金

解答

問1

	借方		貸方	
	記号	金額	記号	金額
1	(ケ)仕訳なし			
2	(イ)当座預金	60,000	(エ)売掛金	60,000
3	(イ)当座預金	5,500	(キ)未払金	5,500
4	(ケ)仕訳なし			
5	(ケ)仕訳なし			
6	(ア)現金	39,800	(イ)当座預金	39,800

問2

銀行勘定調整表（両者区分調整法）　（単位：円）

当社の帳簿残高		(150,800)	銀行の残高証明書残高		(149,200)
加算	[2]	(60,000)	加算	[1]	(52,000)
	[3]	(5,500)		[5]	(45,000)
減算	[6]	(39,800)	減算	[4]	(69,700)
		(176,500)			(176,500)

問3

当座預金
176,500　円

解説

問1　当座預金の修正

(1)　銀行側の修正事項

［資料Ⅱ］１、４、５については、当社では適切に仕訳がなされ、あとは銀行側での処理がなされると不一致原因が解消されるため、修正仕訳は不要です。

⑵ 企業側の修正事項

［資料Ⅱ］２は連絡未通知なので、修正仕訳が必要です。

［資料Ⅱ］３は未渡小切手なので、修正仕訳が必要です。なお、未払金の支払いのために振り出した小切手が未渡しなので、小切手の振出時に処理した**未払金［負債］**の減少を取り消します。

［資料Ⅱ］６は誤記入なので、修正仕訳が必要です。

問2 銀行勘定調整表（両者区分調整法）の作成

⑴ 当社の帳簿残高

［資料Ⅰ］より150,800円と判明します。

⑵ 銀行の残高証明書残高

［資料Ⅱ］より149,200円と判明します。

⑶ 銀行勘定調整

1．時間外入金：銀行残高に加算

2．連絡未通知：企業残高に加算または減算（本問では加算）

3．未渡小切手：企業残高に加算

4．未取付小切手：銀行残高から減算

5．未取立小切手：銀行残高に加算

6．誤記入：企業残高から加算または減算（本問では減算）

問3 貸借対照表に計上される当座預金の残高

銀行勘定調整後の残高176,500円が貸借対照表に計上される当座預金の残高です。

銀行勘定調整表の作成のポイント

［1］銀行勘定調整表の修正仕訳

✔ 仕訳不要なものと必要なものに区別する

［2］銀行勘定調整表の記入

✔ 銀行勘定調整表に各不一致原因を記入する

✔ 残高が一致したことを確認する

第2問対策－❾／14問　有価証券

解答

問１

売買目的有価証券　　8

年	月	日	摘要	仕丁	借方	貸方	借/貸	残高
×1	6	1	(ウ)未払金		19,780,000			19,780,000
	10	31	(ス)諸口			4,945,000		14,835,000
×2	1	31	(エ)未収入金	省		2,967,000	省	11,868,000
	3	31	(ケ)有価証券評価損			156,000		11,712,000
		〃	(ソ)次期繰越	略		11,712,000	略	
					19,780,000	19,780,000		
×2	4	1	(セ)前期繰越		11,712,000			11,712,000

有価証券利息　　26

年	月	日	摘要	仕丁	借方	貸方	借/貸	残高
×1	6	1	(ウ)未払金		60,000			60,000
	6	30	(イ)普通預金			72,000		12,000
	10	31	(ス)諸口	省		12,000	省	24,000
	12	31	(イ)普通預金			54,000		78,000
×2	1	31	(エ)未収入金	略		1,800	略	79,800
	3	31	(カ)未収有価証券利息			21,600		101,400
		〃	(シ)損益		101,400			
					161,400	161,400		
×2	4	1	(カ)未収有価証券利息		21,600			21,600

問２　有価証券売却［ 損 ］：￥　99,000

問３　（A）満期保有目的債券勘定の次期繰越額：￥　19,820,000

（B）有価証券利息の当期発生額　：￥　160,000

解説

有価証券の取引について、勘定記入等を行う問題です。

まずは、取引の仕訳をします。

1 ×1年の仕訳

(1) 6月1日（取得日）の仕訳

（売買目的有価証券）	19,780,000*	（未　払　金）	19,840,000
（有価証券利息）	60,000		

* $20,000,000円 \times \frac{98.9円}{100円} = 19,780,000円$

(2) 6月30日（利払日）の仕訳

利払日には前回の利払日の翌日（発行日：×1年1月1日）から今回の利払日（6月30日）までの6か月分の利息が現在の所有者に支払われます。

（普　通　預　金）	72,000	（有価証券利息）	72,000*

* $20,000,000円 \times 0.72\% \times \frac{6か月}{12か月} = 72,000円$

なお、取得日に、×1年1月1日から5月31日までの利息を前の所有者に支払っているため、上記の仕訳をすることによって、所有期間に対応する利息が計上されることになります。

(3) 10月31日（売却日）の仕訳

（未　収　入　金）	4,852,000*2	（売買目的有価証券）	4,945,000*1
（有価証券売却損）	105,000*3	（有価証券利息）	12,000

*1　$19,780,000円 \times \frac{5,000,000円}{20,000,000円} = 4,945,000円$

*2　①売却代金：$5,000,000円 \times \frac{96.8円}{100円} = 4,840,000円$

②売却代金＋利息：4,840,000円＋12,000円＝4,852,000円

*3　4,840,000円－4,945,000円＝△105,000円（売却損）

(4) 12月31日（利払日）の仕訳

10月31日に額面5,000,000円を売却しているので、額面15,000,000円（20,000,000円－5,000,000円）に対応する利息を計上します。

（普通預金）	54,000	（有価証券利息）	54,000*

＊　15,000,000円×0.72％×$\frac{6\text{か月}}{12\text{か月}}$＝54,000円

2 ×2年の仕訳

(1) 1月31日（売却日）の仕訳

（未収入金）	2,974,800*2	（売買目的有価証券）	2,967,000*1
		（有価証券利息）	1,800
		（有価証券売却益）	6,000*3

＊1　19,780,000円×$\frac{3{,}000{,}000\text{円}}{20{,}000{,}000\text{円}}$＝2,967,000円

＊2　①売却代金：3,000,000円×$\frac{99.1\text{円}}{100\text{円}}$＝2,973,000円

②売却代金＋利息：2,973,000円＋1,800円＝2,974,800円

＊3　2,973,000円－2,967,000円＝6,000円（売却益）

(2) 3月31日（決算日）の仕訳

売買目的有価証券の評価替えを行うとともに、利息の未収計上をします。最後に、収益と費用を損益勘定に振り替えます（損益振替）。

① 売買目的有価証券の評価替え

（有価証券評価損）	156,000	（売買目的有価証券）	156,000*

＊　①売買目的有価証券の期末残高：19,780,000円－4,945,000円－2,967,000円
＝11,868,000円

②残っている国債（額面金額）：20,000,000円－5,000,000円－3,000,000円
＝12,000,000円

③期末時価：12,000,000円×$\frac{97.6\text{円}}{100\text{円}}$＝11,712,000円

④有価証券評価損益：11,712,000円－11,868,000円＝△156,000円（評価損）

② 利息の未収計上

1月1日から3月31日までの3か月分の利息を未収計上します。

（未収有価証券利息）	21,600	（有価証券利息）	21,600*

＊　12,000,000円×0.72％×$\frac{3\text{か月}}{12\text{か月}}$＝21,600円

③ 損益振替

(損　　　　　益)	261,000	(有価証券売却損)	105,000
		(有価証券評価損)	156,000
(有価証券売却益)	6,000	(損　　　　　益)	107,400
(有 価 証 券 利 息)	101,400*		

＊　有価証券利息勘定の残高

⑶　4月1日（期首）の仕訳

期首において、前期末に計上した利息の未収額を振り戻します（再振替仕訳）。

(有 価 証 券 利 息)	21,600	(未収有価証券利息)	21,600

3　有価証券売却損益［問２］

前記の仕訳から有価証券売却損益を計算します。

有価証券売却損益：△105,000円＋6,000円＝△99,000円（売却損）

10/31（売却損）　1/31（売却益）

4　満期保有目的債券の場合［問３］

本問の国債を満期保有目的で取得したと仮定した場合（期中売却はなし）の、当期に必要な仕訳は次のようになります。

⑴　6月1日（取得日）の仕訳

(満期保有目的債券)	19,780,000*	(未　　払　　金)	19,840,000
(有 価 証 券 利 息)	60,000		

＊　$20,000,000円\times\frac{98.9円}{100円}=19,780,000円$

⑵　6月30日（利払日）の仕訳

(普　通　預　金)	72,000	(有 価 証 券 利 息)	72,000*

＊　$20,000,000円\times0.72\%\times\frac{6か月}{12か月}=72,000円$

⑶　12月31日（利払日）の仕訳

(普　通　預　金)	72,000	(有 価 証 券 利 息)	72,000*

＊　$20,000,000円\times0.72\%\times\frac{6か月}{12か月}=72,000円$

(4)　3月31日（決算日）の仕訳

決算日において、償却原価法（定額法）によって、満期保有目的債券の帳簿価額を調整します。また、利息の未収計上を行います。

①　償却原価法による帳簿価額の調整

本問の国債は×1年1月1日に償還期間5年で発行されているので（満期日は×5年12月31日）、取得日（×1年6月1日）から満期日（×5年12月31日）までの月数は55か月（5年×12か月－5か月）となります。また、当期の保有期間が10か月（6月1日から3月31日まで）なので、当期の償却額は次のように計算します。

（満期保有目的債券）	40,000＊	（有価証券利息）	40,000

＊（20,000,000円－19,780,000円）×$\frac{10\text{か月}}{55\text{か月}}$＝40,000円

②　利息の未収計上

1月1日から3月31日までの3か月分の利息を未収計上します。

（未収有価証券利息）	36,000	（有価証券利息）	36,000＊

＊　20,000,000円×0.72％×$\frac{3\text{か月}}{12\text{か月}}$＝36,000円

以上より、（A）当期末時点での満期保有目的債券勘定の次期繰越額と（B）有価証券利息の当期発生額は次のようになります。

（A）当期末時点での満期保有目的債券勘定の次期繰越額

19,780,000円＋40,000円＝19,820,000円

（B）有価証券利息の当期発生額

△60,000円＋72,000円＋72,000円＋40,000円＋36,000円＝160,000円

固定資産－Ⅰ

解答

問1

×5年度の減価償却費	×6年度の減価償却費
158,000 円	199,100 円

問2

機械装置Xの売却（ 益 ・ **損** ）
40,000 円

問3（単位：円）

機　械　装　置

年	月	日	摘　　要	借　　方	年	月	日	摘　　要	貸　　方
×6	4	1	前期繰越	1,020,000	×7	3	31	(ウ)諸　口	500,000
	6	1	(ア)現　金	100,000		3	31	(オ)次期繰越	640,000
	10	1	(イ)当座預金	20,000					
				1,140,000					1,140,000
×7	4	1	前期繰越	640,000					

問4（単位：円）

機械装置減価償却累計額

年	月	日	摘　　要	借　　方	年	月	日	摘　　要	貸　　方
×7	9	30	(ア)機械装置	36,000	×7	4	1	前期繰越	257,100
×8	3	31	(オ)次期繰越	363,300	×8	3	31	(イ)減価償却費	142,200
				399,300					399,300
					×8	4	1	前期繰越	363,300

問5

機械装置Yの除却損
39,980 円

解説

各年度の仕訳を示すと次のとおりです。なお、解説の便宜上、各機械装置の名称を付して仕訳を示しています。

1 ×5年度の仕訳

(1) 各機械装置の取得（×5年4月1日）

（機械装置X）	500,000	（現　　　　金）	1,020,000
（機械装置Y）	120,000		
（機械装置Z）	400,000		

(2) 機械装置Xの修繕費（×5年7月1日）

修繕のために要した費用は、当期の費用として処理されます。

（修　繕　費）	50,000	（現　　　　金）	50,000

(3) 減価償却（×6年3月31日）

（減価償却費）	158,000*	（機械装置減価償却累計額）	158,000

* 機械装置X：500,000円×0.9÷9年＝50,000円
機械装置Y：120,000円×0.9÷6年＝18,000円
機械装置Z：400,000円×0.9÷4年＝90,000円
減価償却費：50,000円＋18,000円＋90,000円＝158,000円

2 ×6年度の仕訳

(1) 機械装置Pの取得（×6年6月1日）

（機械装置P）	100,000	（現　　　　金）	100,000

(2) 機械装置Zの改良（×6年10月1日）

改良のために要した支出は、資本的支出として処理されます。

（機械装置Z）	20,000	（当座預金）	20,000

⑶　機械装置Xの売却（×7年3月31日）

（機械装置減価償却累計額）	50,000	（機械装置X）	500,000
（減価償却費）	50,000*		
（当座預金）	360,000		
（機械装置売却損）	40,000		

＊　機械装置X：500,000円×0.9÷9年＝50,000円

⑷　減価償却（×7年3月31日）

機械装置Zについては、既存部分と改良部分の減価償却費を別々に計算します。なお、改良部分（改良費）については当初の耐用年数（4年＝48か月）から経過期間（×5年4月1日から×6年9月30日までの18か月）を差し引いた残りの期間（48か月－18か月＝30か月）を耐用年数として計算します。

（減価償却費）	149,100*	（機械装置減価償却累計額）	149,100

＊　機械装置Y：120,000円×0.9÷6年＝18,000円

機械装置Z：400,000円×0.9÷4年＝90,000円
既存部分

$20{,}000円 \times 0.9 \times \dfrac{\text{6か月(×6年10月1日〜×7年3月31日)}}{\text{48か月−18か月}} = 3{,}600円$
改良部分

機械装置P：$100{,}000円 \times 0.9 \div 2年 \times \dfrac{\text{10か月(×6年6月1日〜×7年3月31日)}}{\text{12か月}}$
＝37,500円

減価償却費：18,000円＋90,000円＋3,600円＋37,500円＝149,100円

3　×7年度の仕訳

⑴　機械装置Yの除却（×7年9月30日）

除却日までにかかった当期の減価償却費は月割計算し、計上します。

（機械装置減価償却累計額）	36,000	（機械装置Y）	120,000
（減価償却費）	9,000*		
（貯蔵品）	10,000		
（機械装置除却損）	65,000		

＊　機械装置Y：$120{,}000円 \times 0.9 \div 6年 \times \dfrac{\text{6か月(×7年4月1日〜9月30日)}}{\text{12か月}} = 9{,}000円$

⑵　**減価償却（×8年３月31日）**

（減価償却費）	142,200*	（機械装置減価償却累計額）	142,200

*　機械装置Ｚ：400,000円×0.9÷４年＝90,000円
既存部分

$20{,}000\text{円} \times 0.9 \times \frac{12\text{か月}}{48\text{か月} - 18\text{か月}} = 7{,}200\text{円}$
改良部分

機械装置Ｐ：100,000円×0.9÷２年＝45,000円

減価償却費：90,000円＋7,200円＋45,000円＝142,200円

4　各設問の計算および記入

問１　×5年度、×6年度の減価償却費の金額

1(3)より×5年度の減価償却費の金額は、158,000円となります。また、×6年度の減価償却費は2(3)、(4)より199,100円となります。

×6年度の減価償却費：50,000円＋149,100円＝199,100円
2(3)　2(4)

問２　×7年３月31日における機械装置Ｘの売却損（益）の金額

2(3)より、機械装置Ｘの売却損は40,000円となります。

問３　×6年度の機械装置勘定の記入

×6年度中に行われた機械装置勘定に関する取引を転記します。

機　械　装　置

年	月	日	摘　要	借　方	年	月	日	摘　要	貸　方
×6	4	1	前期繰越	❶ 1,020,000	×7	3	31	諸口	❹ 500,000
	6	1	現金	❷ 100,000		3	31	❺ 次期繰越	640,000
	10	1	当座預金	❸ 20,000					
				1,140,000					1,140,000
×7	4	1	前期繰越	640,000					

❶　1(1)より

❷　2(1)より

❸　2(2)より

❹　2(3)より

❺　英米式決算法によるため、「次期繰越」と記入して締切記入をします。

問4　×7年度の機械装置減価償却累計額勘定の記入

×7年度中に行われた機械装置減価償却累計額勘定に関する取引を転記します。

機械装置減価償却累計額

年	月	日	摘　　要	借　　方	年	月	日	摘　　要	貸　　方
×7	9	30	機械装置	❼ 36,000	×7	4	1	前期繰越	❻ 257,100
×8	3	31	❾ 次期繰越	363,300	×8	3	31	減価償却費	❽ 142,200
				399,300					399,300
					×8	4	1	前期繰越	363,300

❻　期首減価償却累計額：158,000円［1(3)］－50,000円［2(3)］＋149,100円［2(4)］＝257,100円

❼　3(1)より

❽　3(2)より

❾　英米式決算法によるため、「次期繰越」と記入して締切記入をします。

問5　機械装置Yの減価償却を定率法によって行っていた場合の除却損

（機械装置減価償却累計額）	61,200*1	（機械装置Y）	120,000
（減価償却費）	8,820*2		
（貯蔵品）	10,000		
（機械装置除却損）	39,980		

＊1　①×5年度分：120,000円×30%＝36,000円
②×6年度分：(120,000円－36,000円)×30%＝25,200円
③期首減価償却累計額：36,000円＋25,200円＝61,200円

＊2　×7年度：(120,000円－61,200円)×30%× $\frac{\text{6か月(×7年4月1日～9月30日)}}{\text{12か月}}$
＝8,820円

第2問対策－⑪／14問　固定資産－Ⅱ

解答

問1

総勘定元帳

建　物

日付			摘要	借方	日付			摘要	貸方
×1	4	1	(ア)前期繰越	22,000,000	×2	3	31	(ウ)減価償却費	1,000,000
						3	31	(イ)次期繰越	21,000,000
				22,000,000					22,000,000

リース資産

日付			摘要	借方	日付			摘要	貸方
×1	4	1	(エ)リース債務	1,500,000	×2	3	31	(ウ)減価償却費	300,000
						3	31	(イ)次期繰越	1,200,000
				1,500,000					1,500,000

機械装置

日付			摘要	借方	日付			摘要	貸方
×1	11	1	(キ)当座預金	3,400,000	×1	11	2	(オ)固定資産圧縮損	1,000,000
					×2	3	31	(ウ)減価償却費	400,000
						3	31	(イ)次期繰越	2,000,000
				3,400,000					3,400,000

問2

借方		貸方	
記号	金額	記号	金額
(ウ)固定資産圧縮損	1,000,000	(ア)機械装置	1,000,000

問3

借方		貸方	
記号	金額	記号	金額
(ア)繰延税金資産	60,000	(エ)法人税等調整額	60,000

解説

固定資産の減価償却、圧縮記帳、リース取引、税効果会計に関する問題です。

1 取引の仕訳等

(1) 前期繰越額

建物（直接法で記帳）は取得日から前期末までに８年経過しているので、取得原価から８年分の減価償却費を差し引いた額が建物の前期繰越額です。

８年分の減価償却費：30,000,000円 × $\frac{8\text{年}}{30\text{年}}$ = 8,000,000円

建物の前期繰越額：30,000,000円 − 8,000,000円 = 22,000,000円

(2) ×1年４月１日（リース取引開始）

利子抜き法の場合、リース資産の取得原価は見積現金購入価額となります。

（リース資産）	1,500,000	（リース債務）	1,500,000

(3) ×1年８月１日（建物の修繕工事）

（修繕引当金）	250,000	（普通預金）	400,000
（修繕費）	150,000		

(4) ×1年９月15日（国庫補助金の受け入れ）

（普通預金）	1,000,000	（国庫補助金受贈益）	1,000,000

(5) ×1年11月１日（機械装置の購入）

（機械装置）	3,400,000	（当座預金）	3,400,000

(6) ×1年11月２日（圧縮記帳）…問２の答え

（固定資産圧縮損）	1,000,000	（機械装置）	1,000,000

(7) ×2年３月31日（リース料の支払い）

利子抜き法の場合、リース料支払い時に、減少する**リース債務［負債］**にかかる**支払利息［費用］**を計上します。

（リース債務）	300,000 *1	（普通預金）	360,000
（支払利息）	60,000 *2		

＊1　1,500,000円÷５年＝300,000円

＊2　①リース料総額：360,000円×５年＝1,800,000円

②支払利息：（1,800,000円－1,500,000円）÷５年＝60,000円

(8)　×2年３月31日（決算：減価償却）

固定資産の減価償却をします。記帳方法は直接法です。

①　**建物**

（減価償却費）	1,000,000*	（建物）	1,000,000

＊　30,000,000円÷30年＝1,000,000円

②　**リース資産**

（減価償却費）	300,000*	（リース資産）	300,000

＊　1,500,000円÷５年＝300,000円

③　**機械装置**

（減価償却費）	400,000*	（機械装置）	400,000

＊　償却率：$\frac{1}{5年}$×200％＝0.4

圧縮記帳後の取得原価：3,400,000円－1,000,000円＝2,400,000円

減価償却費：2,400,000円×0.4×$\frac{5か月（11/1～3/31）}{12か月}$＝400,000円

2　税効果会計の仕訳…問３の答え

機械装置について、会計上の減価償却費と税法上の減価償却費の差に法人税等の実効税率を掛けて税効果の金額を計算します。

会計上の減価償却費：400,000円

税法上の減価償却費：2,400,000円×0.2×$\frac{5か月}{12か月}$＝200,000円

税効果の金額：(400,000円－200,000円)×30％＝60,000円

会計上の仕訳：	（減価償却費）	400,000	（機械装置）	400,000
	損益項目			
税効果の仕訳：	（繰延税金資産）	60,000	（法人税等調整額）	60,000

第2問対策－⑫／14問　リース取引

解答

（単位：円）

	⑴利子込み法	⑵利子抜き法
①　リース資産（取得原価）	10,020,000	8,880,000
②　減価償却費	1,536,000	1,364,000
③　リース債務 （未払利息を含む）	9,020,000	8,052,000
④　支払利息	――	172,000
⑤　支払リース料	240,000	240,000

解説

リース取引の問題です。

A備品とB備品はファイナンス・リース取引、C備品はオペレーティング・リース取引です。なお、ファイナンス・リース取引の処理には、利子込み法と利子抜き法があります。

⑴　利子込み法

利子込み法の場合、リース取引によって取得した資産の取得原価はリース料総額となります。

［A備品（ファイナンス・リース取引）］

取得時：	（リース資産）	6,000,000*1	（リース債務）	6,000,000
リース料支払時：	（リース債務）	1,000,000	（現金預金）	1,000,000
決算時：	（減価償却費）	1,000,000*2	（リース資産減価償却累計額）	1,000,000

＊1　1,000,000円×6年＝6,000,000円
＊2　6,000,000円÷6年＝1,000,000円

[B備品（ファイナンス・リース取引）]

取得時：	（リース資産）	4,020,000[*1]	（リース債務）	4,020,000
決算時：	（減価償却費）	536,000[*2]	（リース資産減価償却累計額）	536,000

＊1　804,000円×5年＝4,020,000円

＊2　4,020,000円÷5年×$\frac{\text{8か月（×2年8/1～×3年3/31）}}{\text{12か月}}$＝536,000円

[C備品（オペレーティング・リース取引）]

取得時：	仕訳なし			
決算時：	（支払リース料）	240,000[*]	（未払リース料）	240,000

＊　決算日までに4か月（×2年12月1日から×3年3月31日）が経過しているので、支払リース料の未払計上を行う。

支払リース料：720,000円×$\frac{\text{4か月}}{\text{12か月}}$＝240,000円

①リース資産：6,000,000円＋4,020,000円＝10,020,000円

②減価償却費：1,000,000円＋536,000円＝1,536,000円

③リース債務：6,000,000円－1,000,000円＋4,020,000円＝9,020,000円

④支払利息：なし

⑤支払リース料：240,000円

(2) 利子抜き法

利子抜き法の場合、リース取引によって取得した資産の取得原価は見積現金購入価額となります。また、リース料支払い時に、減少する**リース債務［負債］**にかかる**支払利息［費用］**を計上します。

[A備品（ファイナンス・リース取引）]

取得時：	（リース資産）	5,400,000	（リース債務）	5,400,000
リース料支払時：	（リース債務）	900,000[*1]	（現金預金）	1,000,000
	（支払利息）	100,000[*2]		
決算時：	（減価償却費）	900,000[*3]	（リース資産減価償却累計額）	900,000

＊1　5,400,000円÷6年＝900,000円

＊2　①リース料総額：1,000,000円×6年＝6,000,000円

　　②支払利息：(6,000,000円－5,400,000円)÷6年＝100,000円

＊3　5,400,000円÷6年＝900,000円

[B備品（ファイナンス・リース取引）]

取得時：	（リース資産）	3,480,000	（リース債務）	3,480,000
決算時：	（減価償却費）	464,000*1	（リース資産減価償却累計額）	464,000
	（支払利息）	72,000*2	（未払利息）	72,000

＊1　$3,480,000\text{円} \div 5\text{年} \times \frac{8\text{か月}(\times 2\text{年}8/1 \sim \times 3\text{年}3/31)}{12\text{か月}} = 464,000\text{円}$

＊2　リース料の支払いはないが、決算日までに8か月（×2年8月1日から×3年3月31日）が経過しているので、支払利息の未払計上を行う。

①リース料総額：804,000円×5年＝4,020,000円

②支払利息：$(4,020,000\text{円} - 3,480,000\text{円}) \div 5\text{年} \times \frac{8\text{か月}}{12\text{か月}} = 72,000\text{円}$

[C備品（オペレーティング・リース取引）]

取得時：	仕訳なし			
決算時：	（支払リース料）	240,000*	（未払リース料）	240,000

＊　$720,000\text{円} \times \frac{4\text{か月}}{12\text{か月}} = 240,000\text{円}$

①リース資産：5,400,000円＋3,480,000円＝8,880,000円

②減価償却費：900,000円＋464,000円＝1,364,000円

③リース債務：5,400,000円－900,000円＋3,480,000円＋72,000円＝8,052,000円
（未払利息を含む）　　（72,000円：未払利息）

④支払利息：100,000円＋72,000円＝172,000円

⑤支払リース料：240,000円

外貨建取引

解答

(1)

総勘定元帳

買　掛　金

年	月	日	摘要	借方	年	月	日	摘要	貸方
×1	5	31	(ア)普通預金	1,260,000	×1	4	1	前期繰越	1,260,000
	10	31	(ア)普通預金	1,635,000		8	1	(ウ)仕入	1,635,000
×2	3	31	次期繰越	1,160,000	×2	1	10	(ウ)仕入	1,150,000
						3	31	(オ)為替差損益	10,000
				4,055,000					4,055,000

備　品

年	月	日	摘要	借方	年	月	日	摘要	貸方
×2	2	1	(イ)未払金	2,907,000	×2	3	31	(エ)減価償却費	96,900
						3	31	次期繰越	2,810,100
				2,907,000					2,907,000

(2) 損益の金額

① 当期の売上高　¥ 6,275,000

② 当期の為替差損益　¥ 157,000　（為替差損／為替差益）

解説

外貨建取引に関する問題です。どの時点の為替相場で換算するのか、考えて解きましょう。

1 取引の仕訳

(1) ×1年4月30日（売上）

（売掛金）	900,000	（売上）	900,000

(2) ×1年5月31日（買掛金の支払い）

外貨建ての買掛金は決算において、決算時の為替相場に換算します。そのため、期首の買掛金（ドルベース）は12,000ドル（1,260,000円÷105円）であることがわかります。

（買掛金）	1,260,000	（普通預金）	1,296,000[*1]
（為替差損益）	36,000[*2]		

＊1　108円×12,000ドル＝1,296,000円
＊2　貸借差額

(3) ×1年6月30日（売掛金の回収）

（普通預金）	900,000	（売掛金）	900,000

(4) ×1年8月1日（輸入）

（仕入）	1,635,000	（買掛金）	1,635,000[*]

＊　109円×15,000ドル＝1,635,000円

(5) ×1年8月20日（売上）

（売掛金）	2,000,000	（売上）	2,000,000

(6) ×1年10月20日（売掛金の回収）

（普通預金）	2,000,000	（売掛金）	2,000,000

(7) ×1年10月31日（買掛金の支払い）

（買掛金）	1,635,000	（普通預金）	1,695,000[*1]
（為替差損益）	60,000[*2]		

＊1　113円×15,000ドル＝1,695,000円
＊2　貸借差額

(8) ×2年1月10日（輸入）

（仕入）	1,150,000	（買掛金）	1,150,000[*]

＊　115円×10,000ドル＝1,150,000円

(9) ×2年2月1日（輸入）

（備品）	2,907,000	（未払金）	2,907,000[*]

＊　114円×25,500ドル＝2,907,000円

(10) ×2年3月1日（売上）

（売掛金）	3,375,000	（売上）	3,375,000

⑾　×2年3月31日（決算・貨幣項目の換算）

外貨建て資産・負債のうち、貨幣項目については決算時の為替相場で換算替えをします。なお、本問において、決算時に残っている外貨建て資産・負債は、買掛金10,000ドル（1月10日輸入分）、未払金25,500ドル（2月1日輸入分）、備品25,500ドル（2月1日輸入分）、商品がありますが、このうち、貨幣項目は買掛金と未払金なので、買掛金と未払金について決算時の為替相場（CR）で換算替えをします。

①　買掛金の換算

（為替差損益）	10,000	（買　掛　金）	10,000*

＊　①帳簿上の金額：1,150,000円
　　②CRで換算した金額：10,000ドル×116円＝1,160,000円
　　③②－①＝10,000円→買掛金が10,000円増加

②　未払金の換算

（為替差損益）	51,000	（未　払　金）	51,000*

＊　①帳簿上の金額：2,907,000円
　　②CRで換算した金額：25,500ドル×116円＝2,958,000円
　　③②－①＝51,000円→未払金が51,000円増加

⑿　×2年3月31日（決算・売上原価の算定）

（仕　　　入）	1,000,000	（繰越商品）	1,000,000
（繰越商品）	578,500	（仕　　　入）	578,500

⒀　×2年3月31日（決算・減価償却費の計上）

（減価償却費）	96,900*	（備　　　品）	96,900

＊　2,907,000円÷5年×$\frac{2か月}{12か月}$＝96,900円

2　損益の金額

(1)　当期の売上高

売上高：900,000円（4/30）＋2,000,000円（8/20）＋3,375,000円（3/1）＝6,275,000円

(2)　当期の為替差損益

為替差損益：（借方）36,000円（5/31）＋60,000円（10/31）＋10,000円（3/31）＋51,000円（3/31）＝157,000円

（貸方）0円

→為替差損157,000円

第2問対策－⑭／14問　理論問題

解答

問1

ア	イ	ウ	エ	オ	カ
2	14	17	12	7	9

キ	ク	ケ	コ	サ	シ
25	23	24	21	16	4

ス
28

問2

1	2	3	4	5
×	×	○	○	×

6	7	8	9	10
×	×	×	×	×

11	12	13	14
×	×	×	×

解説

理論問題です。理論対策として別個に学習する必要はなく、計算方法や仕訳を学習する際に、その考え方をしっかりおさえるようにしましょう。

問1　語群選択

1　その他有価証券の評価

その他有価証券は決算において時価に評価替えします。このとき、評価替えによって生じた評価差額は**その他有価証券評価差額金［純資産］**で処理します。

たとえば、取得原価が1,000円、決算時の時価が1,200円であった場合、評価替えの仕訳は次のようになります。

(その他有価証券)	200	(その他有価証券評価差額金)	200

したがって、時価(1,200円)が取得原価(1,000円)を上回る場合、「その他有価証券評価差額金」は**貸方**側に生じることになります。

2 ソフトウェアの表示

自社利用のソフトウェアを資産計上する場合、貸借対照表上、**無形固定資産**の区分に表示します。

3 貸倒引当金繰入の表示

営業債権(売掛金や受取手形)にかかる「貸倒引当金繰入」は、損益計算書の**販売費及び一般管理費**に表示しますが、営業外債権(貸付金など)にかかる「貸倒引当金繰入」は、損益計算書の**営業外費用**に表示します。

4 準備金の積立て

株主総会において、繰越利益剰余金を財源とする配当が決議された場合、**利益準備金**を積み立てます。また、その他資本剰余金を財源とする配当が決議された場合は、**資本準備金**を積み立てます。このときの、準備金(利益準備金や資本準備金)の積立額は、資本準備金と利益準備金の合計額が資本金の**4分の1**に達するまで、配当金の**10分の1**です。

5 課税所得の算定方法

課税所得の算定にあたって、損金不算入額は**税引前当期純利益に加算**します。なお、損金算入額は税引前当期純利益から**減算**、益金算入額は税引前当期純利益に**加算**、益金不算入額は税引前当期純利益から**減算**します。

6 リース取引

リース取引は、**ファイナンス・リース取引**と**オペレーティング・リース取引**に分類されます。

ファイナンス・リース取引では、通常の**売買取引**と同様の会計処理を行いますが、オペレーティング・リース取引では、通常の**賃貸借取引**に準じた会計処理を行います。

7 外貨建取引

外貨建ての資産および負債のうち、貨幣項目（現金預金、売掛金、買掛金など）については決算において、**決算時の為替相場**（ＣＲ）で換算します。

8 外貨建取引

外貨建取引の換算において生じた為替差損益は、損益計算書上、**営業外収益**（為替差益の場合）または**営業外費用**（為替差損の場合）に表示します。

9 連結会計

ある会社（Ａ社）が他の会社（Ｂ社）の発行済株式総数の過半数を取得し、実質的に支配している場合、ある会社（Ａ社）を**親会社**、他の会社（Ｂ社）を**子会社**といいます。

10 税効果会計

貸借対照表等に計上されている資産および負債の金額と課税所得計算上の資産および負債の金額との差額のうち税効果会計の対象となるものは**一時差異**と呼ばれます。

問２　正誤問題

1 資本的支出と収益的支出

固定資産の価値を高めるため等の支出は、**資本的支出**に分類されます。収益的支出とは、建物のひび割れ修理など建物を元の状態に戻すための支出です。

2 満期保有目的債券の評価

満期保有目的の債券は、原則として**取得原価**で評価します。ただし、額面金額と取得価額の差額が金利調整差額と認められるときは、償却原価法で評価します。

3 子会社株式の評価

子会社株式は、原則として**取得原価**で評価します。

4 クレジット売掛金

クレジットによる売上高は、**売上**〔**収益**〕で処理し、売掛金は通常の売掛金と区別して、**クレジット売掛金**〔**資産**〕で処理します。

5 電子記録債権（債務）

電子記録債権は、手形の裏書きと同様に譲渡することができます。

6 のれんの表示

のれんは、貸借対照表の固定資産のうち、**無形固定資産**の区分に表示します。

7 株式の発行

株式を発行したときは、原則として**全額資本金**〔**純資産**〕に計上します。

8 収益の認識

収益の認識において、商品を売り上げたときに、割戻しが予想される場合には、予想される割戻額を差し引いた金額で**売上**〔**収益**〕を計上し、予想される割戻額については**返金負債**〔**負債**〕で処理します。

9 損益計算書の利益

損益計算書の利益は、**売上総利益**、**営業利益**、**経常利益**、**当期純利益**の順番に記載します。

10 現金預金

連絡未通知は、本来ならば企業が行うべき仕訳を行っていない状態なので、その処理を行う必要があります。

11 圧縮記帳

国庫補助金を受領し、直接控除方式により圧縮記帳を行った場合、圧縮記帳後の取得原価をもとにして減価償却をします。そのため、圧縮記帳を行った場合のほうが、圧縮記帳を行わなかった場合よりも、毎期計上される減価償却費は少なくなります。

2級みん欲し！パック

試験対策までバランス良く学習したい方にオススメ

人気書籍「みんなが欲しかった！」シリーズで学習するコースです。豊富なイラストと図解で、“読む”より“視覚からインプット”！ ネット模試 11 回が付いてしっかり試験対策できます。

迷っている人にオススメ！

「みん欲し！」パック

63時間

テキストなし	29,000円（税込10%）
テキストあり	38,000円（税込10%）

STEP 1 オンライン講義

基礎講義52時間　演習11時間

＋

可児友子講師ほか

＋

STEP 2 本試験対策

添削付き 予想問題

2回

＋ ネット模試

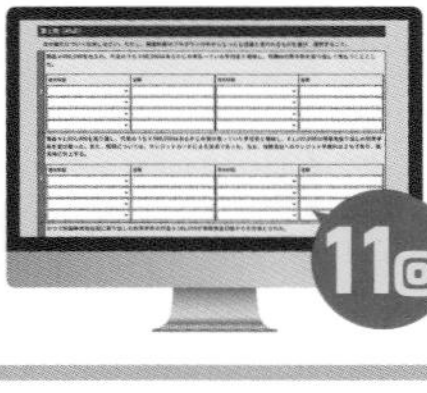

11回

＋ 仕訳トレーニング

学習サポート

質問20回

＋

オンライン学習相談

＋

自習室利用

12 リース取引

ファイナンス・リース取引において、利子込み法で処理している場合、リース資産の計上価額はリース料総額となります。

13 為替予約

為替予約を付していない外貨建て買掛金については、決算において決算時の為替相場で換算しますが、為替予約を付した外貨建て買掛金については、決算において換算替えをしません。

14 連結会計

本問は、親会社から子会社に商品を販売しているので、ダウンストリームです。ダウンストリームのときには、子会社の期末商品棚卸高のうち、親会社から仕入れた分について未実現利益を消去する処理を行いますが、非支配株主持分に負担させる処理は行いません。なお、アップストリームのときには、未実現利益を消去する処理を行うとともに、非支配株主持分にも負担させる処理を行います。

第3問対策－❶／8問　財務諸表の作成－Ⅰ

解答

損益計算書

自×4年4月1日　至×5年3月31日　(単位：円)

Ⅰ 売上高		1,845,000
Ⅱ 売上原価		
1．期首商品棚卸高	(252,000)	
2．当期商品仕入高	(1,308,000)	
合計	(1,560,000)	
3．期末商品棚卸高	(260,000)	
差引	(1,300,000)	
4．棚卸減耗損	(6,500)	
5．商品評価損	(100)	(1,306,600)
売上総利益		(538,400)
Ⅲ 販売費及び一般管理費		
1．給料	216,000	
2．支払地代	(21,600)	
3．貸倒損失	(29,000)	
4．貸倒引当金繰入	(37,000)	
5．減価償却費	(35,000)	
6．退職給付費用	(8,000)	
7．[特許権]償却	(4,000)	(350,600)
営業利益		(187,800)
Ⅳ 営業外収益		
1．有価証券利息		(2,000)
Ⅴ 営業外費用		
1．雑損	(200)	
2．有価証券[評価損]	(1,600)	(1,800)
税引前当期純利益		(188,000)
法人税、住民税及び事業税		(56,400)
当期純利益		(131,600)

解説

損益計算書を作成する問題です。

決算整理仕訳を示すと次のとおりです。なお、P/L は損益計算書（Profit＆Loss Statement）を表します。

1 現金過不足の処理

現金の実際有高が600円不足しているので、**現金［資産］**を600円減少させます。また、当期に購入した備品の据付費用400円は備品の取得原価に含めて処理し、原因不明分は**雑損［費用］**で処理します。

（備　　品）	400	（現　　金）	600
（雑　　損）	200		

P/L 雑　損：200円

2 仮受金の処理・貸倒れの処理

仮受金24,000円は売掛金の回収分なので、**売掛金［資産］**に振り替えます。

（仮　受　金）	24,000	（売　掛　金）	24,000

また、当期に発生した売掛金が貸し倒れたときは、全額**貸倒損失［費用］**で処理します。

貸倒損失：50,000円－24,000円＝26,000円

（貸 倒 損 失）	26,000	（売　掛　金）	26,000

P/L 貸倒損失：3,000円＋26,000円＝29,000円

3 貸倒引当金の設定

売上債権（受取手形と売掛金）の期末残高に対して貸倒引当金を設定します。

① 乙社に対する売掛金にかかる貸倒引当金

（100,000円－40,000円）×50％＝30,000円

② その他の売上債権にかかる貸倒引当金

（250,000円＋425,000円－24,000円－26,000円－100,000円）×２％＝10,500円

（24,000円：2 仮受金、26,000円：2 貸倒れ、100,000円：乙社に対する売掛金）

③ 貸倒引当金繰入

（30,000円＋10,500円）－3,500円＝37,000円

（貸倒引当金繰入）	37,000	（貸 倒 引 当 金）	37,000

P/L 貸倒引当金繰入：37,000円

4 売上原価の算定

仕入勘定で売上原価を算定します。なお、実地棚卸数量のうち、10個については時価（正味売却価額）が原価よりも低いので、時価に評価替えします。

財務諸表を作成する問題では、売上原価を算定する決算整理仕訳は重要ではないので、時間短縮のため、決算整理仕訳は省略し、下記のボックス図のみで解きましょう。

P/L 期末商品棚卸高：@1,300円×200個＝260,000円

P/L 棚 卸 減 耗 損：@1,300円×（200個－195個）＝6,500円

P/L 商 品 評 価 損：（@1,300円－@1,290円）×10個＝100円

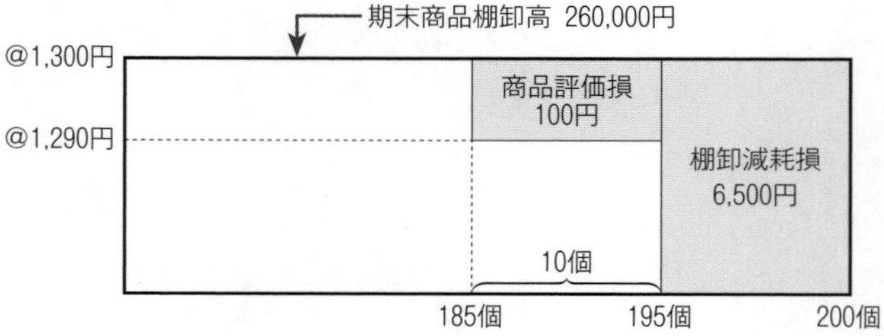

5 固定資産の減価償却

建物については定額法、備品については200％定率法によって減価償却をします。

備品の償却率：$\frac{1}{10年}$×200％＝0.2

なお、当期に取得した備品については×4年11月１日から×5年３月31日までの５か月分の減価償却費を計上します。

建物の減価償却費：600,000円×0.9÷30年＝18,000円

備品の減価償却費：

旧備品；(111,600円－11,600円－20,000円)×0.2＝16,000円
（11,600円：当期取得分）

新備品；(11,600円＋400円)×0.2×$\frac{5か月}{12か月}$　＝　1,000円
（400円：1 据付費用）

合　計；　17,000円

(減価償却費)	35,000	(建物減価償却累計額)	18,000
		(備品減価償却累計額)	17,000

P/L 減価償却費：35,000円

6 有価証券の評価替え

(1) 売買目的有価証券

売買目的有価証券を時価に評価替えします。

	時　価		帳簿価額		
A社株式	25,800円		25,500円		
B社株式	34,200円		36,100円		
合　計	60,000円	－	61,600円	＝	△1,600円（評価損）

(有価証券評価損)	1,600	(売買目的有価証券)	1,600

P/L 有価証券評価損：1,600円

(2) 満期保有目的債券

償却原価法（定額法）によって評価します。

満期日が×6年３月31日なので、額面金額（50,000円）と帳簿価額（49,000円）との差額を当期を含めてあと２年で償却します。

当期償却額：(50,000円－49,000円)÷２年＝500円

(満期保有目的債券)	500	(有 価 証 券 利 息)	500

P/L 有価証券利息：1,500円＋500円＝2,000円

7 退職給付引当金の設定

退職給付引当金8,000円を繰り入れます。

(退 職 給 付 費 用)	8,000	(退職給付引当金)	8,000

P/L 退職給付費用：8,000円

8 特許権の償却

特許権は前々期の期首に取得しているので、前々期末と前期末の２年分の償却を行っています。したがって、残高試算表の金額（24,000円）をあと６年で償却します。

P/L 特許権償却：24,000円÷６年＝4,000円

(特 許 権 償 却)	4,000	(特　　許　　権)	4,000

9 支払地代の未払計上

支払地代3,600円を未払計上します。

(支　払　地　代)	3,600	(未　払　地　代)	3,600

P/L 支払地代：18,000円＋3,600円＝21,600円

10 法人税、住民税及び事業税の計上

P/L 法人税、住民税及び事業税：188,000円×30％＝56,400円

(法人税、住民税及び事業税)	56,400	(未 払 法 人 税 等)	56,400

第3問対策－❷／8問　財務諸表の作成－Ⅱ

解答

貸　借　対　照　表

×6年3月31日　　　　（単位：円）

資　産　の　部		
Ⅰ　流　動　資　産		
現　金　預　金		（　588,300）
売　掛　金	（　900,000）	
契　約　資　産	（　80,000）	
貸倒引当金	（　29,400）	（　950,600）
商　品		（　147,400）
有　価　証　券		（　109,800）
前　払　費　用		（　2,400）
流動資産合計		（　1,798,500）
Ⅱ　固　定　資　産		
建　物	3,000,000	
減価償却累計額	（　900,000）	（　2,100,000）
備　品	600,000	
減価償却累計額	（　216,000）	（　384,000）
ソフトウェア		（　60,000）
投資有価証券		（　120,000）
固定資産合計		（　2,664,000）
資　産　合　計		（　4,462,500）
負　債　の　部		
Ⅰ　流　動　負　債		
買　掛　金		536,300
未　払　金		（　5,000）
未払法人税等		（　110,000）
流動負債合計		（　651,300）
Ⅱ　固　定　負　債		
長期借入金		320,000
繰延税金［負　債］		（　4,000）
固定負債合計		（　324,000）
負　債　合　計		（　975,300）
純　資　産　の　部		
Ⅰ　株　主　資　本		
資　本　金		3,000,000
繰越利益剰余金		（　481,200）
株主資本合計		（　3,481,200）
Ⅱ　評価・換算差額等		
その他有価証券評価差額金		（　6,000）
評価・換算差額等合計		（　6,000）
純　資　産　合　計		（　3,487,200）
負債・純資産合計		（　4,462,500）

解説

貸借対照表を作成する問題です。

決算整理仕訳を示すと次のとおりです。なお、B/S は貸借対照表（Balance Sheet）を表します。

1 当座預金の修正

(1)の未渡小切手は修正仕訳が必要です。なお、広告宣伝費の支払いのために振り出した小切手が未渡しなので、貸方科目は**未払金［負債］**で処理します。

(2)の未取付小切手は修正仕訳は不要です。

(3)の連絡未通知は修正仕訳が必要です。

(1)	（当座預金）	5,000	（未払金）	5,000
(2)	仕訳なし			
(3)	（支払利息）	3,200	（当座預金）	3,200

B/S 現金預金：586,500円＋5,000円－3,200円＝588,300円

B/S 未払金：5,000円

2 貸倒れの処理

前期に発生した売掛金が貸し倒れたときは、設定してある**貸倒引当金**を取り崩します。

（貸倒引当金）	8,000	（売掛金）	8,000

3 外貨建て売掛金の換算

外貨建ての資産および負債のうち貨幣項目（現金預金、売掛金、買掛金など）については、決算時の為替相場（ＣＲ）によって換算替えをします。

（売掛金）	1,200*	（為替差損益）	1,200

＊ ①外貨建て売掛金の帳簿残高：60,000円
②外貨建て売掛金：60,000円÷@100円＝600ドル
③ＣＲで換算した金額：600ドル×@102円＝61,200円
④為替差損益：61,200円－60,000円＝1,200円→売掛金の増加

B/S 売掛金：906,800円－8,000円＋1,200円＝900,000円
（8,000円：2 貸倒れ　1,200円：3 為替差損益）

4 貸倒引当金の設定

売掛金および契約資産の期末残高に対して貸倒引当金を設定します。

B/S 貸倒引当金：(900,000円＋80,000円)×３％＝29,400円
売掛金　契約資産

貸倒引当金繰入：29,400円－(8,900円－8,000円)＝28,500円

(貸倒引当金繰入)	28,500	(貸　倒　引　当　金)	28,500

5 売上原価の算定

貸借対照表のみを作成する場合は、原価または正味売却価額のうち、低いほうの価格に実地棚卸数量を掛けて、商品の金額を計算することができます。

B/S 商　品：@250円×130個＋@410円×210個＋@600円×48個＝147,400円
甲商品　乙商品　丙商品

【甲商品】

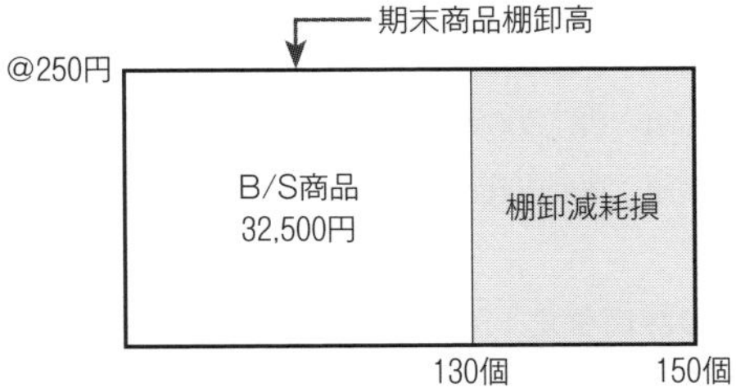

【乙商品】

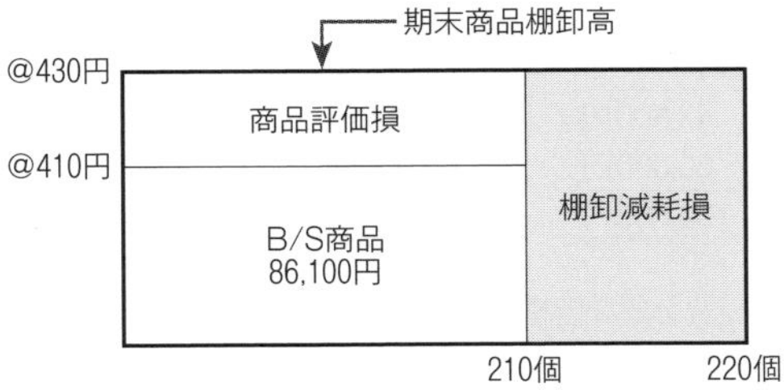

【丙商品】

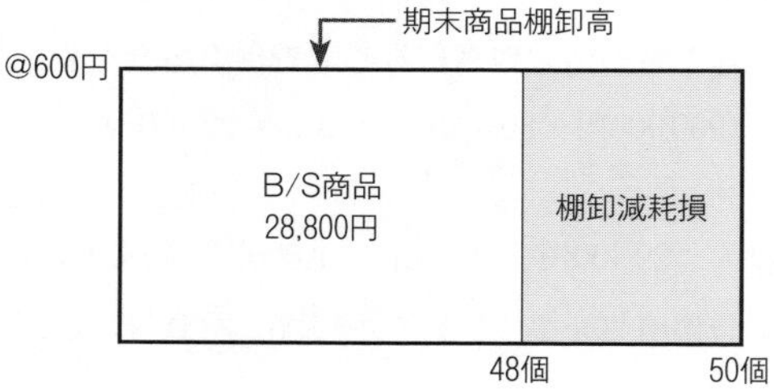

6 固定資産の減価償却

減価償却費については、固定資産の期首の残高を基礎として、４月から２月までの11か月間の金額（適正額）をすでに計上しているので、決算月（３月）についても同様の処理（１か月分の減価償却費を計上する処理）をします。

（減 価 償 却 費）	20,500	（建物減価償却累計額）	12,500
		（備品減価償却累計額）	8,000

B/S 建物減価償却累計額：887,,500円＋12,500円＝900,000円

B/S 備品減価償却累計額：208,000円＋8,000円＝216,000円

7 売買目的有価証券の評価替え

売買目的有価証券を時価に評価替えします。なお、貸借対照表のみを作成する場合は、時価合計で貸借対照表価額を計算することができます。

B/S 有価証券：43,800円＋66,000円＝109,800円

	時　価		帳簿価額		
A社株式	43,800円		39,600円		
B社株式	66,000円		68,000円		
合　　計	109,800円	－	107,600円	＝	2,200円（評価益）

（売買目的有価証券）	2,200	（有価証券評価益）	2,200

8 ソフトウェアの償却

ソフトウェアは前期の期首に購入し、前期末に1年分の償却を行っています。したがって、残高試算表の金額（80,000円）をあと4年で償却します。

当期償却額：80,000円÷4年＝20,000円

（ソフトウェア償却）	20,000	（ソフトウェア）	20,000

B/S ソフトウェア：80,000円－20,000円＝60,000円

9 その他有価証券の評価替え

その他有価証券を時価に評価替えします。また、評価差額金について、税効果会計を適用します。

評価差額：120,000円（時価）－110,000円（取得原価）＝10,000円（評価差益）

税効果の金額：10,000円×40％＝4,000円

評価差額の計上：	（その他有価証券）	10,000	（その他有価証券評価差額金）	10,000
税効果の仕訳：	（その他有価証券評価差額金）	4,000	（繰延税金負債）	4,000

純資産項目

B/S 投資有価証券：120,000円

B/S その他有価証券評価差額金：10,000円－4,000円＝6,000円

B/S 繰延税金負債：4,000円

10 前払保険料の処理

保険料について、×6年4月1日から7月31日までの4か月分を前払計上します。

（前払保険料）	2,400	（保険料）	2,400

B/S 前払費用：$7{,}200円 \times \frac{4か月}{12か月} = 2{,}400円$

11 法人税等の計上

（法人税、住民税及び事業税）	130,000	（仮払法人税等）	20,000
		（未払法人税等）	110,000

B/S 未払法人税等：110,000円

B/S 繰越利益剰余金：差額で計算します。

解答

損益計算書

自×7年1月1日　至×7年12月31日　（単位：円）

Ⅰ　売上高		(9,183,100)
Ⅱ　売上原価		
1．期首商品棚卸高	(854,000)	
2．当期商品仕入高	(6,797,000)	
合計	(7,651,000)	
3．期末商品棚卸高	(900,000)	
差引	(6,751,000)	
4．[商品評価損]	(4,000)	(6,755,000)
[売上総利益]		(2,428,100)
Ⅲ　販売費及び一般管理費		
1．給料	(672,000)	
2．保険料	(54,000)	
3．広告宣伝費	(172,000)	
4．貸倒引当金繰入	(20,000)	
5．[棚卸減耗損]	(30,000)	
6．減価償却費	(106,800)	(1,054,800)
[営業利益]		(1,373,300)
Ⅳ　営業外収益		
1．受取配当金	(80,700)	
2．有価証券利息	(26,400)	
3．[為替差益]	(1,000)	(108,100)
Ⅴ　営業外費用		
1．支払利息	(17,000)	
2．[雑損]	(15,000)	
3．貸倒引当金繰入	(2,000)	
4．有価証券[評価損]	(60,000)	(94,000)
[経常利益]		(1,387,400)
Ⅵ　特別損失		
1．固定資産除却損		(62,400)
税引前当期純利益		(1,325,000)
法人税、住民税及び事業税	(398,100)	
法人税等調整額	(△ 600)	(397,500)
[当期純利益]		(927,500)

解説

損益計算書を作成する問題です。

決算整理仕訳を示すと次のとおりです。なお、P/L は損益計算書（Profit & Loss Statement）を表します。

1 現金過不足の処理

現金の実際有高が帳簿残高より15,000円不足しているので、**現金［資産］**を15,000円減少させます。なお、その原因が不明なので、**雑損［費用］**で処理します。

（雑　　損）	15,000	（現　　金）	15,000

P/L 雑　損：15,000円

2 売掛金の回収

（当 座 預 金）	30,000	（売　掛　金）	30,000

3 備品の除却

処分価額40,000円は**貯蔵品［資産］**で処理します。

備品減価償却累計額：

1年目の減価償却費；200,000円×0.2* ＝40,000円

2年目の減価償却費；（200,000円－40,000円）×0.2* ＝32,000円

合　　計　；　72,000円

＊　備品の償却率：$\frac{1}{10年}$×200%＝0.2

減価償却費：（200,000円－72,000円）×0.2＝25,600円

（貯　蔵　品）	40,000	（備　　品）	200,000
（備品減価償却累計額）	72,000		
（減 価 償 却 費）	25,600		
（固定資産除却損）	62,400		

P/L 固定資産除却損：62,400円

4 外貨建て買掛金の換算

外貨建ての資産および負債のうち貨幣項目（現金預金、売掛金、買掛金など）については、決算時の為替相場（ＣＲ）によって換算替えをします。

（買　　掛　　金）	1,000*	（為 替 差 損 益）	1,000

＊　①買掛金の帳簿残高：52,500円
　　②外貨建て買掛金：52,500円÷@105円＝500ドル
　　③ＣＲで換算した金額：500ドル×@103円＝51,500円
　　④為替差損益：51,500円－52,500円＝△1,000円 → 買掛金の減少

P/L 為替差益：1,000円

5 貸倒引当金の設定

債権の期末残高に対して貸倒引当金を設定します。なお、売上債権（受取手形と売掛金）にかかる**貸倒引当金繰入［費用］**は損益計算書上、**販売費及び一般管理費**に表示しますが、貸付金にかかる**貸倒引当金繰入［費用］**は損益計算書上、**営業外費用**に表示します。

(1) 売上債権にかかる貸倒引当金繰入 販売費及び一般管理費

P/L 貸倒引当金繰入：(550,000円＋480,000円－30,000円)×３％－10,000円
＝20,000円

2 回収分

（貸倒引当金繰入）	20,000	（貸 倒 引 当 金）	20,000

(2) 貸付金にかかる貸倒引当金繰入 営業外費用

P/L 貸倒引当金繰入：200,000円×３％－4,000円＝2,000円

（貸倒引当金繰入）	2,000	（貸 倒 引 当 金）	2,000

6 売上原価の算定

商品評価損は売上原価の内訳科目、棚卸減耗損は販売費及び一般管理費に表示します。

P/L 期末商品棚卸高：900,000円

P/L 棚 卸 減 耗 損：30,000円

P/L 商 品 評 価 損：4,000円

7 売買目的有価証券の評価替え

売買目的有価証券を時価に評価替えします。

P/L 有価証券評価損：(@2,050円－@2,200円)×400株＝△60,000円

(有価証券評価損)	60,000	(売買目的有価証券)	60,000

8 固定資産の減価償却

建物については定額法、備品については200％定率法によって減価償却をします。

備品の償却率：$\frac{1}{10年}$×200％＝0.2

建物の減価償却費：900,000円÷30年＝30,000円

備品の減価償却費：{600,000円－200,000円－(216,000円－72,000円)}×0.2

200,000円：3 除却分　72,000円：3 除却分

＝51,200円

(減価償却費)	81,200	(建物減価償却累計額)	30,000
		(備品減価償却累計額)	51,200

P/L 減価償却費：25,600円＋81,200円＝106,800円

25,600円：3 除却分

9 満期保有目的債券の評価

償却原価法（定額法）によって評価します。取得日から満期日まで４年なので、金利調整差額を４年間で償却します。

取得価額：800,000円×$\frac{96.4円}{100円}$＝771,200円

当期償却額：(800,000円－771,200円)÷４年＝7,200円

(満期保有目的債券)	7,200	(有価証券利息)	7,200

10 保険料の前払計上

「保険料については毎年同額を６月１日に支払っている」ということは、前期（×6年）の６月１日にも１年分を支払っています。したがって、前期の決算において、×7年１月１日から×7年５月31日までの５か月分を前払処理しており、さらに当期首において再振替仕訳がされています。そして、当期（×7年）の６月１日にも１年分を支払っているため、残高試算表の76,500円は前期に前払処理された５か月分と、当期に支払った１年分の合計17か月分ということになります。

このうち、×8年1月1日から×8年5月31日までの5か月分は次期分なので、次期の費用として前払処理します。

① 前期末の仕訳（保険料の前払計上）

（前払保険料）	5か月分	（保険料）	5か月分

② 当期首の仕訳（再振替仕訳）

（保険料）	5か月分	（前払保険料）	5か月分

試算表の金額

③ 期中の仕訳（保険料の支払い）

（保険料）	12か月分	（現金など）	12か月分

④ 当期末の仕訳（保険料の前払計上）

（前払保険料）	5か月分	（保険料）	5か月分

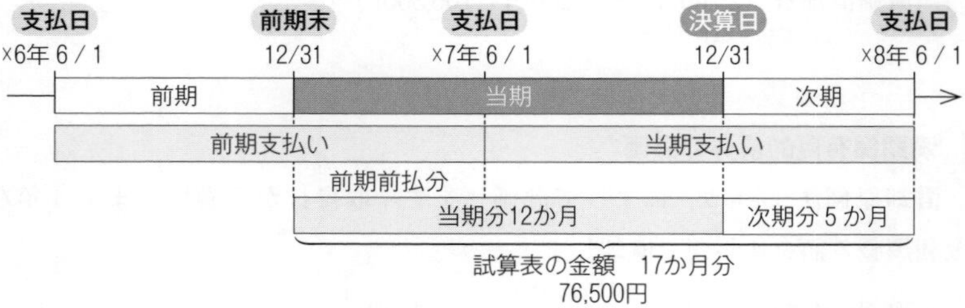

前払保険料：$76{,}500\text{円} \times \frac{5\text{か月}}{17\text{か月}} = 22{,}500\text{円}$

（前払保険料）	22,500	（保険料）	22,500

P/L 保険料：76,500円－22,500円＝54,000円

11 有価証券利息の未収計上

9．の資料にもとづいて、×7年12月1日から×7年12月31日までの1か月分の有価証券利息を未収計上します。

未収有価証券利息：800,000円×2.4％×$\frac{1\text{か月}}{12\text{か月}}$＝1,600円

（未収有価証券利息）	1,600	（有 価 証 券 利 息）	1,600

P/L 有価証券利息：17,600円＋7,200円＋1,600円＝26,400円

（7,200円：9 帳簿価額の調整分）

12 支払利息の未払計上

×7年8月1日から×7年12月31日までの5か月分の支払利息を未払計上します。

未払利息：400,000円×3％×$\frac{5\text{か月}}{12\text{か月}}$＝5,000円

（支　払　利　息）	5,000	（未　払　利　息）	5,000

P/L 支払利息：12,000円＋5,000円＝17,000円

13 法人税、住民税及び事業税の計上

法人税等の課税見込額398,100円を法人税、住民税及び事業税として計上します。なお、残高試算表の**仮払法人税等［資産］**が150,000円あるので、これを控除した残額を**未払法人税等［負債］**で処理します。

P/L 法人税、住民税及び事業税：398,100円

（法人税、住民税及び事業税）	398,100	（仮 払 法 人 税 等）	150,000
		（未 払 法 人 税 等）	248,100

14 税効果会計

貸倒引当金の損金算入限度超過額について、税効果会計を適用します。

税効果の金額：（10,000円－8,000円）×30％＝600円

会計上の仕訳：	（貸倒引当金繰入）	××	（貸　倒　引　当　金）	××
税効果の仕訳：	（繰 延 税 金 資 産）	600	（法人税等調整額）	600

（貸倒引当金繰入 → 法人税等調整額：損益項目）

P/L 法人税等調整額：△600円

解答

貸借対照表

×7年3月31日　　　　（単位：円）

資産の部			負債の部		
Ⅰ 流動資産			Ⅰ 流動負債		
1 現金預金		(115,250)	1 支払手形		60,000
2 受取手形	40,000		2 買掛金		60,340
3 売掛金	(70,000)		3 短期借入金		(30,000)
計	(110,000)		4 未払法人税等		(33,600)
貸倒引当金	(2,200)	(107,800)	5 [未払金]		(800)
4 売買目的有価証券		(40,800)	6 未払費用		(70)
5 商品		(34,200)	7 リース債務		(10,000)
6 貯蔵品		(100)	流動負債合計		(194,810)
7 未収収益		(300)	Ⅱ 固定負債		
8 前払費用		(2,400)	1 [長期借入金]		(20,000)
流動資産合計		(300,850)	2 退職給付引当金		(24,190)
Ⅱ 固定資産			3 リース債務		(30,000)
1 有形固定資産			4 繰延税金負債		(400)
(1) 建物	(90,000)		固定負債合計		(74,590)
減価償却累計額	(35,350)	(54,650)	負債合計		(269,400)
(2) 備品	40,000		純資産の部		
減価償却累計額	(17,500)	(22,500)	Ⅰ 株主資本		
(3) 車両運搬具	(50,000)		1 資本金		100,000
減価償却累計額	(10,000)	(40,000)	2 資本剰余金		
有形固定資産合計		(117,150)	(1) 資本準備金		(10,000)
2 無形固定資産			3 利益剰余金		
(1) [ソフトウェア]		(8,000)	(1) 利益準備金	(9,000)	
無形固定資産合計		(8,000)	(2) 繰越利益剰余金	(73,200)	(82,200)
3 投資その他の資産			株主資本合計		(192,200)
(1) 投資有価証券		(33,000)	Ⅱ 評価・換算差額等		
(2) 長期前払費用		(3,200)	1 [その他有価証券評価差額金]		(600)
投資その他の資産合計		(36,200)	評価・換算差額等合計		(600)
固定資産合計		(161,350)	純資産合計		(192,800)
資産合計		(462,200)	負債及び純資産合計		(462,200)

解説

貸借対照表を作成する問題です。

決算整理仕訳を示すと次のとおりです。なお、B/S は貸借対照表（Balance Sheet）

を表します。

1 当座預金の修正

(1)の未取付小切手は修正仕訳は不要です。

(2)の未記帳および(3)の未渡小切手はいずれも修正仕訳が必要です。

(1)	仕訳なし			
(2)	(当 座 預 金)	5,000	(売 掛 金)	5,000
(3)	(当 座 預 金)	800	(未 払 金)	800

B/S 現金預金：109,450円＋5,000円＋800円＝115,250円

B/S 売 掛 金：75,000円－5,000円＝70,000円

B/S 未 払 金：800円

2 建設仮勘定の処理

工事が完成し、引き渡しを受けたので、**建設仮勘定**［資産］から**建物**［資産］に振り替えます。

(建 物)	30,000	(建 設 仮 勘 定)	30,000

B/S 建 物：60,000円＋30,000円＝90,000円

3 貸倒引当金の設定

受取手形および売掛金の期末残高に対して貸倒引当金を設定します。

B/S 貸 倒 引 当 金：(40,000円＋75,000円－5,000円)×２％＝2,200円

1 回収分

貸倒引当金繰入：2,200円－1,000円＝1,200円

(貸倒引当金繰入)	1,200	(貸 倒 引 当 金)	1,200

4 売上原価の算定

貸借対照表のみを作成する場合は、原価または時価のうち、低いほうの価格に実地棚卸数量を掛けて、商品の金額を計算することができます。

B/S 商 品：@180円×190個＝34,200円

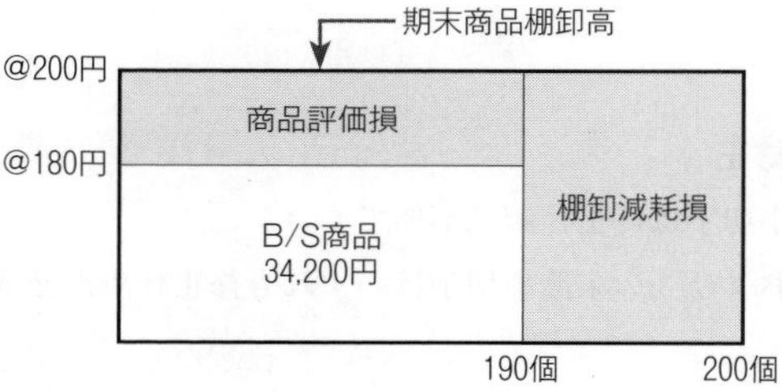

5 売買目的有価証券の評価替え

売買目的有価証券を時価に評価替えします。なお、貸借対照表のみを作成する場合は、時価を貸借対照表に記入します。

B/S 売買目的有価証券：40,800円

有価証券評価益：40,800円－36,000円＝4,800円

(売買目的有価証券)	4,800	(有価証券評価益)	4,800

6 固定資産の減価償却

建物については定額法、備品については定率法によって減価償却をします。なお、当期に取得した建物については、×7年２月１日から×7年３月31日までの２か月分の減価償却費を計上します。また、車両運搬具はリース資産なので、残存価額をゼロ、耐用年数をリース期間として減価償却をします。

建物の減価償却費：

旧建物；60,000円×0.9÷20年　＝2,700円

新建物；30,000円÷20年×$\frac{2か月}{12か月}$＝　250円

合　計；　2,950円

備品の減価償却費：(40,000円－10,000円)×0.25＊＝7,500円

＊ $\frac{1}{8年}$×200%＝0.25

車両運搬具（リース資産）の減価償却費：50,000円÷５年＝10,000円

(減価償却費)	20,450	(建物減価償却累計額)	2,950
		(備品減価償却累計額)	7,500
		(車両運搬具減価償却累計額)	10,000

B/S (建物)減価償却累計額：32,400円＋2,950円＝35,350円

B/S (備品)減価償却累計額：10,000円＋7,500円＝17,500円

B/S (車両運搬具)減価償却累計額：10,000円

7 ソフトウェアの償却

ソフトウェアの帳簿価額を５年で償却します。

当期償却額：10,000円÷５年＝2,000円

(ソフトウェア償却)	2,000	(ソフトウェア)	2,000

B/S ソフトウェア：10,000円－2,000円＝8,000円

8 その他有価証券の評価替え

その他有価証券を時価に評価替えします。また、評価差額金について、税効果会計を適用します。

評価差額：33,000円（時価）－32,000円（取得原価）＝1,000円（評価差益）

税効果の金額：1,000円×40％＝400円

評価差額の計上：	(その他有価証券)	1,000	(その他有価証券評価差額金)	1,000
税効果の仕訳：	(その他有価証券評価差額金)	400	(繰延税金負債)	400

純資産項目

B/S 投資有価証券：33,000円

B/S 繰延税金負債：400円

B/S その他有価証券評価差額金：1,000円－400円＝600円

9 退職給付引当金の設定

退職給付引当金2,190円を繰り入れます。

(退職給付費用)	2,190	(退職給付引当金)	2,190

B/S 退職給付引当金：22,000円＋2,190円＝24,190円

10 通信費の振り替え

通信費として計上した郵便切手代のうち、未使用分100円を**貯蔵品［資産］**に振り替えます。

B/S 貯 蔵 品：100円

（貯　　蔵　　品）	100	（通　　信　　費）	100

11 受取地代の未収計上

受取地代300円を未収計上します。なお、「未収地代」は貸借対照表上、「未収収益」として表示します。

（未　収　収　益）	300	（受　取　地　代）	300

B/S 未収収益：300円

12 保険料の前払計上

保険料は当期の８月１日に３年分を前払いしたものなので、×7年４月１日から×9年７月31日までの28か月分を前払処理します。

なお、×7年４月１日（翌期首）から×9年７月31日（保険期限）までの28か月分のうち、決算日の翌日（×7年４月１日）から１年を超えない部分（×7年４月１日から×8年３月31日までの12か月分）については、「前払費用」として流動資産に表示し、決算日の翌日（×7年４月１日）から１年を超える部分（×8年４月１日から×9年７月31日までの16か月分）については、「長期前払費用」として固定資産に表示します。

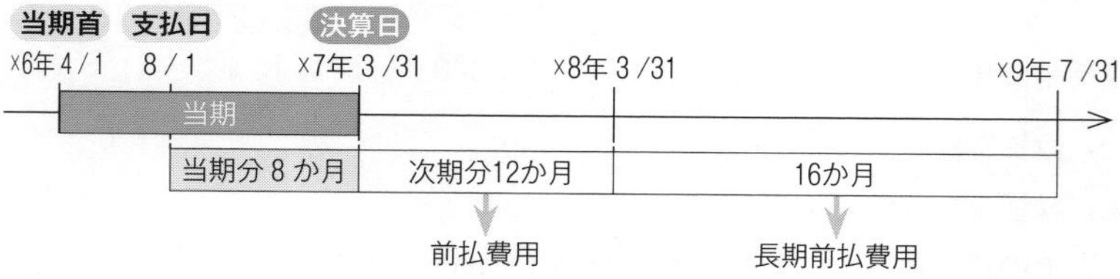

B/S 前 払 費 用：$7{,}200\text{円}\times\dfrac{12\text{か月}}{3\text{年}\times12\text{か月}}=2{,}400\text{円}$

B/S 長期前払費用：$7{,}200\text{円}\times\dfrac{16\text{か月}}{3\text{年}\times12\text{か月}}=3{,}200\text{円}$

（前　払　費　用）	2,400	（保　　険　　料）	5,600
（長期前払費用）	3,200		

13 借入金の表示と支払利息の未払計上

(1) 借入金の表示

借入金のうち、30,000円は返済期日（×8年２月28日）が、決算日の翌日（×7年４月１日）から１年以内であるため、「短期借入金」として流動負債に表示します。また、20,000円は返済期日（×10年２月28日）が、決算日の翌日（×7年４月１日）から１年を超えるため、「長期借入金」として固定負債に表示します。

B/S 短期借入金：30,000円

B/S 長期借入金：20,000円

(2) 支払利息の未払計上

借入日（×7年３月１日）から決算日（×7年３月31日）までの１か月分の利息を未払計上します。なお、「未払利息」は貸借対照表上、「未払費用」として表示します。

B/S 未払費用：$30{,}000円 \times 1.2\% \times \frac{1か月}{12か月} + 20{,}000円 \times 2.4\% \times \frac{1か月}{12か月} = 70円$

（支払利息）	70	（未払費用）	70

14 リース債務の表示

リース債務のうち、10,000円は支払日（×8年３月31日）が決算日の翌日（×7年４月１日）から１年以内であるため、流動負債に表示します。残りの30,000円（40,000円－10,000円）は支払日が決算日の翌日（×7年４月１日）から１年超であるため、固定負債に表示します。

B/S リース債務（流動負債）：10,000円

B/S リース債務（固定負債）：30,000円

15 法人税等の計上

法人税等：109,000円×40％＝43,600円

（法人税、住民税及び事業税）	43,600	（仮払法人税等）	10,000
		（未払法人税等）	33,600

B/S 未払法人税等：33,600円

B/S 繰越利益剰余金：7,800円＋109,000円×60％＝73,200円

財務諸表の作成－V

解答

損 益 計 算 書

自×7年4月1日　至×8年3月31日　　（単位：千円）

Ⅰ 役　務　収　益		(2,980,200)
Ⅱ 役　務　原　価		
報　　　酬	(2,168,660)	
そ　の　他	(33,340)	(2,202,000)
売 上 総 利 益		(778,200)
Ⅲ 販売費及び一般管理費		
1．給　　　料	(240,000)	
2．旅 費 交 通 費	(2,000)	
3．水 道 光 熱 費	(2,600)	
4．通　信　費	(10,600)	
5．支 払 家 賃	(141,000)	
6．賞与引当金繰入	(104,000)	
7．貸 倒 損 失	(1,000)	
8．貸倒引当金繰入	(5,000)	
9．減 価 償 却 費	(20,000)	
10．ソフトウェア償却	(8,800)	
11．退 職 給 付 費 用	(5,000)	(540,000)
営 業 利 益		(238,200)
Ⅳ 営 業 外 収 益		
1．受 取 利 息		(800)
Ⅴ 営 業 外 費 用		
1．支 払 利 息		(2,000)
経 常 利 益		(237,000)
Ⅵ 特 別 利 益		
1．その他有価証券売却益		(6,000)
Ⅶ 特 別 損 失		
1．ソフトウェア除却損		(24,000)
税引前当期純利益		(219,000)
法人税、住民税及び事業税		(87,600)
当 期 純 利 益		(131,400)

解説

サービス業における財務諸表を作成する問題です。

Ⅰ ［事業の内容］の整理

［事業の内容］を整理すると、次のとおりです。

	①について	②について
内容	1時間あたりの請求額が契約上定められており勤務報告書に記入された時間にもとづき請求・計上	一定の作業が完了後に一括して契約額総額を請求・計上
給与の処理	勤務報告書で報告された時間に1時間あたりの給与額を乗じたもので支払われ、役務原価（報酬）に計上 給与支払額＝時給×時間 → 役務原価（報酬）に計上	
役務収益の計上	1時間あたりの給与額は顧客への請求額の75％で設定されている 計算式にすると… 給与支払額＝役務収益×75％ ということは… 役務収益＝給与支払額÷75％ ということ！	給与額に関係なく、別々に決められる

Ⅱ 決算整理仕訳

決算整理仕訳を示すと次のとおりです。

1 売掛金の貸倒れ

前期発生の売掛金400千円については、設定している**貸倒引当金**を取り崩します。また、当期発生の売掛金1,000千円については、**貸倒損失［費用］**で処理します。

（貸倒引当金）	400	（売掛金）	1,400
（貸倒損失）	1,000		

P/L 貸倒損失：1,000千円

2 役務原価への振り替え

問題文の指示より、残高試算表の仕掛品1,100千円を**役務原価（報酬）［費用］**に振り替えます。

（役務原価（報酬））	1,100	（仕　　掛　　品）	1,100

また、「４月以降に請求（売上計上）されるものに対する３月給与の支払額で役務原価に計上されたものが1,300千円ある」とありますが、これは「役務原価（当期の費用）として1,300千円を計上してしまっているが、これは次期の売上（４月以降の売上）に対応するものである」ということをいっています。そのため、1,300千円を**役務原価（報酬）［費用］**から**仕掛品［資産］**に振り替えます。

（仕　　掛　　品）	1,300	（役務原価（報酬））	1,300

3 役務収益と役務費用の追加計上

⑴ 役務費用の追加計上

勤務報告書の提出漏れについて、**役務原価（報酬）［費用］**を計上します。なお、実際はまだ給与を支払っていないため、相手科目は**未払金［負債］**で処理します。

役務原価（報酬）：@750円×80時間＝60千円

（役務原価（報酬））	60	（未　　払　　金）	60

P/L 役務原価（報酬）：2,168,800千円＋1,100千円－1,300千円＋60千円

（1,100千円：2 役務原価への振り替え　1,300千円：2 仕掛品への振り替え）

＝2,168,660千円

⑵ 役務収益の追加計上

［事業の内容］の①の形態は、「１時間あたりの給与額は顧客への請求額の75％で設定されている」ため、「給与額÷75％」の金額を**役務収益［収益］**に計上します。なお、売上に対する未収額なので、相手科目は**売掛金［資産］**で処理します。

役務収益：60千円÷0.75＝80千円

（売　　掛　　金）	80	（役　務　収　益）	80

P/L 役務収益：2,980,120千円＋80千円＝2,980,200千円

4 貸倒引当金の設定

売掛金の期末残高に対して貸倒引当金を設定します。

売掛金の期末残高：593,320千円－1,400千円＋80千円＝592,000千円

1 貸倒れ　3 役務収益の追加計上

貸倒引当金の期末残高：1,320千円－400千円＝920千円

1 貸倒れ

P/L 貸倒引当金繰入：592,000千円×１％－920千円＝5,000千円

（貸倒引当金繰入）	5,000	（貸　倒　引　当　金）	5,000

5 再振替仕訳、費用の前払計上・未払計上

(1) 再振替仕訳

決算整理前残高試算表の前払費用と未払費用は前期末の決算整理で計上されたものであり、当期の期首に再振替仕訳が行われていないため、これらについて再振替仕訳をします。

（支　払　家　賃）	10,400	（前　払　費　用）	10,400
（未　払　費　用）	320	（水　道　光　熱　費）	320

(2) 費用の前払計上・未払計上

支払家賃について13,600千円を次期の費用として前払処理します。また、水道光熱費について360千円を当期の費用として未払計上します。

（前　払　費　用）	13,600	（支　払　家　賃）	13,600
（水　道　光　熱　費）	360	（未　払　費　用）	360

P/L 支払家賃：144,200千円＋10,400千円－13,600千円＝141,000千円

P/L 水道光熱費：2,560千円－320千円＋360千円＝2,600千円

6 固定資産の減価償却

備品について定額法によって減価償却をします。

P/L 減価償却費：160,000千円÷８年＝20,000千円

（減　価　償　却　費）	20,000	（備品減価償却累計額）	20,000

7 ソフトウェアの償却、除却

(1) ソフトウェアの償却

期首残高のソフトウェアについて、期首時点で取得後６年経過しているため、期首残高28,800千円をあと４年（10年－６年）で償却します。また、新経理システムの稼働（12月１日に取得）にともなって、期首残高のソフトウェアを除却しているため、期首残高のソフトウェアについて、当期分の償却費は８か月分（×7年４月１日から×7年11月30日まで）の月割償却で計算します。

一方、新経理システムのソフトウェアについては、×7年12月１日から×8年３月31日までの４か月分の償却費を計上します。

① 期首残高のソフトウェアの償却費

$$28{,}800\text{千円} \div 4\text{年} \times \frac{8\text{か月}}{12\text{か月}} = 4{,}800\text{千円}$$

② 新経理システムのソフトウェアの償却費

$$120{,}000\text{千円} \div 10\text{年} \times \frac{4\text{か月}}{12\text{か月}} = 4{,}000\text{千円}$$

P/L ソフトウェア償却：4,800千円＋4,000千円＝8,800千円

（ソフトウェア償却）	8,800	（ソフトウェア）	8,800

(2) ソフトウェアの除却

期首残高のソフトウェアについて、除却の処理をします（帳簿価額を**ソフトウェア除却損［費用］**に振り替えます）。

P/L ソフトウェア除却損：28,800千円－4,800千円＝24,000千円（帳簿価額）

（4,800千円：(1)当期の償却額）

（ソフトウェア除却損）	24,000	（ソフトウェア）	24,000

8 引当金の計上

(1) 退職給付引当金の計上

退職給付引当金を計上します。

P/L 退職給付費用：5,000千円

（退職給付費用）	5,000	（退職給付引当金）	5,000

(2)　賞与引当金の計上

当期の支給見込額が104,000千円であるため、残高試算表の賞与引当金（93,500千円：２月までの計上分）との差額10,500千円（104,000千円－93,500千円）を賞与引当金として追加計上します。

P/L　賞与引当金繰入：104,000千円

（賞与引当金繰入）	10,500	（賞　与　引　当　金）	10,500

9　法人税等の計上

損益計算書の税引前当期純利益に40％を掛けて、当期の法人税、住民税及び事業税を計算します。

P/L　法人税、住民税及び事業税：219,000千円×40％＝87,600千円

なお、残高試算表に「法人税、住民税及び事業税40,000千円」とあるので、決算において、その差額だけ追加計上する仕訳をします。

追加計上額：87,600千円－40,000千円＝47,600千円

（法人税、住民税及び事業税）	47,600	（未払法人税等）	47,600

第3問対策－❻／8問　本支店合併財務諸表の作成－Ⅰ

解答

損益計算書

×6年4月1日～×7年3月31日　(単位：円)

費用	金額	収益	金額
期首商品棚卸高	(615,000)	売上高	(4,085,400)
当期商品仕入高	(3,498,400)	期末商品棚卸高	(481,200)
給料	(107,000)	受取手数料	(59,000)
広告宣伝費	(141,300)		
減価償却費	(37,000)		
貸倒引当金繰入	(21,120)		
支払利息	(5,400)		
当期純利益	(200,380)		
	(4,625,600)		(4,625,600)

貸借対照表

×7年3月31日　(単位：円)

資産	金額		負債・純資産	金額
現金預金		(522,200)	支払手形	(260,000)
受取手形	(284,000)		買掛金	(255,700)
売掛金	(484,000)		借入金	(200,000)
貸倒引当金	(30,720)	(737,280)	未払金	(22,000)
商品		(481,200)	未払広告宣伝費	(23,200)
未収手数料		(10,600)	資本金	(1,000,000)
建物	(400,000)		繰越利益剰余金	(300,380)
減価償却累計額	(195,000)	(205,000)		
備品	(170,000)			
減価償却累計額	(65,000)	(105,000)		
		(2,061,280)		(2,061,280)

解説

本支店合併財務諸表を作成する問題です。

Ⅰ　決算整理仕訳

決算整理仕訳を示すと次のとおりです。

1　売上原価の算定

本支店合併財務諸表の作成にあたっては、売上原価を算定する決算整理仕訳をしなくても解答を導くことができます。

(1)　売上高と当期商品仕入高

P/L 売上高：2,558,400円 + 1,527,000円 = 4,085,400円
（2,558,400円：本店　1,527,000円：支店）

P/L 当期商品仕入高：2,256,000円 + 1,242,400円 = 3,498,400円
（2,256,000円：本店　1,242,400円：支店）

(2)　期首商品棚卸高

P/L 期首商品棚卸高：395,000円 + 220,000円 = 615,000円
（395,000円：本店　220,000円：支店）

(3)　期末商品棚卸高

P/L 期末商品棚卸高＆ B/S 商品：

242,000円 + 239,200円 = 481,200円
（242,000円：本店　239,200円：支店）

2　貸倒引当金の設定

受取手形および売掛金の期末残高に対して貸倒引当金を設定します。

本店：	（貸倒引当金繰入）	17,600*1	（貸　倒　引　当　金）	17,600
支店：	（貸倒引当金繰入）	3,520*2	（貸　倒　引　当　金）	3,520

＊1　(260,000円＋360,000円)× 4 %－7,200円＝17,600円
＊2　(24,000円＋124,000円)× 4 %－2,400円＝3,520円

B/S 貸　倒　引　当　金：7,200円 + 17,600円 + 2,400円 + 3,520円 = 30,720円
（7,200円 + 17,600円：本店　2,400円 + 3,520円：支店）

P/L 貸倒引当金繰入：17,600円+3,520円 = 21,120円

3 固定資産の減価償却

建物および備品について、定額法により減価償却を行います。

本店：	（減 価 償 却 費）	29,000	（建物減価償却累計額）	15,000[*1]
			（備品減価償却累計額）	14,000[*2]
支店：	（減 価 償 却 費）	8,000	（建物減価償却累計額）	5,000[*3]
			（備品減価償却累計額）	3,000[*4]

＊1　300,000円÷20年＝15,000円
＊2　140,000円÷10年＝14,000円
＊3　100,000円÷20年＝5,000円
＊4　30,000円÷10年＝3,000円

P/L　減価償却費：29,000円＋8,000円＝37,000円

B/S　（建物）減価償却累計額：150,000円＋15,000円（本店）＋25,000円＋5,000円（支店）＝195,000円

B/S　（備品）減価償却累計額：42,000円＋14,000円（本店）＋6,000円＋3,000円（支店）＝65,000円

4 広告宣伝費の未払計上

広告宣伝費を未払計上します。

本店：	（広 告 宣 伝 費）	18,000	（未払広告宣伝費）	18,000
支店：	（広 告 宣 伝 費）	5,200	（未払広告宣伝費）	5,200

B/S　未払広告宣伝費：18,000円＋5,200円＝23,200円

P/L　広告宣伝費：61,100円＋18,000円（本店）＋57,000円＋5,200円（支店）＝141,300円

5 受取手数料の未収計上

受取手数料を未収計上します。

本店：	（未 収 手 数 料）	9,000	（受 取 手 数 料）	9,000
支店：	（未 収 手 数 料）	1,600	（受 取 手 数 料）	1,600

B/S　未収手数料：9,000円＋1,600円＝10,600円

P/L　受取手数料：34,000円＋9,000円（本店）＋14,400円＋1,600円（支店）＝59,000円

Ⅱ　本支店合併貸借対照表の繰越利益剰余金

残高試算表の繰越利益剰余金と、損益計算書で算定した当期純利益を合計して貸借対照表の繰越利益剰余金を計算します。

B/S 繰越利益剰余金：100,000円＋200,380円＝300,380円

（100,000円：試算表繰越利益剰余金、200,380円：当期純利益）

本支店合併財務諸表の作成－Ⅱ

解答

問１　本店の支店勘定：（ ¥　　243,700 ）

問２

損　　　益

日付		摘要	金額	日付		摘要	金額
3	31	売上原価	1,372,600	3	31	売上	3,243,000
3	31	棚卸減耗損	4,200	3	31	支店	317,400
3	31	商品評価損	4,800				
3	31	給料	460,000				
3	31	支払家賃	408,000				
3	31	通信費	110,000				
3	31	旅費交通費	102,000				
3	31	貸倒引当金繰入	11,200				
3	31	減価償却費	107,000				
3	31	支払利息	9,000				
3	31	（繰越利益剰余金）	971,600				
			3,560,400				3,560,400

解説

本店の損益勘定を完成させる問題です。

支店の当期純損益を本店の損益勘定に振り替えるので、下書き用紙に支店の損益勘定を書いて、支店の当期純損益を計算します。

I　未処理事項の整理

未処理事項を整理したあとの支店勘定と本店勘定は貸借逆で金額が一致します。

1 売掛金の回収（本店で未処理）

本店：	（支　　　店）	50,000	（売　掛　金）	50,000

2 通信費の計上（支店で未処理）

支店：	（通　信　費）	3,000	（本　　　店）	3,000

3 商品の仕入（支店で未処理）

支店：	（仕　　　入）	80,000	（本　　　店）	80,000

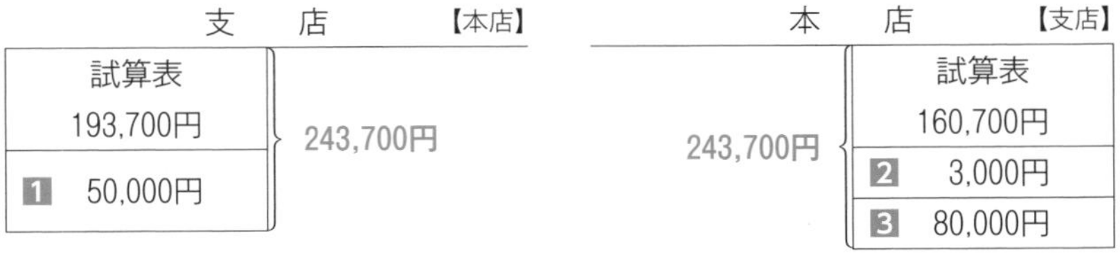

Ⅱ　決算整理仕訳

決算整理仕訳は次のとおりです。

1　売上原価の算定

売上原価勘定で売上原価を算定します。なお、棚卸減耗損と商品評価損は問題文の指示にしたがい、売上原価勘定に振り替えず、独立の費用科目として処理します。

本店：

(売　上　原　価)	63,600	(繰　越　商　品)	63,600
(売　上　原　価)	1,414,000	(仕　　　　入)	1,414,000
(繰　越　商　品)	105,000*1	(売　上　原　価)	105,000
(棚 卸 減 耗 損)	4,200*2	(繰　越　商　品)	4,200
(商 品 評 価 損)	4,800*3	(繰　越　商　品)	4,800

＊1　@210円×500個＝105,000円
＊2　@210円×(500個－480個)＝4,200円
＊3　(@210円－@200円)×480個＝4,800円

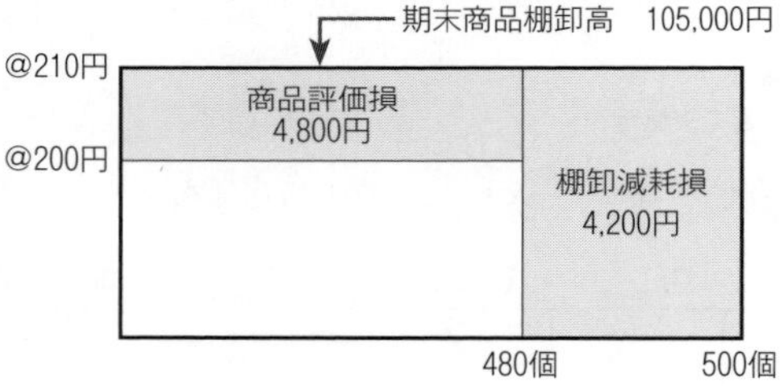

損益勘定【本店】 売上原価：63,600円＋1,414,000円－105,000円＝1,372,600円

損益勘定【本店】 棚卸減耗損：4,200円

損益勘定【本店】 商品評価損：4,800円

支店：

(売　上　原　価)	62,400	(繰　越　商　品)	62,400
(売　上　原　価)	878,800	(仕　　　　入)	878,800*1
(繰　越　商　品)	83,250*2	(売　上　原　価)	83,250
(棚 卸 減 耗 損)	5,550*3	(繰　越　商　品)	5,550
(商 品 評 価 損)	2,100*4	(繰　越　商　品)	2,100

＊1　798,800円＋80,000円＝878,800円
　　　　　　　Ⅰ3未処理
＊2　@185円×450個＝83,250円
＊3　@185円×(450個－420個)＝5,550円
＊4　(@185円－@180円)×420個＝2,100円

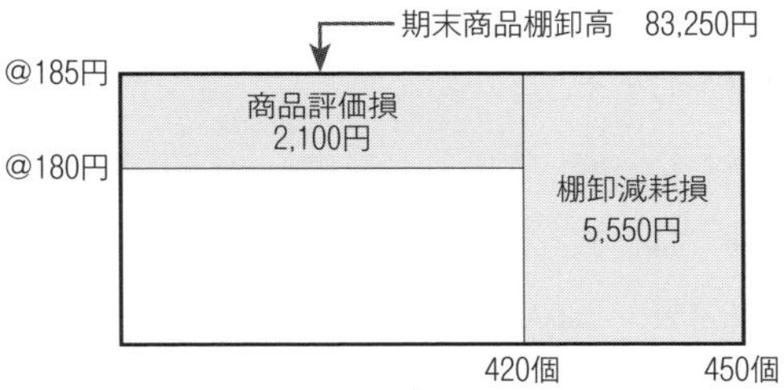

損益勘定【支店】 売上原価：62,400円＋878,800円－83,250円＝857,950円

損益勘定【支店】 棚卸減耗損：5,550円

損益勘定【支店】 商品評価損：2,100円

2 貸倒引当金の設定

受取手形および売掛金に対して貸倒引当金を設定します。

本店：	（貸倒引当金繰入）	11,200[*1]	（貸　倒　引　当　金）	11,200
支店：	（貸倒引当金繰入）	6,000[*2]	（貸　倒　引　当　金）	6,000

＊1　(420,000円＋350,000円－50,000円)×２％－3,200円＝11,200円
＊2　(230,000円＋180,000円)×２％－2,200円＝6,000円

損益勘定【本店】 貸倒引当金繰入：11,200円

損益勘定【支店】 貸倒引当金繰入：6,000円

3 固定資産の減価償却

建物は定額法、備品は定率法により減価償却を行います。

本店：	（減　価　償　却　費）	107,000	（建物減価償却累計額）	32,000[*1]
			（備品減価償却累計額）	75,000[*2]
支店：	（減　価　償　却　費）	37,500	（備品減価償却累計額）	37,500[*3]

＊1　800,000円÷25年＝32,000円
＊2　(400,000円－100,000円)×25%＝75,000円
＊3　(200,000円－50,000円)×25%＝37,500円

損益勘定【本店】 減価償却費：107,000円

損益勘定【支店】 減価償却費：37,500円

4 支払家賃の前払計上

支払家賃を前払計上します。

本店：	（前　払　家　賃）	34,000	（支　払　家　賃）	34,000
支店：	（前　払　家　賃）	12,000	（支　払　家　賃）	12,000

損益勘定【本店】 支払家賃：442,000円－34,000円＝408,000円

損益勘定【支店】 支払家賃：60,000円－12,000円＝48,000円

5 支払利息の未払計上

×7年11月1日から×8年3月31日までの5か月分の支払利息を未払計上します。

本店：	（支　払　利　息）	5,000	（未　払　利　息）	5,000

＊ 250,000円×4.8%×$\frac{5か月}{12か月}$＝5,000円

損益勘定【本店】 支払利息：4,000円＋5,000円＝9,000円

Ⅲ 支店の当期純損益

下書用紙に支店の損益勘定を作って、当期純損益を計算すると、次のとおりです。

損　　益　　［支店］

売上原価	857,950	売　上	1,403,000
棚卸減耗損	5,550		
商品評価損	2,100		
給　料	92,000		
支払家賃	48,000		
通信費	28,600＊		
旅費交通費	7,900		
貸倒引当金繰入	6,000		
減価償却費	37,500		
支店の利益	**317,400**		

＊ 25,600円＋3,000円＝28,600円
　　　　　　12未処理

支店の当期純利益（317,400円）は本店の支店勘定に振り替えます。

本店：	（支　　　店）	317,400	（損　　　益）	317,400
支店：	（損　　　益）	317,400	（本　　　店）	317,400

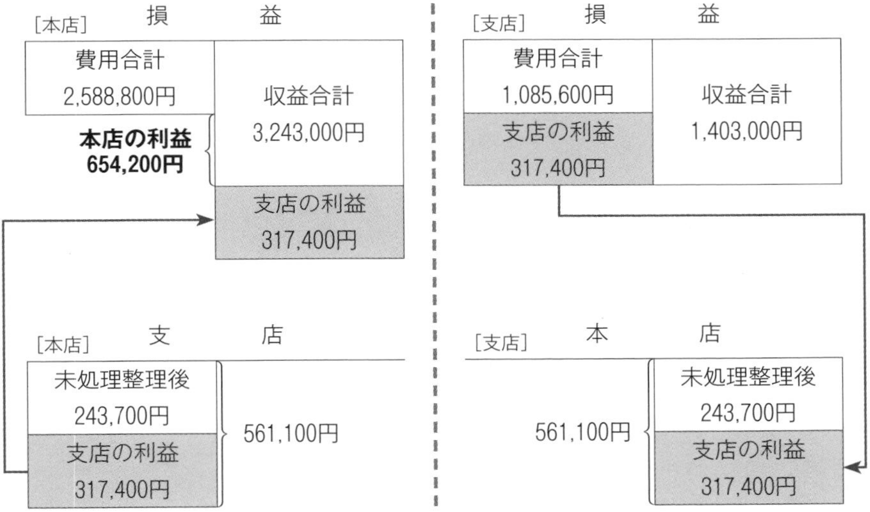

Ⅳ　会社全体の当期純損益

本店の損益勘定の貸借差額で会社全体の当期純損益を計算し、繰越利益剰余金勘定に振り替えます。

第3問対策－❽／8問　製造業を営む会社の決算処理

解答

貸借対照表

×8年3月31日　　　　　　　　　　　　　　(単位：円)

資産の部			負債の部	
I 流動資産			I 流動負債	
現金預金		(46,079,050)	支払手形	1,330,000
受取手形		(8,362,500)	買掛金	(2,380,000)
売掛金		(6,392,500)	未払法人税等	(484,600)
材料		(120,000)	[製品保証]引当金	(12,500)
仕掛品		(150,000)	流動負債合計	(4,207,100)
製品		(82,500)	II 固定負債	
短期貸付金		(225,000)	長期借入金	2,000,000
貸倒引当金		△(152,050)	[退職給付]引当金	(3,753,700)
流動資産合計		(61,259,500)	固定負債合計	(5,753,700)
II 固定資産			負債の部合計	(9,960,800)
建物	(3,600,000)		純資産の部	
減価償却累計額	(330,000)	(3,270,000)	資本金	32,563,500
機械装置	(2,700,000)		利益準備金	(6,545,000)
減価償却累計額	(1,253,000)	(1,447,000)	繰越利益剰余金	(16,907,200※)
固定資産合計		(4,717,000)	純資産の部合計	(56,015,700)
資産の部合計		(65,976,500)	負債・純資産合計	(65,976,500)

区分式損益計算書に表示される利益

①売上総利益	3,402,800 円
②営業利益	2,128,700 円
③経常利益	2,086,700 円
④当期純利益	1,289,600 円

※　繰越利益剰余金：15,617,600円＋1,289,600円＝16,907,200円
　　(15,617,600円：残高試算表繰越利益剰余金、1,289,600円：当期純利益)

解説

３月の取引の仕訳、決算整理仕訳を示すと次のとおりです。

1　3月の取引

(1)　材料の購入、消費

（材　　　料）	225,000	（買　掛　金）	225,000

（仕　掛　品）	175,000	（材　　　料）	225,000
（製 造 間 接 費）	50,000		

(2)　賃金の支払い、消費

（賃　　　金）	200,000	（現　　　金） 現金預金	200,000

（仕　掛　品）	200,000	（賃　　　金）	200,000

(3)　製造間接費の予定配賦

（仕　掛　品）	225,000	（製 造 間 接 費）	225,000

(4)　製造間接費の支払い（間接材料費と以下の事項以外）

（製 造 間 接 費）	81,250	（現　　　金） 現金預金	81,250

(5)　製品の完成

（製　　　品）	575,000	（仕　掛　品）	575,000

(6)　製品の売上

（売 上 原 価）	550,000	（製　　　品）	550,000

（売　掛　金）	800,000	（売　　　上）	800,000

2　棚卸減耗

(1)　材料の棚卸減耗

（棚 卸 減 耗 損）	250	（材　　　料）	250*

（製 造 間 接 費）	250	（棚 卸 減 耗 損）	250

＊　材料帳簿残高：120,250円（残高試算表）＋225,000円－225,000円（1(1)）＝120,250円

材料棚卸減耗損：120,250円－120,000円＝250円

(2) 製品の棚卸減耗

(売　上　原　価)	5,000	(製　　　　品)	5,000*

＊　製品帳簿残高：62,500円＋575,000円－550,000円＝87,500円
（62,500円：残高試算表、575,000円：1(5)、550,000円：1(6)）

製品棚卸減耗損：87,500円－82,500円＝5,000円

3 固定資産の減価償却

(減価償却費)	38,000	(建物減価償却累計額)	10,000
		(機械装置減価償却累計額)	28,000

(製造間接費)	34,500*	(減価償却費)	38,000
(販売費及び一般管理費)	3,500		

＊　6,500円＋28,000円＝34,500円

4 貸倒引当金の設定

(1) 売上債権

(貸倒引当金繰入) 販売費及び一般管理費	35,000	(貸倒引当金)	35,000*1

(2) 営業外債権

(貸倒引当金繰入) 営業外費用	4,500	(貸倒引当金)	4,500*2

＊1　期末売上債権：8,362,500円＋5,592,500円＋800,000円＝14,755,000円
（8,362,500円＋5,592,500円：残高試算表の受取手形・売掛金、800,000円：1(6) 売掛金）

貸倒引当金：14,755,000円×1％＝147,550円
貸倒引当金繰入：147,550円－112,550円＝35,000円

＊2　期末営業外債権：225,000円
（225,000円：残高試算表の短期貸付金）

貸倒引当金：225,000円×2％＝4,500円
貸倒引当金繰入：4,500円－0円＝4,500円

5 退職給付引当金の設定と原価差異

(1) 退職給付引当金の設定

(退職給付費用)	100,000	(退職給付引当金)	100,000

(製造間接費)	60,000	(退職給付費用)	100,000
(販売費及び一般管理費)	40,000		

(2) 原価差異

(原　価　差　異)	3,700	(退職給付引当金)	3,700
製造間接費配賦差異			

6 製品保証引当金の設定

(1) 製品保証引当金の設定と戻入れ

(製品保証引当金繰入)	12,500	(製品保証引当金)	12,500
(製品保証引当金)	15,000	(製品保証引当金戻入)	15,000

(2) 繰入れと戻入れの相殺

(製品保証引当金戻入)	12,500	(製品保証引当金繰入)	12,500

7 製造間接費配賦差異の把握と振り替え

(1) 退職給付引当金の繰入額以外の原価差異の把握

(原　価　差　異)	1,000*	(製　造　間　接　費)	1,000
製造間接費配賦差異			

* 製造間接費の予定配賦額：225,000（1(3)）

製造間接費の実際発生額：

50,000円（1(1)）＋81,250円（1(4)）＋250円（2(1)）＋34,500円（3）＋60,000円（5(1)）＝226,000円

退職給付引当金の繰入額以外の原価差異：

225,000円－226,000円＝△1,000円（不利差異・借方差異）

(2) 原価差異の振り替え

(売　上　原　価)	4,700	(原　価　差　異)	4,700*
		製造間接費配賦差異	

* 退職給付引当金の繰入額の原価差異：△3,700円…5(2)

退職給付引当金の繰入額以外の原価差異：△1,000円…7(1)

△4,700円

（不利差異・借方差異）

8 決算整理後の損益計算書の金額

(1) 売上高

8,825,000円（残高試算表）＋800,000円（1(6)）＝9,625,000円

(2) 売上原価

5,662,500円 + 550,000円 + 5,000円 + 4,700円 = 6,222,200円

残高試算表　1(6)　2(2)　7(2)

(3) 売上総利益

9,625,000円 − 6,222,200円 = 3,402,800円

(1)売上高　(2)売上原価

(4) 販売費及び一般管理費

1,195,600円 + 3,500円 + 35,000円 + 40,000円 = 1,274,100円

残高試算表　3　4(1)　5(1)

(5) 営業利益

3,402,800円 − 1,274,100円 = 2,128,700円

(3)売上総利益　(4)販売費及び一般管理費

(6) 営業外収益

15,000円 − 12,500円 = 2,500円

6(1)　6(2)

(7) 営業外費用

40,000円 + 4,500円 = 44,500円

残高試算表の支払利息　4(2)

(8) 経常利益

2,128,700円 + 2,500円 − 44,500円 = 2,086,700円

(5)営業利益　(6)営業外収益　(7)営業外費用

(9) 特別利益

62,500円

残高試算表の固定資産売却益

(10) 特別損失

0円

(11) 税引前当期純利益

2,086,700円 + 62,500円 − 0円 = 2,149,200円

(8)経常利益　(9)特別利益　(10)特別損失

(12) 法人税、住民税及び事業税

2,149,200円 × 40% = 859,680円 → 859,600円（100円未満切捨て）

(法人税、住民税及び事業税)	859,600	(仮払法人税等)	375,000
		(未払法人税等)	484,600

⒀ 当期純利益

2,149,200円 − 859,600円 = 1,289,600円

⑾税引前当期純利益　⑿法人税、住民税及び事業税

模擬試験　第１回 解答解説

第1問（20点）

解答

	借方		貸方	
	記号	金額	記号	金額
1	(カ)固定資産圧縮損	1,000,000	(イ)備品	1,000,000
2	(ア)備品 (オ)前払利息	950,000 50,000	(ウ)営業外支払手形	1,000,000
3	(エ)不渡手形	501,600	(イ)当座預金 (ア)現金	500,000 1,600
4	(イ)当座預金	30,000	(オ)未払金	30,000
5	(キ)為替差損益	15,000	(ウ)買掛金	15,000

仕訳１つにつき各４点、
合計20点

解説

1 圧縮記帳

固定資産を取得し、圧縮記帳をするときは、受け取った国庫補助金の額で**固定資産圧縮損［費用］**を計上するとともに、同額だけ固定資産の取得原価を減額します（直接減額方式）。

2 有形固定資産の割賦購入

商品以外のものを購入して、約束手形を振り出したときは、**営業外支払手形［負債］**で処理します。また、見積現金購入価額を取得原価として計上し、手形の額面総額と見積現金購入価額との差額は利息部分なので、**支払利息［費用］**または**前払利息［資産］**で処理します。本問では「利息相当額は資産処理すること」という指示があるため、「前払利息」で解答します。

営業外支払手形：100,000円×10枚＝1,000,000円

3 不渡手形の処理

以前に割り引いていた手形が不渡りとなったときには、手形の額面金額および償還請求にかかった費用を**不渡手形**〔資産〕で処理します。

4 当座預金の修正

未渡小切手については修正仕訳が必要です。

消耗品の代金の未払額を支払うために振り出した小切手が未渡しなので、小切手の振出時に処理した**当座預金**〔資産〕の減少および**未払金**〔負債〕の減少を取り消します。

5 為替予約

輸入取引が発生したとき（2月1日）の仕訳は次のとおりです。

取引発生時の仕訳：

（仕　　　入）	510,000	（買　掛　金）	510,000*

＊　102円×5,000ドル＝510,000円

外貨建て金銭債権債務について、取引発生後に為替予約を付したときは、外貨建て金銭債権債務について為替予約時の先物為替相場（予約レート：1ドル105円）で換算します。このとき生じた換算差額は**為替差損益**で処理します。

① 買掛金の帳簿価額：510,000円

② 予約レートで換算したときの買掛金の価額：105円×5,000ドル＝525,000円

③ 為替差損益：525,000円－510,000円＝15,000円（買掛金の増加）

第2問 (20点)

解答

連結第2年度　　　　　　　　　　連　結　精　算　表　　　　　　　　　　(単位：千円)

科目	個別財務諸表		修正・消去		連結財務諸表
	P社	S社	借方	貸方	
貸借対照表					
現金預金	500,000	272,500			772,500
売掛金	225,000	122,500		70,000	277,500
商品	100,000	49,000	2,000	2,000	145,000
				4,000	
未収入金	80,000	21,000		21,000	80,000
貸付金	160,000			10,000	150,000
土地	840,000	60,000		2,000	898,000
その他資産	93,000	54,000			147,000
S社株式	208,000			208,000	
(のれん)			9,000	1,000	8,000
資産合計	2,206,000	579,000	11,000	318,000	2,478,000
買掛金	117,000	80,000	70,000		127,000
借入金	150,000	20,000	10,000		160,000
未払金	120,000	70,000	21,000		169,000
その他負債	489,000	34,000			523,000
資本金	600,000	200,000	200,000		600,000
資本剰余金	200,000	70,000	70,000		200,000
利益剰余金	530,000	105,000	67,000	10,000	549,800
			2,000		
			199,200	173,000	
非支配株主持分			4,000	138,000	149,200
			800	16,000	
負債・純資産合計	2,206,000	579,000	644,000	337,000	2,478,000
損益計算書					
売上高	1,200,000	430,400	170,000		1,460,400
売上原価	575,000	285,000	4,000	170,000	692,000
				2,000	
販売費及び一般管理費	442,000	107,000			549,000
(のれん)償却			1,000		1,000
受取利息	2,000		200		1,800
受取配当金	9,000		6,000		3,000
支払利息	4,000	400		200	4,200
土地売却益		2,000	2,000		
当期純利益	190,000	40,000	183,200	172,200	219,000
非支配株主に帰属する当期純利益			16,000	800	15,200
親会社株主に帰属する当期純利益	190,000	40,000	199,200	173,000	203,800

1つにつき各2点、合計20点

解説

（仕訳の単位：千円）

連結第２年度における連結精算表を作成する問題です。本問は、連結貸借対照表と連結損益計算書の部分のみ作成する（連結株主資本等変動計算書は作成しない）ため、連結修正仕訳は「当期首残高」や「当期変動額」などをつけずに仕訳することができます。

1　支配獲得時の連結修正仕訳

支配獲得時（×0年３月31日）には、投資と資本の相殺消去をします。

（資　本　金）	200,000	（S　社　株　式）	208,000
（資 本 剰 余 金）	70,000	（非支配株主持分）	132,000*1
（利 益 剰 余 金）	60,000		
（の　れ　ん）	10,000*2		

＊１　（200,000千円＋70,000千円＋60,000千円）×40％＝132,000千円
＊２　貸借差額

2　連結第１年度の連結修正仕訳

⑴　開始仕訳

支配獲得時に行った連結修正仕訳（投資と資本の相殺消去）を再度行います（開始仕訳）。

（資　本　金）	200,000	（S　社　株　式）	208,000
（資 本 剰 余 金）	70,000	（非支配株主持分）	132,000
（利 益 剰 余 金）	60,000		
（の　れ　ん）	10,000		

⑵　連結第１年度の連結修正仕訳

連結第１年度の連結修正仕訳をします。

①　のれんの償却

（の れ ん 償 却）	1,000*	（の　れ　ん）	1,000

＊　10,000千円÷10年＝1,000千円

②　子会社の当期純損益の振り替え

（非支配株主に帰属する当 期 純 利 益）	6,000	（非支配株主持分）	6,000*

＊　15,000千円×40％＝6,000千円
（15,000千円：S社の連結第１年度当期純利益）

3 連結第２年度の連結修正仕訳

(1) 開始仕訳

連結第１年度に行った連結修正仕訳（2）を再度行います（開始仕訳）。その際、損益項目については「利益剰余金」で仕訳します。

（資本金）	200,000	（Ｓ社株式）	208,000
（資本剰余金）	70,000	（非支配株主持分）	138,000＊3
（利益剰余金）	67,000＊1		
（のれん）	9,000＊2		

＊１　60,000千円＋1,000千円＋6,000千円＝67,000千円
（60,000千円：2(1)、1,000千円：のれん償却、6,000千円：非支配株主に帰属する当期純利益）

＊２　10,000千円－1,000千円＝9,000千円

＊３　132,000千円＋6,000千円＝138,000千円
（132,000千円：2(1)、6,000千円：非支配株主持分）

(2) 連結第２年度の連結修正仕訳

連結第２年度の連結修正仕訳をします。

① のれんの償却

（のれん償却）	1,000＊	（のれん）	1,000

＊　10,000千円÷10年＝1,000千円

② 子会社の当期純損益の振り替え

（非支配株主に帰属する当期純利益）	16,000	（非支配株主持分）	16,000＊

＊　40,000千円×40％＝16,000千円
（40,000千円：Ｓ社の連結第２年度当期純利益（個別財務諸表より））

③ 子会社の配当金の修正

（受取配当金）	6,000＊1	（利益剰余金）	10,000
（非支配株主持分）	4,000＊2		

＊１　10,000千円×60％＝6,000千円
＊２　10,000千円×40％＝4,000千円

④ 債権債務、取引高の相殺消去

（買掛金）	70,000	（売掛金）	70,000
（借入金）	10,000	（貸付金）	10,000
（売上高）	170,000	（売上原価）	170,000
（受取利息）	200	（支払利息）	200

⑤　期首・期末商品に含まれる未実現利益の消去（ダウンストリーム）

期首分：	（利 益 剰 余 金）	2,000	（商　　　品）	2,000*1
	（商　　　品）	2,000	（売 上 原 価）	2,000
期末分：	（売 上 原 価）	4,000	（商　　　品）	4,000*2

＊1　12,000千円×$\frac{0.2}{1.2}$＝2,000千円

＊2　24,000千円×$\frac{0.2}{1.2}$＝4,000千円

⑥　土地に含まれる未実現利益の消去（アップストリーム）

当年度中に、Ｓ社からＰ社に対して帳簿価額40,000千円の土地を42,000千円で売却しているので、Ｓ社で土地売却益が2,000千円生じています（Ｐ社では土地42,000千円で計上しています）。これは未実現利益であるため、連結財務諸表の作成にあたって消去します。

なお、アップストリームであるため、消去した未実現利益を非支配株主に負担させます。

（土 地 売 却 益） 損益項目	2,000	（土　　　地）	2,000
（非支配株主持分）	800	（非支配株主に帰属する当期純利益） 損益項目	800*

＊　2,000千円×40%＝800千円

⑦　未収入金と未払金の相殺消去

土地の売却代金のうち、半分はまだ支払われていないため、未収入金と未払金を相殺します。

（未　払　金）	21,000	（未 収 入 金）	21,000*

＊　42,000千円×$\frac{1}{2}$＝21,000千円

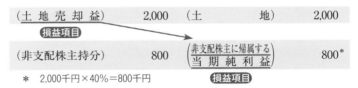

第3問 (20点)

解答

損益計算書

自×3年4月1日　至×4年3月31日　(単位：円)

Ⅰ 売上高		(2,381,800)
Ⅱ 売上原価		
1．期首商品棚卸高	(36,000)	
2．当期商品仕入高	(948,000)	
合計	(984,000)	
3．期末商品棚卸高	(40,000)	
差引	(944,000)	
4．(商品評価損)	(200)	(944,200)
売上総利益		(1,437,600)
Ⅲ 販売費及び一般管理費		
1．給料	(396,400)	
2．退職給付費用	(80,000)	
3．保険料	(18,000)	
4．広告宣伝費	(68,000)	
5．貸倒引当金繰入	(3,400)	
6．(棚卸減耗損)	(4,000)	
7．減価償却費	(139,000)	
8．(のれん)償却	(12,000)	(720,800)
営業利益		(716,800)
Ⅳ 営業外収益		
1．受取配当金	(5,600)	
2．有価証券利息	(1,700)	
3．有価証券(評価益)	(900)	(8,200)
Ⅴ 営業外費用		
1．支払利息	(1,000)	
2．(為替差損)	(300)	(1,300)
経常利益		(723,700)
Ⅵ 特別利益		
1．保険差益		(2,000)
税引前当期純利益		(725,700)
法人税、住民税及び事業税		(217,000)
当期純利益		(508,700)

（網掛け）1つにつき各2点、合計20点

解説

損益計算書を作成する問題です。

決算整理仕訳を示すと次のとおりです。なお、P/L は損益計算書を表します。

1 未決算の処理

未決算97,000円を減額し、**未収入金［資産］**99,000円を計上します。なお、差額については**保険差益［収益］**で処理します。

（未　収　入　金）	99,000	（未　　決　　算）	97,000
		（保　険　差　益）	2,000

P/L 保険差益：2,000円

2 外貨建て売掛金の換算

外貨建ての資産および負債のうち貨幣項目（現金預金、売掛金、買掛金など）については、決算時の為替相場（ＣＲ）によって換算替えをします。

（為 替 差 損 益）	400	（売　　掛　　金）	400*

＊　①外貨建て売掛金の帳簿残高：20,400円
　　②外貨建て売掛金：20,400円÷102円＝200ドル
　　③ＣＲで換算した金額：200ドル×100円＝20,000円
　　④為替差損益：20,000円－20,400円＝△400円 → 売掛金の減少

P/L 為替差損益（為替差損）：400円－100円＝300円
借方　貸方（残高試算表）

3 貸倒引当金の設定

受取手形および売掛金の期末残高に対して貸倒引当金を設定します。

貸倒引当金：(250,000円＋353,400円－400円)×２％＝12,060円

P/L 貸倒引当金繰入：12,060円－8,660円＝3,400円

（貸倒引当金繰入）	3,400	（貸 倒 引 当 金）	3,400

4 売上原価の算定

P/L 期末商品棚卸高：40,000円

P/L 棚 卸 減 耗 損：4,000円

P/L 商 品 評 価 損：200円

5 有価証券の評価替え

(1) 売買目的有価証券

売買目的有価証券を時価に評価替えします。

P/L 有価証券評価益：82,800円－81,900円＝900円（評価益）
時価　帳簿価額

（売買目的有価証券）	900	（有価証券評価益）	900

(2) 満期保有目的債券

償却原価法（定額法）によって評価します。

「満期日までの期間は当期を含めて残り３年」ということは、額面金額（50,000円）と帳簿価額（48,500円）との差額を３年で償却することになります。

当期償却額：（50,000円－48,500円）÷３年＝500円

（満期保有目的債券）	500	（有価証券利息）	500

P/L 有価証券利息：1,200円＋500円＝1,700円

6 固定資産の減価償却

建物については定額法、備品については定率法によって減価償却をします。

建物の減価償却費：2,000,000円×0.9÷30年＝60,000円

備品の減価償却費：（500,000円－180,000円）×0.2*＝64,000円

＊ ①定額法の償却率：１÷10年＝0.1
②200％定率法の償却率：0.1×200％＝0.2

（減価償却費）	124,000	（建物減価償却累計額）	60,000
		（備品減価償却累計額）	64,000

P/L 減価償却費：15,000円＋124,000円＝139,000円

7 のれんの償却

のれんは×1年４月１日に取得しているため、前期末（×3年３月31日）までに２年分を償却しています。したがって、残高試算表の金額をあと８年で償却します。

P/L のれん償却：96,000円÷８年＝12,000円

（のれん償却）	12,000	（のれん）	12,000

8 退職給付引当金の繰り入れ

退職給付引当金を設定するときは、**退職給付費用**［**費用**］を計上するとともに、貸方科目は**退職給付引当金**［**負債**］で処理します。

（退職給付費用）	80,000	（退職給付引当金）	80,000

P/L 退職給付費用：80,000円

9 未払利息の計上

借入日（×3年11月1日）から決算日（×4年3月31日）までの5か月分の利息を未払計上します。

P/L 支払利息：100,000円×2.4%×$\frac{5\text{か月}}{12\text{か月}}$＝1,000円

（支払利息）	1,000	（未払利息）	1,000

10 法人税等の計上

法人税、住民税及び事業税は、残高試算表の**仮払法人税等**［**資産**］100,000円と未払法人税等117,000円を足して計算します。

P/L 法人税、住民税及び事業税：100,000円＋117,000円＝217,000円

（法人税、住民税及び事業税）	217,000	（仮払法人税等）	100,000
		（未払法人税等）	117,000

第4問（28点）

解答

(1)

	借方		貸方	
	記号	金額	記号	金額
1	(イ)仕掛品	3,510,000	(ア)材料	3,510,000
2	(イ)仕掛品 (オ)製造間接費	3,200,000 1,665,000	(カ)賃金・給料	4,865,000
3	(イ)仕掛品	4,480,000	(オ)製造間接費	4,480,000

(2)

問1　月末仕掛品原価：［100,000］円

問2　月次損益計算書

月次損益計算書（一部）　（単位：円）

Ⅰ　売上高		（14,140,000）
Ⅱ　売上原価		
月初製品棚卸高	（90,000）	
当月製品製造原価	（6,000,000）	
合計	（6,090,000）	
月末製品棚卸高	（30,000）	
差引	（6,060,000）	
標準原価差異	（28,000）	（6,088,000）
売上総利益		（8,052,000）
Ⅲ　販売費及び一般管理費		（2,230,000）
営業利益		（5,822,000）

(1)は仕訳1つにつき各4点、
(2)は　1つにつき各4点、
合計28点

解説

(1) 仕訳問題

工業簿記の仕訳問題です。

1 直接材料の消費

直接材料（買入部品X）を消費したときは、**材料勘定**から**仕掛品勘定**に振り替えます。

$$\text{平均単価：}\frac{900{,}000\text{円}+3{,}000{,}000\text{円}}{500\text{kg}+1{,}500\text{kg}}=@1{,}950\text{円}$$

直接材料費：@1,950円×1,800kg＝3,510,000円

2 賃金の消費

直接工の賃金のうち、直接作業分は**賃金・給料勘定**から**仕掛品勘定**に振り替えます。また、間接作業分は**賃金・給料勘定**から**製造間接費勘定**に振り替えます。

間接工の賃金は**賃金・給料勘定**から**製造間接費勘定**に振り替えます。

直接労務費：@1,000円×3,200時間＝3,200,000円

間接労務費：@1,000円×800時間＋850,000円＋60,000円－45,000円＝1,665,000円
（@1,000円×800時間：直接工の間接作業分／850,000円＋60,000円－45,000円：間接工の賃金消費額）

3 製造間接費の配賦

製造間接費の配賦を行ったときは、**製造間接費勘定**から**仕掛品勘定**に振り替えます。また、直接工の直接作業時間にもとづいて製造間接費を予定配賦します。

予定配賦率：56,000,000円÷40,000時間＝@1,400円

予定配賦額：@1,400円×3,200時間＝4,480,000円

(2)　標準原価計算

パーシャル・プランによる標準原価計算の問題です。

問1　月末仕掛品原価の計算

(1)　生産データの整理

仕　掛　品（直接材料費）

月初 600個 120,000円	完成 20,000個 4,000,000円
当月 19,800個 3,980,000円 （実際原価）	月末 400個 80,000円
	差異 20,000円（借方）

月初仕掛品：@200円×600個＝120,000円

完　成　品：@200円×20,000個＝4,000,000円

月末仕掛品：@200円×400個＝80,000円

仕　掛　品（加工費）

月初 300個*1 30,000円	完成 20,000個 2,000,000円
当月 19,900個*3 1,998,000円 （実際原価）	月末 200個*2 20,000円
	差異 8,000円（借方）

＊1　600個×50%＝300個

＊2　400個×50%＝200個

＊3　差引

月初仕掛品：@100円×300個＝30,000円

完　成　品：@100円×20,000個＝2,000,000円

月末仕掛品：@100円×200個＝20,000円

(2)　月末仕掛品原価

月末仕掛品原価：80,000円＋20,000円＝100,000円

(3)　完成品原価

完成品原価：@300円×20,000円＝6,000,000円

(4) 標準原価差異

標準原価差異：20,000円＋8,000円＝28,000円（借方差異・不利差異）
直接材料費差異　加工費差異

問2 月次損益計算書の作成

売　上　高：@700円×20,200個＝14,140,000円

売上原価：

月初製品棚卸高：@300円×300個＝90,000円

当月製品製造原価：6,000,000円（完成品原価）

月末製品棚卸高：@300円×100個＝30,000円

標準原価差異：借方差異なので売上原価に加算します。

第5問（12点）

解答

(1) 全部原価計算による損益計算書（単位：円）

売上高	400,000
売上原価	(116,000)
売上総利益	(284,000)
販売費および一般管理費	180,000
営業利益	(104,000)

(2) 直接原価計算による損益計算書（単位：円）

売上高	(400,000)
変動売上原価	(77,600)
変動製造マージン	(322,400)
変動販売費	(80,000)
貢献利益	(242,400)
固定費	
固定加工費	(48,000)
固定販売費および一般管理費	(100,000)
営業利益	(94,400)

1つにつき各3点、合計12点

解説

全部原価計算の損益計算書と直接原価計算の損益計算書を作成する問題です。

1 資料の整理と不明箇所の推定

(1) ボックス図

仕掛品と製品のボックス図を作成すると次のとおりです。期首・期末仕掛品はないので、当期投入量＝当期生産（完成）量となります。

仕　掛　品

期首 0個	当期完成 1,000個
当期投入 1,000個	期末 0個

製　　品

期首 0個	当期販売 800個
当期生産 1,000個	期末 200個

(2)　**不明箇所の推定**

答案用紙の全部原価計算による損益計算書に記載済みとなっている金額より、製品1個あたりの販売単価と固定販売費および一般管理費は次のように計算します。

製品1個あたりの販売単価：400,000円 ÷ 800個 = @500円
　　　　　　　　　　　　　売上高　　　販売量

固定販売費および一般管理費：180,000円 − @100円 × 800個 = 100,000円
　　　　　　　　　　　　　　販売費および　　変動販売費
　　　　　　　　　　　　　　一般管理費

2 全部原価計算の損益計算書

全部原価計算では、固定製造原価（固定加工費）も数量を基準に販売量と期末在庫量に配分します。

売上原価：変動費；(@52円 + @45円) × 800個 = 77,600円

　　　　　固定費；$48,000円 \times \frac{800個}{1,000個}$ = 38,400円

　　　　　　　　　　　　　　　　　　　　　　116,000円

3 直接原価計算の損益計算書

直接原価計算では、固定製造原価（固定加工費）は期間費用として計算します（数量を基準に販売量と期末在庫量に配分しません）。

変動売上原価：(@52円 + @45円) × 800個 = 77,600円

変 動 販 売 費：@100円 × 800個 = 80,000円

模擬試験　第２回 解答解説

第1問（20点）

解答

	借方		貸方	
	記号	金額	記号	金額
1	(イ)当座預金	240,000,000	(ウ)資本金	120,000,000
			(エ)資本準備金	120,000,000
	(キ)株式交付費	1,800,000	(ア)現金	1,800,000
2	(エ)支店	1,700,000	(ア)損益	1,700,000
3	(エ)リース債務	80,000	(ア)当座預金	80,000
	(オ)減価償却費	80,000	(キ)リース資産減価償却累計額	80,000
4	(ア)未収入金	520,000	(イ)車両運搬具	3,000,000
	(キ)車両運搬具減価償却累計額	1,980,000		
	(オ)減価償却費	297,000		
	(カ)固定資産売却損	203,000		
5	(エ)満期保有目的債券	4,878,000	(イ)当座預金	4,891,250
	(カ)有価証券利息	13,250		

仕訳１つにつき各４点、
合計20点

解説

1　増資の処理

本問では、「会社法が定める最低額を資本金とした」とあるので、払込金額のうち半分を**資本金［純資産］**として処理し、残りは**資本準備金［純資産］**として処理します。

発行株式数：5,000株－2,000株＝3,000株

払込金額：@80,000円×3,000株＝240,000,000円

資本金：240,000,000円×$\frac{1}{2}$＝120,000,000円

資本準備金：240,000,000円－120,000,000円＝120,000,000円

また、新株発行にかかった諸費用は**株式交付費**として処理します。

2 本支店会計

支店の当期純利益は本店の損益勘定の貸方に振り替えます。

3 ファイナンス・リース取引

利子込み法で処理しているため、リース取引を開始したときは、利息相当額を含んだリース料総額で**リース資産［資産］**と**リース債務［負債］**を計上しています。

リース資産の計上価額：@80,000円×5年＝400,000円

（リース資産）	400,000	（リース債務）	400,000

そして、利子込み法で処理している場合、リース料を支払ったときは、支払ったリース料の分だけ**リース債務［負債］**を減少させます。

（リース債務）	80,000	（当座預金）	80,000

また、リース資産の計上価額をもとに減価償却を行います。

減価償却費：400,000円÷5年＝80,000円

（減価償却費）	80,000	（リース資産減価償却累計額）	80,000

4 固定資産の売却

生産高比例法により、前期末の減価償却累計額および当期の減価償却費を計算します。

前期末の減価償却累計額：$3,000,000\text{円} \times 0.9 \times \dfrac{220,000\text{km}}{300,000\text{km}} = 1,980,000\text{円}$

当期の減価償却費：$3,000,000\text{円} \times 0.9 \times \dfrac{33,000\text{km}}{300,000\text{km}} = 297,000\text{円}$

5 端数利息の計算

前回の利払日の翌日（×3年10月1日）から購入日（×3年11月22日）までの端数利息は前の所有者が受け取るべき利息なので、前の所有者に支払うとともに、**有価証券利息［収益］**の減少として処理します。

端数利息：$5,000,000\text{円} \times 1.825\% \times \dfrac{53\text{日}^{*}}{365\text{日}} = 13,250\text{円}$

＊ 31日（10月）＋22日（11月）＝53日

満期保有目的債券：$5,000,000\text{円} \times \dfrac{97.40\text{円}}{100\text{円}} + 8,000\text{円} = 4,878,000\text{円}$

第2問 (20点)

解答

株主資本等変動計算書

自×6年4月1日　至×7年3月31日　　　(単位：千円)

	株主資本			
	資本金	資本剰余金		
		資本準備金	その他資本剰余金	資本剰余金合計
当期首残高	(10,000)	(800)	(300)	(1,100)
当期変動額				
剰余金の配当		(12)	(△132)	(△120)
別途積立金の積立て				
新株の発行	(160)	(160)		(160)
吸収合併	(1,500)		(1,200)	(1,200)
当期純利益				
株主資本以外の項目の当期変動額(純額)				
当期変動額合計	(1,660)	(172)	(1,068)	(1,240)
当期末残高	(11,660)	(972)	(1,368)	(2,340)

(下段へ続く)

(上段より続く)

	株主資本					評価・換算差額等		
	利益剰余金				株主資本合計	その他有価証券評価差額金	評価・換算差額等合計	純資産合計
	利益準備金	その他利益剰余金		利益剰余金合計				
		別途積立金	繰越利益剰余金					
当期首残高	(200)	(100)	(600)	(900)	(12,000)	–	–	(12,000)
当期変動額								
剰余金の配当	(40)		(△440)	(△400)	(△520)			(△520)
別途積立金の積立て		(30)	(△ 30)	–	–			–
新株の発行					(320)			(320)
吸収合併					(2,700)			(2,700)
当期純利益			(650)	(650)	(650)			(650)
株主資本以外の項目の当期変動額(純額)						(100)	(100)	(100)
当期変動額合計	(40)	(30)	(180)	(250)	(3,150)	(100)	(100)	(3,250)
当期末残高	(240)	(130)	(780)	(1,150)	(15,150)	(100)	(100)	(15,250)

1つにつき各2点、合計20点

解説 （仕訳の単位：千円）

株主資本等変動計算書を作成する問題です。問題の資料は円単位ですが、答案用紙は千円単位となっているため、株主資本等変動計算書は慎重に記入しましょう。

1 剰余金の配当および準備金の積立て

その他資本剰余金や繰越利益剰余金から配当した場合、配当金の10分の１で、資本準備金と利益準備金の合計額が資本金の４分の１に達するまで資本準備金や利益準備金を積み立てます。

(1) その他資本剰余金からの配当

配当額：@３円×40,000株＝120千円

資本準備金積立予定額：120千円×$\frac{1}{10}$＝12千円

(2) 繰越利益剰余金からの配当

配当額：@10円×40,000株＝400千円

利益準備金積立予定額：400千円×$\frac{1}{10}$＝40千円

(3) 限度額の確認

① 準備金積立予定額：12千円＋40千円＝52千円

② 準備金積立限度額：$\underbrace{\text{10,000千円}}_{\text{資本金}} \times \frac{1}{4} - \underbrace{(\text{800千円} + \text{200千円})}_{\text{資本準備金と利益準備金}} = \text{1,500千円}$

③ ①＜②より資本準備金積立額：12千円、利益準備金積立額：40千円

(その他資本剰余金)	132	(未 払 配 当 金)	120
		(資 本 準 備 金)	12
(繰越利益剰余金)	440	(未 払 配 当 金)	400
		(利 益 準 備 金)	40

2 別途積立金の積み立て

(繰越利益剰余金)	30	(別 途 積 立 金)	30

3 増資

(当座預金)	320*1	(資本金)	160*2
		(資本準備金)	160*3

＊1　払込金額：@400円×800株＝320千円

＊2　資　本　金：320千円×$\frac{1}{2}$＝160千円

＊3　資本準備金：320千円－160千円＝160千円

4 吸収合併

合併した他社の諸資産・諸負債は時価で引き継ぎます。取得対価は交付株式の時価とし、受入純資産額との差額をのれんとします。

(諸資産)	6,000	(諸負債)	3,500
(のれん)	200*2	(資本金)	1,500
		(その他資本剰余金)	1,200*1

＊1　増　加　資　本：@450円×6,000株＝2,700千円
　　その他資本剰余金：2,700千円－1,500千円＝1,200千円
　　（1,500千円：資本金組入額）

＊2　2,700千円－(6,000千円－3,500千円)＝200千円
　　（(6,000千円－3,500千円)：受入純資産）

5 その他有価証券の時価評価

その他有価証券の評価差額はその他有価証券評価差額金として計上します。

(その他有価証券)	100	(その他有価証券評価差額金)	100*

＊　600千円－500千円＝100千円

6 当期純利益の計上

当期純利益は、損益勘定から繰越利益剰余金勘定の貸方に振り替えます。

(損益)	650	(繰越利益剰余金)	650

7　株主資本等変動計算書の作成

(1)　当期変動額の記入

①　株主資本

株主資本の当期変動額は変動事由ごとに株主資本等変動計算書に記入します。

②　株主資本以外

株主資本以外の当期変動額は一括して純額で記載します。

(2)　当期末残高の記入

当期首残高と当期変動額合計を加減して当期末残高を計算します。

第3問 (20点)

解答

貸借対照表

×4年3月31日　　　　　　　　(単位：円)

資産の部		
Ⅰ 流動資産		
現金預金		(6,449,000)
売掛金	(3,800,000)	
貸倒引当金	(76,000)	(3,724,000)
商品		(3,000,000)
流動資産合計		(13,173,000)
Ⅱ 固定資産		
建物	(12,900,000)	
減価償却累計額	(2,805,000)	(10,095,000)
備品	2,000,000	
減価償却累計額	(800,000)	(1,200,000)
投資有価証券		(3,390,000)
固定資産合計		(14,685,000)
資産合計		(27,858,000)
負債の部		
Ⅰ 流動負債		
買掛金		3,090,000
未払法人税等		(1,520,000)
未払消費税		(300,000)
未払費用		(12,000)
流動負債合計		(4,922,000)
Ⅱ 固定負債		
長期借入金		(1,200,000)
繰延税金(負債)		(30,000)
固定負債合計		(1,230,000)
負債合計		(6,152,000)
純資産の部		
Ⅰ 株主資本		
資本金		15,000,000
繰越利益剰余金		(6,426,000)
株主資本合計		(21,426,000)
Ⅱ 評価・換算差額等		
その他有価証券評価差額金		(280,000)
評価・換算差額等合計		(280,000)
純資産合計		(21,706,000)
負債・純資産合計		(27,858,000)

（網掛け）1つにつき各2点、合計20点

解説

貸借対照表を作成する問題です。

未処理事項の仕訳と決算整理仕訳を示すと次のとおりです。なお、B/S は貸借対照表（Balance Sheet）を表します。

Ⅰ．未処理事項

未処理事項の仕訳は次のとおりです。

1 建設仮勘定の処理

建物が完成し、引き渡しを受けたので、**建設仮勘定**［資産］から**建物**［資産］に振り替えます。

（建　　　　物）	900,000	（建 設 仮 勘 定）	700,000
		（当　座　預　金）	200,000

B/S 建　　物：12,000,000円＋900,000円＝12,900,000円

2 前期に貸し倒れた売掛金の回収

前期以前に貸倒れ処理した売掛金を回収したときは、回収額を**償却債権取立益**［収益］で処理します。

（普　通　預　金）	300,000	（償却債権取立益）	300,000

B/S 現金預金：6,349,000円－200,000円 [1] ＋300,000円＝6,449,000円

Ⅱ．決算整理事項

決算整理仕訳は次のとおりです。

1 売上原価の算定

貸借対照表のみを作成する場合は、期末帳簿棚卸高から棚卸減耗損と商品評価損を差し引いて商品の貸借対照表価額を計算することができます。

B/S 商　　品：3,500,000円－200,000円－300,000円＝3,000,000円

2 貸倒引当金の設定

売掛金の期末残高に対して貸倒引当金を設定します。

B/S 貸　倒　引　当　金：3,800,000円×２％＝76,000円

貸倒引当金繰入：76,000円－30,000円＝46,000円

（貸倒引当金繰入）	46,000	（貸　倒　引　当　金）	46,000

3 固定資産の減価償却と税効果会計

(1) 固定資産の減価償却

建物については定額法、備品については定率法によって減価償却をします。なお、当期に取得した建物については、×4年２月１日から３月31日までの２か月分の減価償却費を計上します。

建物の減価償却費：

旧建物；12,000,000円÷30年　＝400,000円

新建物；900,000円÷30年×$\frac{2か月}{12か月}$＝　5,000円

合　計；　405,000円

備品の減価償却費：2,000,000円×0.4＊＝800,000円

＊　①定額法の償却率：１÷５年＝0.2
②200％定率法の償却率：0.2×200％＝0.4

（減　価　償　却　費）	1,205,000	（建物減価償却累計額）	405,000
		（備品減価償却累計額）	800,000

B/S （建物）減価償却累計額：2,400,000円＋405,000円＝2,805,000円

B/S （備品）減価償却累計額：800,000円

(2) 税効果会計

備品については会計上の減価償却費が税法上の損金算入限度額を超過しているため、超過額について税効果会計を適用します。

税法上の損金算入限度額：2,000,000円×0.25＝500,000円

税効果の金額：（800,000円－500,000円）×30％＝90,000円

会計上の仕訳：	（減　価　償　却　費）	800,000	（備品減価償却累計額）	800,000
	損益項目 →			
税効果の仕訳：	（繰　延　税　金　資　産）	90,000	（法人税等調整額）	90,000

4 消費税の処理

仮払消費税［資産］と**仮受消費税**［負債］を相殺し、差額を**未払消費税**［負債］で処理します。

（仮受消費税）	3,600,000	（仮払消費税）	3,300,000
		（未払消費税）	300,000

B/S 未払消費税：300,000円

5 借入金の表示と未払利息の計上

(1) 借入金の表示

借入金は当期に借入期間５年（支払期限が決算日の翌日から１年を超える）で借り入れているため、「長期借入金」として固定資産に表示します。

B/S 長期借入金：1,200,000円

(2) 未払利息の計上

前回の利払日の翌日（×3年12月１日）から決算日（×4年３月31日）までの４か月分の利息を未払計上します。なお、「未払利息」は貸借対照表上、「未払費用」として表示します。

B/S 未払費用：1,200,000円×３％×$\frac{4か月}{12か月}$＝12,000円

（支払利息）	12,000	（未払費用）	12,000

6 満期保有目的債券の評価

償却原価法（定額法）によって評価します。前期首に取得しているため、前期に１年分償却しています。そのため、額面金額と帳簿価額の差額をあと３年（当期首：×3年４月１日から償還日：×6年３月31日）で償却します。

当期償却額：(500,000円－485,000円)÷３年＝5,000円

（満期保有目的債券）	5,000	（有価証券利息）	5,000

満期保有目的債券：485,000円＋5,000円＝490,000円

7 その他有価証券の評価替え

(1) 前期末の時価評価の再振替仕訳

前期末の時価評価および税効果会計について、本来は期首に再振替仕訳を行うところ、まだ行っていないため、決算において再振替仕訳をします。

前期末の仕訳：

(その他有価証券)	200,000	(繰延税金負債)	60,000
		(その他有価証券評価差額金)	140,000

再振替仕訳：

(繰延税金負債)	60,000	(その他有価証券)	200,000
(その他有価証券評価差額金)	140,000		

(2) 当期末の時価評価

その他有価証券を当期末の時価に評価替えします。また、評価差額金について、税効果会計を適用します。

取得原価：2,700,000円－200,000円＝2,500,000円

評価差額：2,900,000円（時価）－2,500,000円（原価）＝400,000円（評価差益）

税効果の金額：400,000円×30％＝120,000円

評価差額の計上：

(その他有価証券)	400,000	(その他有価証券評価差額金)	400,000

純資産項目

税効果の仕訳：

(その他有価証券評価差額金)	120,000	(繰延税金負債)	120,000

B/S 投資有価証券：490,000円（満期保有目的債券）＋2,900,000円（その他有価証券（時価））＝3,390,000円

B/S その他有価証券評価差額金：400,000円－120,000円＝280,000円

8 法人税等の計上

法人税等を計上します。なお、決算整理前残高試算表に**仮払法人税等**［**資産**］があるので、計上する法人税等と仮払法人税等を相殺し、超過額は**未払法人税等**［**負債**］で処理します。

B/S 未払法人税等：1,800,000円－280,000円＝1,520,000円

(法人税、住民税及び事業税)	1,800,000	(仮払法人税等)	280,000
		(未払法人税等)	1,520,000

9 繰延税金資産と繰延税金負債の相殺と表示

繰延税金資産（3(2)90,000円）と繰延税金負債（7(2)120,000円）を相殺し、純額を固定資産または固定負債に表示します。

B/S 繰延税金負債：120,000円－90,000円＝30,000円
（120,000円：繰延税金負債　90,000円：繰延税金資産）

10 繰越利益剰余金の金額

貸借対照表の繰越利益剰余金の金額は、決算整理前残高試算表の繰越利益剰余金に損益計算書の当期純利益を足して計算しますが、貸借対照表のみを作成する問題の場合には、貸借対照表の繰越利益剰余金以外の金額を求めたあと、貸借差額によって計算しましょう。

第4問（28点）

解答

(1)

	借方 記号	借方 金額	貸方 記号	貸方 金額
1	(ア)材料	275,000	(オ)買掛金	250,000
			(カ)材料副費	25,000
2	(オ)仕掛品	120,000	(イ)材料	120,000
3	(キ)工場	500,000	(オ)現金	500,000

(2)

製造原価報告書　　（単位：円）

Ⅰ　直接材料費		(3,080,000)
Ⅱ　直接労務費		(2,600,000)
Ⅲ　製造間接費		(2,481,000)
合計		(8,161,000)
製造間接費配賦差異	[+ ・⊖]	(11,000)
当月総製造費用		(8,150,000)
月初仕掛品棚卸高		(650,000)
合計		(8,800,000)
月末仕掛品棚卸高		(710,000)
当月製品製造原価		(8,090,000)

損益計算書　　（単位：円）

Ⅰ　売上高			9,600,000
Ⅱ　売上原価			
月初製品棚卸高		(330,000)	
当月製品製造原価		(8,090,000)	
合計		(8,420,000)	
月末製品棚卸高		(360,000)	
差引		(8,060,000)	
原価差異	[⊕ ・ −]	(11,000)	(8,071,000)
売上総利益			(1,529,000)
Ⅲ　販売費および一般管理費			862,000
営業利益			(667,000)

※ [　　] 内は「+」または「−」のいずれかに○をつけること。

(1)は仕訳1つにつき各4点
(2)は　　　1つにつき各2点、合計28点

解説

(1) 仕訳問題

工業簿記の仕訳問題です。

1 材料の購入、材料副費

材料を購入したときは、**材料［資産］**の増加として処理します。

なお、材料副費の金額は材料の取得原価に含めて処理します。

素　　材（取得価格）：@1,000円×200個＝200,000円
（材料副費）：200,000円×10％　＝　20,000円
買入部品（取得価格）：@500円×80個　＝　40,000円
（材料副費）：40,000円×10％　＝　4,000円
工場消耗品（取得価格）：　10,000円
（材料副費）：10,000円×10％　＝　1,000円
材料の取得原価：275,000円

買掛金：200,000円＋40,000円＋10,000円＝250,000円

材料副費予定配賦額：20,000円＋4,000円＋1,000円＝25,000円

2 シングル・プランによる標準原価計算

シングル・プランでは各費目の勘定から、標準原価で仕掛品勘定に振り替えます。そのため、各費目の勘定で原価差異が把握されます。

直接材料費標準消費額：@300円×２kg×200個＝120,000円

3 本社工場会計

本社工場会計で、本社の仕訳が問われています。支払い関連は本社が行っているため、取引の仕訳と本社の仕訳を示すと、次のようになります。

取引の仕訳：	（賃　　　金）	500,000	（現　　　金）	500,000
本社の仕訳：	（工　　　場）	500,000	（現　　　金）	500,000

(2) 工業簿記の財務諸表

製造原価報告書および損益計算書を作成する問題です。

1 金額の計算

(1) 直接材料費

素材費：400,000円＋3,160,000円－480,000円＝3,080,000円

(2) 間接材料費 → 製造間接費実際発生額

補助材料費……………………………36,000円＋430,000円－40,000円＝426,000円

消耗工具器具備品費………………………………………………………51,000円

477,000円

(3) 直接労務費

直接工の直接賃金：@1,000円×2,600時間＝2,600,000円

(4) 間接労務費 → 製造間接費実際発生額

直接工の間接賃金…………………………………@1,000円×250時間＝ 250,000円

間接工の賃金…………………1,450,000円＋44,000円－50,000円＝1,444,000円

1,694,000円

(5) 間接経費 → 製造間接費実際発生額

工場固定資産税……………………………………………………………80,000円

水道光熱費…………………………………………………………………90,000円

工場減価償却費…………………………………………………………140,000円

310,000円

2 製造間接費の配賦

製造原価報告書上では製造間接費を実際発生額で記入したあと、製造間接費配賦差異を加減して最終的に予定配賦額が計上されるように調整します。

そして、損益計算書上で製造間接費配賦差異を売上原価に加減します。

具体的には、不利差異（借方差異）なら売上原価に加算し、有利差異（貸方差異）なら売上原価から減算します。

(1) **製造間接費予定配賦額**

@950円×2,600時間＝2,470,000円

(2) **製造間接費実際発生額**

477,000円＋1,694,000円＋310,000円＝2,481,000円
（477,000円：間接材料費、1,694,000円：間接労務費、310,000円：間接経費）

(3) **製造間接費配賦差異**

2,470,000円－2,481,000円＝△11,000円（不利差異・借方差異）

→ 製造原価報告書からは減算、損益計算書の売上原価には加算

製造原価報告書　（単位：円）

Ⅰ 直接材料費		(3,080,000)
Ⅱ 直接労務費		(2,600,000)
Ⅲ 製造間接費	実際発生額 →	(2,481,000)
合計		(8,161,000)
製造間接費配賦差異	有利差異なら「＋」 不利差異なら「－」 → [＋・⊖]	(11,000)
当月総製造費用	直接材料費：3,080,000円 直接労務費：2,600,000円 製造間接費：2,470,000円 （予定配賦額）8,150,000円 →	(8,150,000)
月初仕掛品棚卸高		(650,000)
合計		(8,800,000)
月末仕掛品棚卸高		(710,000)
当月製品製造原価		(8,090,000)

損益計算書　（単位：円）

Ⅰ 売上高			9,600,000
Ⅱ 売上原価			
月初製品棚卸高		(330,000)	
当月製品製造原価		(8,090,000)	
合計		(8,420,000)	
月末製品棚卸高		(360,000)	
差引		(8,060,000)	
原価差異	[⊕・－]（有利差異なら「－」 不利差異なら「＋」）	(11,000)	(8,071,000)
売上総利益			(1,529,000)
Ⅲ 販売費および一般管理費			862,000
営業利益			(667,000)

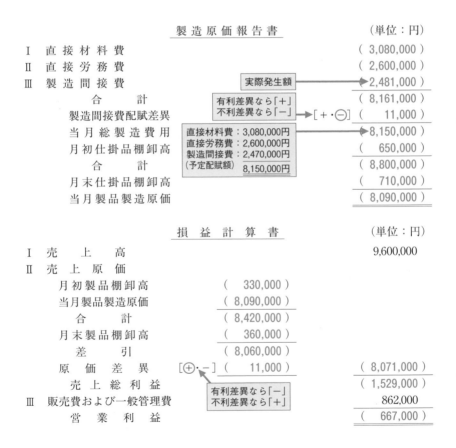

第5問（12点）

解答

問1　標準直接材料消費量　3,550 kg

問2　価　格　差　異　180,000 円　（（借方）・貸方）差異

数　量　差　異　150,000 円　（（借方）・貸方）差異

（　　）内は、「借方」または「貸方」のいずれかに○をつけること。

問3　標準直接作業時間　2,920 時間

1つにつき各3点、合計12点

解説

標準原価計算の差異分析に関する問題です。

資料から生産データを整理すると次のとおりです。

直接材料費

仕　掛　品

月初 50個	完成 720個
当月 710個*1	月末 40個

＊1　720個＋40個－50個＝710個

加工費（直接労務費＋製造間接費）

仕　掛　品

月初 10個*2	完成 720個
当月 730個*4	月末 20個*3

＊2　50個×0.2＝10個
＊3　40個×0.5＝20個
＊4　720個＋20個－10個＝730個

問1 標準直接材料消費量

標準直接材料消費量： 5 kg×710個＝3,550kg

問2 直接材料費差異の分析

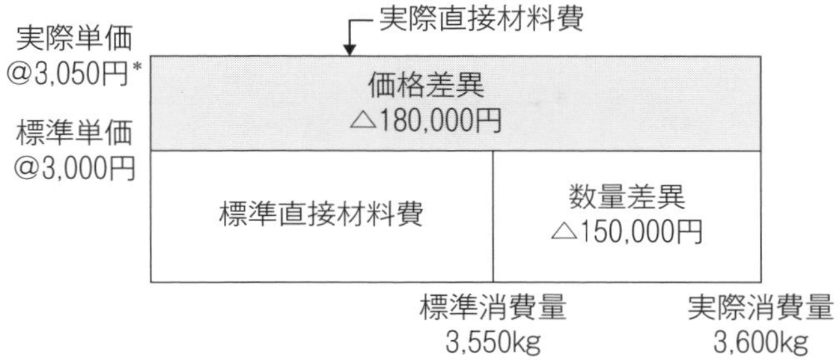

＊ 実際単価：10,980,000円÷3,600kg＝@3,050円

価格差異：(@3,000円－@3,050円)×3,600kg＝△180,000円（借方差異・不利差異）

数量差異：@3,000円×(3,550kg－3,600kg)＝△150,000円（借方差異・不利差異）

問3 標準直接作業時間

標準直接作業時間： 4 時間×730個＝2,920時間

模擬試験　第3回 解答解説

第1問（20点）

解答

	借方		貸方	
	記号	金額	記号	金額
1	(キ)繰越利益剰余金	7,500,000	(イ)未払配当金	6,000,000
			(カ)新築積立金	1,000,000
			(オ)利益準備金	500,000
2	(エ)売掛金	250,000	(オ)売上	237,500
			(カ)返金負債	12,500
3	(ア)未収入金	400,000	(キ)未決算	390,000
			(オ)保険差益	10,000
4	(ア)現金	1,993,400	(イ)売買目的有価証券	1,970,000
	(キ)有価証券売却損	3,000	(エ)有価証券利息	26,400
5	(ウ)前受金	102,000	(エ)売上	518,000
	(カ)売掛金	416,000		

仕訳1つにつき各4点、合計20点

解説

1 剰余金の配当と処分

繰越利益剰余金の配当および処分があったときは、**繰越利益剰余金**［純資産］から該当する各勘定科目に振り替えます。

なお、利益準備金の積立額は次の計算によって求めます。

① $\underbrace{6{,}000{,}000\text{円}}_{\text{株主配当金}} \times \dfrac{1}{10} = 600{,}000\text{円}$

② $\underbrace{50{,}000{,}000\text{円}}_{\text{資本金}} \times \dfrac{1}{4} - (\underbrace{8{,}000{,}000\text{円}}_{\text{資本準備金}} + \underbrace{4{,}000{,}000\text{円}}_{\text{利益準備金}}) = 500{,}000\text{円}$

③ ①＞②より②500,000円

2 売上割戻し

商品を売り上げたときに、売上割戻しが予想される場合には、予想される割戻額を差し引いた金額で**売上**［**収益**］を計上し、予想される割戻額については**返金負債**［**負債**］で処理します。

売　　上：(@1,000円－@50円)×250個＝237,500円

返金負債：@50円×250個＝12,500円

売 掛 金：@1,000円×250個＝250,000円

3 固定資産の滅失

保険が掛けられている固定資産が滅失したときは、保険金額が確定するまでの間、滅失時の帳簿価額を**未決算勘定**で処理しておきます。

滅失時の仕訳：

(建物減価償却累計額)	210,000	(建　　　　物)	600,000
(未　　決　　算)	390,000		

後日、保険金額が確定したときは、保険金額と滅失した固定資産の帳簿価額（未決算の額）との差額を**保険差益**［**収益**］または**火災損失**［**費用**］で処理します。

4 端数利息の計算

前回の利払日の翌日（×2年10月1日）から売却日（×2年12月5日）までの端数利息は、当社が受け取るべき利息にもかかわらず、利払日に後の所有者（購入者）に支払われます。そのため、売却時において、後の所有者（購入者）からその分の利息を受け取ります。

端数利息：$2,000,000円 \times 7.3\% \times \dfrac{66日^{*}}{365日} = 26,400円$

＊31日(10月)＋30日(11月)＋5日(12月)＝66日

売却価額：$2,000,000円 \times \dfrac{98.35円}{100円} = 1,967,000円$

現　　金：1,967,000円＋26,400円＝1,993,400円

有価証券売却損益：$\underbrace{1,967,000円}_{売却価額} - \underbrace{1,970,000円}_{帳簿価額} = △3,000円$（売却損）

5 外貨建て取引

手付金を受け取ったときに**前受金［負債］**で処理しているので、商品を売り上げたときには**前受金［負債］**の減少で処理します（6月1日の為替相場で換算します)。また、外貨建ての輸出金額（5,000ドル）と前受金（1,000ドル）の差額は**売掛金［資産］**で処理します（8月1日の為替相場で換算します)。

そして、上記の前受金と売掛金を合計した金額で**売上［収益］**を計上します。

前受金：102円×1,000ドル＝102,000円

売掛金：104円×4,000ドル＝416,000円

売　上：102,000円＋416,000円＝518,000円

第2問（20点）

解答

問１　買掛金残高　¥ 3,597,000

問２

商　　　品

日付			摘要	借方	日付			摘要	貸方
×1	4	1	前期繰越	1,250,000	×1	5	15	(キ)売上原価	500,000
	6	30	(ウ)買掛金	1,512,000		8	20	(キ)売上原価	1,131,000
×2	2	1	(ウ)買掛金	3,795,000	×2	3	1	(キ)売上原価	2,955,600
						3	31	次期繰越	1,970,400
				6,557,000					6,557,000

備　　　品

日付			摘要	借方	日付			摘要	貸方
×1	12	1	(エ)未払金	1,980,000	×2	3	31	(ク)減価償却費	132,000
						3	31	次期繰越	1,848,000
				1,980,000					1,980,000

問３　①売上高：　¥ 6,490,000

②売上原価：　¥ 4,586,600

③為替差（損・(益)）：　¥ 243,600

※「損」または「益」を○で囲むこと。

（網掛け）1つにつき各2点、合計20点

解説

商品売買と外貨建て取引に関する問題です。また、商品売買は売上原価対立法で処理し、商品の払出単価は移動平均法で計算します。

1 取引の仕訳等

(1) ×1年４月１日（前期繰越）

商品の前期繰越額：@2,500円×500個＝1,250,000円

(2) ×1年５月15日（売上）

（売　掛　金）	660,000	（売　　上）	660,000*1
（売 上 原 価）	500,000	（商　　品）	500,000*2

＊１　@3,300円×200個＝660,000円

＊２　@2,500円×200個＝500,000円

この時点の商品在庫：数量；500個－200個＝300個

単価；@2,500円

金額；@2,500円×300個＝750,000円

(3) ×1年５月31日（買掛金の支払い）

外貨建ての買掛金は決算において、決算時の為替相場に換算します。そのため、期首の買掛金（ドルベース）は4,800ドル（494,400円÷103円）であることがわかります。

（買　掛　金）	494,400	（普 通 預 金）	508,800*1
（為 替 差 損 益）	14,400*2		

＊１　4,800ドル×106円＝508,800円

＊２　貸借差額

(4) ×1年６月30日（商品の輸入）

（商　　品）	1,512,000*	（買　掛　金）	1,512,000

＊　@20ドル×700個×108円＝1,512,000円

この時点の商品在庫：数量；300個＋700個＝1,000個

単価；$\frac{750{,}000円+1{,}512{,}000円}{300個+700個}$＝@2,262円

金額；750,000円＋1,512,000円＝2,262,000円

(5)　×1年８月20日（売上）

（売　掛　金）	1,750,000	（売　　　上）	1,750,000*1
（売 上 原 価）	1,131,000	（商　　　品）	1,131,000*2

＊１　@3,500円×500個＝1,750,000円

＊２　@2,262円×500個＝1,131,000円

この時点の商品在庫：数量；1,000個－500個＝500個

単価；@2,262円

金額：@2,262円×500個＝1,131,000円

(6)　×1年９月30日（買掛金の支払い）

（買　掛　金）	1,512,000	（普 通 預 金）	1,470,000*1
		（為 替 差 損 益）	42,000*2

＊１　@20ドル×700個×105円＝1,470,000円

＊２　貸借差額

(7)　×1年12月１日（備品の輸入）

（備　　　品）	1,980,000*	（未　払　金）	1,980,000

＊　18,000ドル×110円＝1,980,000円

(8)　×2年２月１日（商品の輸入）

（商　　　品）	3,795,000*	（買　掛　金）	3,795,000

＊　@22ドル×1,500個×115円＝3,795,000円

この時点の商品在庫：数量：500個＋1,500個＝2,000個

単価；$\frac{1,131,000円+3,795,000円}{500個+1,500個}$＝@2,463円

金額：1,131,000円＋3,795,000円＝4,926,000円

⑼　×2年３月１日（売上）

（売　掛　金）	4,080,000	（売　　　上）	4,080,000＊1
（売 上 原 価）	2,955,600	（商　　　品）	2,955,600＊2

＊１　@3,400円×1,200個＝4,080,000円
＊２　@2,463円×1,200個＝2,955,600円

この時点の商品在庫：数量；2,000個－1,200個＝800個
単価；@2,463円
金額；@2,463円×800個＝1,970,400円

⑽　×2年３月31日（決算・貨幣項目の換算）

外貨建て資産・負債のうち、貨幣項目については決算時の為替相場で換算替えをします。なお、本問において、決算時に残っている外貨建て資産・負債は買掛金33,000ドル（２月１日輸入分。@22ドル×1,500個）、未払金18,000ドル（12月１日輸入分）、備品18,000ドル（12月１日輸入分）、商品がありますが、このうち、貨幣項目は買掛金と未払金なので、買掛金と未払金について決算時の為替相場（ＣＲ）で換算替えをします。

①　買掛金の換算

（買　掛　金）	198,000＊	（為 替 差 損 益）	198,000

＊　(i)帳簿上の金額：3,795,000円
(ii)ＣＲで換算した金額：@22ドル×1,500個×109円＝3,597,000円
問１
(iii) (ii)－(i)＝△198,000円→買掛金が198,000円減少

②　未払金の換算

（未　払　金）	18,000＊	（為 替 差 損 益）	18,000

＊　(i)帳簿上の金額：1,980,000円
(ii)ＣＲで換算した金額：18,000ドル×109円＝1,962,000円
(iii) (ii)－(i)＝△18,000円→未払金が18,000円減少

⑾　×2年３月31日（決算・減価償却費の計上）

（減 価 償 却 費）	132,000＊	（備　　　品）	132,000

＊　1,980,000円÷５年×$\frac{\text{4か月}}{\text{12か月}}$＝132,000円

2 損益の金額

(1) 当期の売上高

売上高：660,000円＋1,750,000円＋4,080,000円＝6,490,000円
5/15　8/20　3/1

(2) 当期の売上原価

売上原価：500,000円＋1,131,000円＋2,955,600円＝4,586,600円
5/15　8/20　3/1

(3) 当期の為替差損益

為替差損益：（借方）14,400円
5/31

（貸方）42,000円＋198,000円＋18,000円＝258,000円
9/30　3/31　3/31

258,000円－14,400円＝243,600円→為替差益
貸方　借方　貸方

第3問（20点）

解答

(1)　本店の損益勘定

損　　益

仕　　入	(6,693,000)	売　　上	(10,452,000)
販 売 費	(2,721,000)	有価証券利息	(9,000)
貸倒引当金繰入	(15,000)		
一般管理費	(270,000)		
減価償却費	(240,000)		
総合損益	(522,000)		
	(10,461,000)		(10,461,000)

(2)　本店の総合損益勘定

総 合 損 益

法人税等	607,200	損　　益	(522,000)
繰越利益剰余金	(910,800)	支　　店	(996,000)
	(1,518,000)		(1,518,000)

(3)　本支店合併損益計算書

損益計算書

自×4年4月1日　至×5年3月31日　　（単位：円）

費　　用	金　　額	収　　益	金　　額
期首商品棚卸高	(1,791,000)	売 上 高	(19,812,000)
当期商品仕入高	(12,576,000)	期末商品棚卸高	(1,116,000)
販 売 費	(4,182,000)	有価証券利息	(9,000)
貸倒引当金繰入	(25,800)		
一般管理費	(489,000)		
減価償却費	(355,200)		
法人税等	607,200		
当期純利益	(910,800)		
	(20,937,000)		(20,937,000)

1つにつき各2点、合計20点

解説

本店の損益勘定および総合損益勘定と本支店合併損益計算書を作成する問題です。

Ⅰ　決算整理仕訳

1　売上原価の算定

仕入勘定で売上原価を算定します。

本　店	（仕　　　　　入）	993,000	（繰　越　商　品）	993,000
	（繰　越　商　品）	660,000	（仕　　　　　入）	660,000

売上原価：993,000円＋6,360,000円－660,000円＝6,693,000円

支　店	（仕　　　　　入）	798,000	（繰　越　商　品）	798,000
	（繰　越　商　品）	456,000	（仕　　　　　入）	456,000

売上原価：798,000円＋6,216,000円－456,000円＝6,558,000円

2　貸倒引当金の設定

受取手形および売掛金の期末残高に対して貸倒引当金を設定します。

本　店	（貸倒引当金繰入）	15,000	（貸　倒　引　当　金）	15,000

貸倒引当金：（960,000円＋1,320,000円）×２％＝45,600円
　　　　　　本店受取手形　本店売掛金

貸倒引当金繰入：45,600円－30,600円＝15,000円

支　店	（貸倒引当金繰入）	10,800	（貸　倒　引　当　金）	10,800

貸倒引当金：（702,000円＋1,068,000円）×２％＝35,400円
　　　　　　支店受取手形　支店売掛金

貸倒引当金繰入：35,400円－24,600円＝10,800円

3　満期保有目的債券の評価替え（償却原価法）

当期首に取得した債券なので、額面金額と帳簿価額の差額を償還期限５年で割って償却額を算定します。

本　店	（満期保有目的債券）	3,000	（有価証券利息）	3,000*

＊　（600,000円－585,000円）÷５年＝3,000円

有価証券利息：6,000円＋3,000円＝9,000円

4 固定資産の減価償却

備品を定率法により減価償却を行います。

本　店	(減価償却費)	240,000	(減価償却累計額)	240,000

減価償却費：(1,500,000円－300,000円)×20％＝240,000円

支　店	(減価償却費)	115,200	(減価償却累計額)	115,200

減価償却費：(720,000円－144,000円)×20％＝115,200円

5 費用の未払い・前払い

本　店	(販売費)	105,000	(未払販売費)	105,000
	(前払一般管理費)	45,000	(一般管理費)	45,000

支　店	(販売費)	24,000	(未払販売費)	24,000
	(前払一般管理費)	18,000	(一般管理費)	18,000

Ⅱ 決算振替仕訳

1 費用収益の振り替え

決算整理後の費用収益の残高を損益勘定へ振り替え、当期純利益を算定します。

本　店	(売上)	10,452,000	(損益)	10,461,000
	(有価証券利息)	9,000		

本　店	(損益)	9,939,000	(仕入)	6,693,000
			(販売費)	2,721,000
			(貸倒引当金繰入)	15,000
			(一般管理費)	270,000
			(減価償却費)	240,000

支　店	(売上)	9,360,000	(損益)	9,360,000

支　店	(損益)	8,364,000	(仕入)	6,558,000
			(販売費)	1,461,000
			(貸倒引当金繰入)	10,800
			(一般管理費)	219,000
			(減価償却費)	115,200

2 本店の純利益の振り替え

本店の純利益は総合損益勘定に振り替えます。

本　店	（損　　　　益）	522,000	（総　合　損　益）	522,000

3 支店の純利益の振り替え

支店の純利益は本店勘定に振り替えます。また、本店の支店勘定に記入を行うとともに総合損益勘定に記入します。

本　店	（支　　　　店）	996,000	（総　合　損　益）	996,000
支　店	（損　　　　益）	996,000	（本　　　　店）	996,000

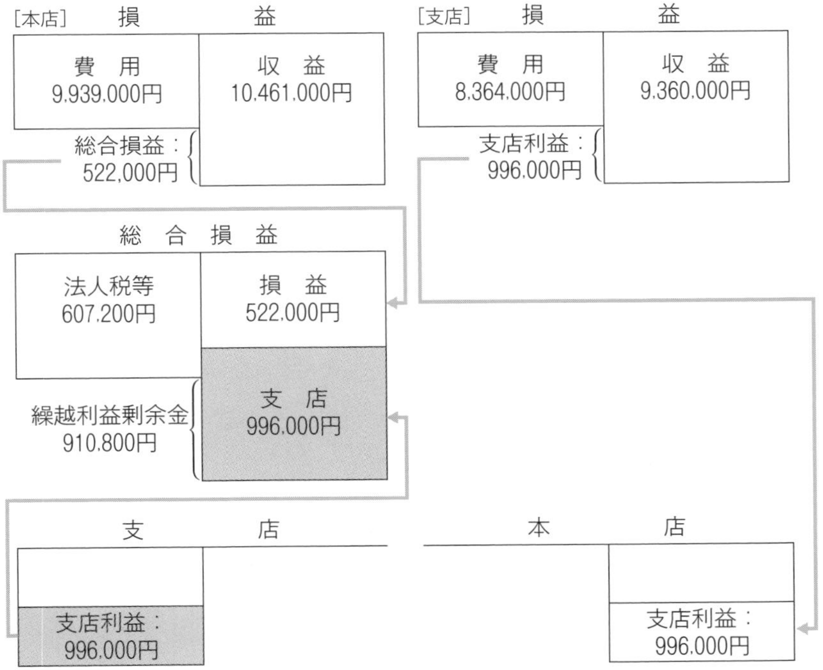

Ⅲ　本支店合併損益計算書

本店および支店の損益勘定を合算して、合併損益計算書を作成します。

P/L　売　　上　　高：10,452,000円＋9,360,000円＝19,812,000円
本店　支店

P/L　期首商品棚卸高：993,000円＋798,000円＝1,791,000円
本店　支店

P/L　期末商品棚卸高：660,000円＋456,000円＝1,116,000円
本店　支店

P/L　当期商品仕入高：6,360,000円＋6,216,000円＝12,576,000円
本店　支店

P/L　販　　売　　費：2,721,000円＋1,461,000円＝4,182,000円
本店　支店

P/L　貸倒引当金繰入：15,000円＋10,800円＝25,800円
本店　支店

P/L　一 般 管 理 費：270,000円＋219,000円＝489,000円
本店　支店

P/L　減 価 償 却 費：240,000円＋115,200円＝355,200円
本店　支店

P/L　有価証券利息：9,000円

P/L　当 期 純 利 益：貸借差額

第4問（28点）

解答

(1)

	借方		貸方	
	記号	金額	記号	金額
1	(ウ)仕掛品	185,000	(ア)材料	185,000
2	(イ)材料副費	4,000	(オ)材料副費差異	4,000
3	(ウ)製造間接費	400,000	(エ)本社	400,000

(2)

問1　月末仕掛品原価：1,077,000 円

問2　等級製品Sの単位原価：2,300 円/個

問3　等級製品Tの単位原価：3,450 円/個

問4　等級製品Uの単位原価：4,600 円/個

(1)は仕訳1つにつき各4点、
(2)は　1つにつき各4点、
合計28点

解説

(1) 仕訳問題

工業簿記の仕訳問題です。

1 素材の消費

直接材料（素材）を消費したときは、**材料勘定**から**仕掛品勘定**に振り替えます。なお、先入先出法で計算するため、月初在庫50kg（@600円）から払い出しが行われ、当月購入分からは250kg（300kg－50kg）が払い出されたと仮定して計算します。

直接材料費：@600円×50kg＋@620円×250kg＝185,000円

2 材料副費差異の計上

材料副費の予定配賦額が360,000円、実際発生額が356,000円なので、材料副費差異は有利差異（貸方差異）となります。

材料副費差異：360,000円－356,000円＝4,000円（有利差異・貸方差異）

3 本社工場会計

本社工場会計で、工場の仕訳が問われています。取引の仕訳と工場の仕訳を示すと、次のようになります。

取引の仕訳：	（製造間接費）	400,000	（減価償却累計額）	400,000
工場の仕訳：	（製造間接費）	400,000	（本　　　　社）	400,000

(2) 等級別総合原価計算

等級別総合原価計算の問題です。

等級別総合原価計算では、各等級製品の完成品総合原価をまとめて計算したあと、積数（各等級製品の完成品量×等価係数）を使って完成品総合原価を各等級製品に配分します。なお、各等級製品の完成品単位原価は、各等級製品に配分された完成品総合原価をもとの完成品量で割って求めます。

1 完成品総合原価、月末仕掛品原価の計算

(1) 原料費の計算〈平均法〉

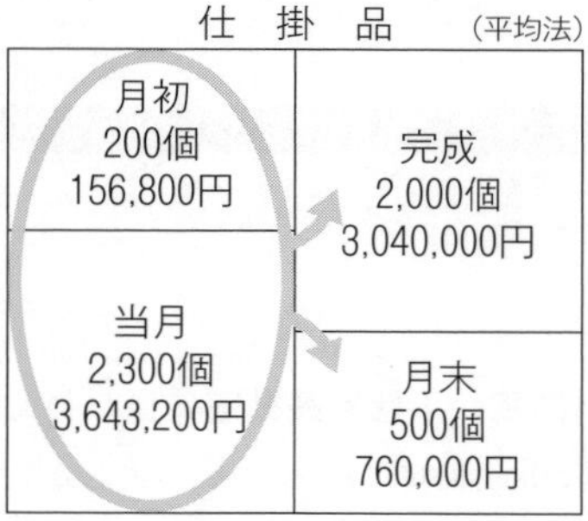

平 均 単 価：$\dfrac{156{,}800\text{円}+3{,}643{,}200\text{円}}{2{,}000\text{個}+500\text{個}}$＝@1,520円

月末仕掛品：@1,520円×500個＝760,000円

完　成　品：@1,520円×2,000個＝3,040,000円

(2) 加工費の計算〈平均法〉

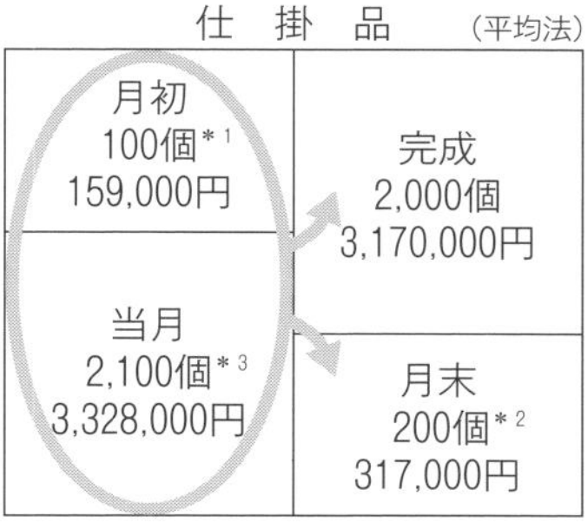

＊1　200個×50%＝100個
＊2　500個×40%＝200個
＊3　2,000個＋200個－100個＝2,100個

平 均 単 価：$\dfrac{159{,}000\text{円}+3{,}328{,}000\text{円}}{2{,}000\text{個}+200\text{個}}=@1{,}585\text{円}$

月末仕掛品：@1,585円×200個＝317,000円

完　成　品：@1,585円×2,000個＝3,170,000円

(3) 完成品総合原価等

月末仕掛品原価：760,000円＋317,000円＝1,077,000円…問1

完成品総合原価：3,040,000円＋3,170,000円＝6,210,000円

2 各等級製品の完成品総合原価および単位原価の計算

(1) 各等級製品の積数の計算

製品S：1,000個×1　＝1,000

製品T：　600個×1.5＝　900

製品U：　400個×2　＝　800

　　　　　　　　　　　2,700

(2) 各等級製品の完成品総合原価の計算

製品S：$6{,}210{,}000\text{円}\times\dfrac{1{,}000}{2{,}700}=2{,}300{,}000\text{円}$

製品T：$6{,}210{,}000\text{円}\times\dfrac{900}{2{,}700}=2{,}070{,}000\text{円}$

製品U：$6{,}210{,}000\text{円}\times\dfrac{800}{2{,}700}=1{,}840{,}000\text{円}$

(3)　各等級製品の完成品単位原価の計算

製品S：2,300,000円÷1,000個＝@2,300円…問２

製品T：2,070,000円÷　600個＝@3,450円…問３

製品U：1,840,000円÷　400個＝@4,600円…問４

第5問（12点）

解答

問１	変動費率	30	%
問２	損益分岐点の売上高	2,500,000	円
問３	安全余裕率	37.5	%
問４	営業利益	1,190,000	円

（網掛け）１つにつき各３点、合計12点

解説

ＣＶＰ分析の問題です。

1 変動費率

変動費率は、売上高に対する変動費の割合です。

$$変動費率：\frac{1{,}200{,}000円}{4{,}000{,}000円}\times 100 = 30\%$$

2 損益分岐点の売上高

損益分岐点の売上高は、営業利益がゼロとなる売上高です。

売上高をＳとする場合

売上高	S
変動費	0.3S
貢献利益	0.7S
固定費	1,750,000
営業利益	0

$$0.7\,S - 1{,}750{,}000 = 0$$
$$0.7\,S = 1{,}750{,}000$$
$$S = 1{,}750{,}000 \div 0.7$$
$$S = 2{,}500{,}000円$$

3 安全余裕率

$$安全余裕率：\frac{4{,}000{,}000円 - 2{,}500{,}000円}{4{,}000{,}000円}\times 100 = 37.5\%$$

模擬試験 第3回

4 売上高が4,200,000円と予想されるときの営業利益

売　上　高：		4,200,000円
変　動　費：	4,200,000円×0.3＝	1,260,000円
貢献利益：	4,200,000円×0.7＝	2,940,000円
固　定　費：		1,750,000円
営業利益：		1,190,000円

【著　者】
滝澤ななみ（たきざわ・ななみ）

簿記、ＦＰ、宅建士など多くの資格書を執筆している。主な著書は『スッキリわかる日商簿記』１～３級（15年連続全国チェーン売上第１位[※1]）、『みんなが欲しかった！　簿記の教科書・問題集』日商２・３級、『みんなが欲しかった！ＦＰの教科書』２・３級（10年連続売上第１位[※2]）、『みんなが欲しかった！ＦＰの問題集』２・３級など。

※１　紀伊國屋書店PubLine/三省堂書店/丸善ジュンク堂書店　2009年１月～2023年12月（各社調べ、50音順）
※２　紀伊國屋書店PubLine調べ　2014年１月～2023年12月

〈ホームページ〉『滝澤ななみのすすめ！』
著者が運営する簿記、ＦＰ、宅建士に関する情報サイト。
ネット試験対応の練習問題も掲載しています。
URL：https://takizawananami-susume.jp/

・装丁：Malpu Design

みんなが欲しかったシリーズ

みんなが欲《ほ》しかった！
簿記《ぼき》の問題集《もんだいしゅう》　日商《にっしょう》２級《きゅう》　商業《しょうぎょう》簿記《ぼき》　第《だい》13版《はん》

2012年３月８日　初　版　第１刷発行
2024年２月26日　第13版　第１刷発行
2024年８月13日　　　　　第２刷発行

著　　者	滝　澤　な　な　み
発 行 者	多　田　敏　男
発 行 所	TAC株式会社　出版事業部（TAC出版）

〒101-8383
東京都千代田区神田三崎町3-2-18
電 話 03(5276)9492(営業)
FAX 03(5276)9674
https://shuppan.tac-school.co.jp

組　　版	株式会社　グ　ラ　フ　ト
印　　刷	株式会社　ワ　コ　ー
製　　本	東京美術紙工協業組合

ISBN 978-4-300-11010-2
N.D.C. 336

簿記検定講座のご案内

選べる学習メディアでご自身に合うスタイルでご受講ください!

通学講座

3級コース　3・2級コース　2級コース　1級コース　1級上級コース

教室講座　通って学ぶ

定期的な日程で通学する学習スタイル。常に講師と接することができるという教室講座の最大のメリットがありますので、疑問点はその日のうちに解決できます。また、勉強仲間との情報交換も積極的に行えるのが特徴です。

ビデオブース講座　通って学ぶ　予約制

ご自身のスケジュールに合わせて、TACのビデオブースで学習するスタイル。日程を自由に設定できるため、忙しい社会人に人気の講座です。

直前期教室出席制度
直前期以降、教室受講に振り替えることができます。

無料体験入学　ご自身の目で、耳で体験し納得してご入学いただくために、無料体験入学をご用意しました。

無料講座説明会　もっとTACのことを知りたいという方は、無料講座説明会にご参加ください。

無　料
予約不要※

※ビデオブース講座の無料体験入学は要予約。
無料講座説明会は一部校舎では要予約。

通信講座

3級コース　3・2級コース　2級コース　1級コース　1級上級コース

Web通信講座　スマホやタブレットにも対応　見て学ぶ

教室講座の生講義をブロードバンドを利用し動画で配信します。ご自身のペースに合わせて、24時間いつでも何度でも繰り返し受講することができます。また、講義動画はダウンロードして2週間視聴可能です。有効期間内は何度でもダウンロード可能です。

※Web通信講座の配信期間は、お申込コースの目標月の翌月末までです。

TAC WEB SCHOOL ホームページ
URL https://portal.tac-school.co.jp/

※お申込み前に、左記のサイトにて必ず動作環境をご確認ください。

DVD通信講座　見て学ぶ

講義を収録したデジタル映像をご自宅にお届けします。講義の臨場感をクリアな画像でご自宅にて再現することができます。

※DVD-Rメディア対応のDVDプレーヤーでのみ受講が可能です。
パソコンやゲーム機での動作保証はいたしておりません。

資料通信講座（1級のみ）

テキスト・添削問題を中心として学習します。

Webでも無料配信中!　スマホ タブレット　パソコン

「TAC動画チャンネル」

- 講座説明会　※収録内容の変更のため、配信されない期間が生じる場合がございます。
- 1回目の講義（前半分）が視聴できます

詳しくは、TACホームページ
「TAC動画チャンネル」をクリック!

TAC動画チャンネル　簿記　検索

コースの詳細は、簿記検定講座パンフレット・TACホームページをご覧ください。

パンフレットのご請求・お問い合わせは、TACカスタマーセンターまで

通話無料　0120《ゴウカク》-509《イイナ》-117

受付時間　月～金 9:30～19:00
土・日・祝 9:30～18:00
※携帯電話からもご利用になれます。

TAC簿記検定講座ホームページ
TAC 簿記　検索

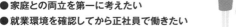

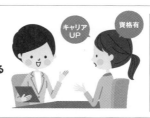

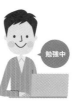

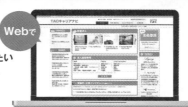

TAC出版

コンセプト問題集

● 得点力をつける!
『みんなが欲しかった! やさしすぎる解き方の本』

B5判　滝澤 ななみ 著

● 授業で解き方を教わっているような新感覚問題集。再受験にも有効。

◆3級　□2級

本試験対策問題集

● 本試験タイプの問題集
『合格するための本試験問題集』

（1級は過去問題集）

B5判

● 12回分（1級は14回分）の問題を収載。ていねいな「解答への道」、各問対策が充実

● 年2回刊行。

◆3級　□2級　■1級

● 知識のヌケをなくす!
『まるっと完全予想問題集』

（1級は網羅型完全予想問題集）

A4判

● オリジナル予想問題（3級10回分、2級12回分、1級8回分）で本試験の重要出題パターンを網羅。

● 実力養成にも直前の本試験対策にも有効。

◆3級　□2級　■1級

直前予想

『○年度試験をあてる TAC予想模試 ＋解き方テキスト ○～○月試験対応』

（1級は第○回試験をあてるTAC直前予想模試）

A4判

● TAC講師陣による4回分の予想問題で最終仕上げ。

● 2級・3級は、第1部解き方テキスト編、第2部予想模試編の2部構成。

● 年3回（1級は年2回）、各試験に向けて発行します。

◆3級　□2級　■1級

あなたに合った合格メソッドをもう一冊!

仕訳『究極の仕訳集』

B6変型判

● 悩む仕訳をスッキリ整理。ハンディサイズ、一問一答式で基本の仕訳を一気に覚える。

◆3級　□2級

仕訳『究極の計算と仕訳集』

B6変型判　境 浩一朗 著

● 1級商会で覚えるべき計算と仕訳がすべてつまった1冊!

■1級 商・会

理論『究極の会計学理論集』

B6変型判

● 会計学の理論問題を論点別に整理、手軽なサイズが便利です。

■1級 商・会、全経上級

電卓『カンタン電卓操作術』

A5変型判　TAC電卓研究会 編

● 実践的な電卓の操作方法について、丁寧に説明します!

：ネット試験の演習ができる模擬試験プログラムつき（2級・3級）

：スマホで使える仕訳Webアプリつき（2級・3級）

・2024年2月現在　・刊行内容、表紙等は変更することがあります　・とくに記述がある商品以外は、TAC簿記検定講座編です

書籍の正誤に関するご確認とお問合せについて

書籍の記載内容に誤りではないかと思われる箇所がございましたら、以下の手順にてご確認とお問合せをしてくださいますよう、お願い申し上げます。

なお、正誤のお問合せ以外の**書籍内容に関する解説および受験指導などは、一切行っておりません。**
そのようなお問合せにつきましては、お答えいたしかねますので、あらかじめご了承ください。

1 「Cyber Book Store」にて正誤表を確認する

TAC出版書籍販売サイト「Cyber Book Store」の
トップページ内「正誤表」コーナーにて、正誤表をご確認ください。

CYBER BOOK STORE TAC出版書籍販売サイト

URL:https://bookstore.tac-school.co.jp/

2 1の正誤表がない、あるいは正誤表に該当箇所の記載がない ⇒ 下記①、②のどちらかの方法で文書にて問合せをする

★ご注意ください★

お電話でのお問合せは、お受けいたしません。
①、②のどちらの方法でも、お問合せの際には、「お名前」とともに、
「対象の書籍名(○級・第○回対策も含む)およびその版数(第○版・○○年度版など)」
「お問合せ該当箇所の頁数と行数」
「誤りと思われる記載」
「正しいとお考えになる記載とその根拠」
を明記してください。
なお、回答までに1週間前後を要する場合もございます。あらかじめご了承ください。

① ウェブページ「Cyber Book Store」内の「お問合せフォーム」より問合せをする

【お問合せフォームアドレス】

https://bookstore.tac-school.co.jp/inquiry/

② メールにより問合せをする

【メール宛先　TAC出版】

syuppan-h@tac-school.co.jp

※土日祝日はお問合せ対応をおこなっておりません。
※正誤のお問合せ対応は、該当書籍の改訂版刊行月末日までといたします。

乱丁・落丁による交換は、該当書籍の改訂版刊行月末日までといたします。なお、書籍の在庫状況等により、お受けできない場合もございます。
また、各種本試験の実施の延期、中止を理由とした本書の返品はお受けいたしません。返金もいたしかねますので、あらかじめご了承くださいますようお願い申し上げます。

TACにおける個人情報の取り扱いについて
■お預かりした個人情報は、TAC(株)で管理させていただき、お問合せへの対応、当社の記録保管にのみ利用いたします。お客様の同意なしに業務委託先以外の第三者に開示、提供することはございません(法令等により開示を求められた場合を除く)。その他、個人情報保護管理者、お預かりした個人情報の開示等及びTAC(株)への個人情報の提供の任意性については、当社ホームページ(https://www.tac-school.co.jp)をご覧いただくか、個人情報に関するお問い合わせ窓口(E-mail:privacy@tac-school.co.jp)までお問合せください。

(2022年7月現在)

簿記の問題集　日商２級　商業簿記

問題編　答案用紙
（第１問対策～第３問対策）

『簿記の問題集　日商２級　商業簿記』の問題編の答案用紙です。

〈別冊ご利用時の注意〉

この色紙を残したまま冊子をていねいに抜き取り、留め具を外さない状態で、
ご利用ください。また、抜き取りのさいの損傷についてのお取替えはご遠慮願います。

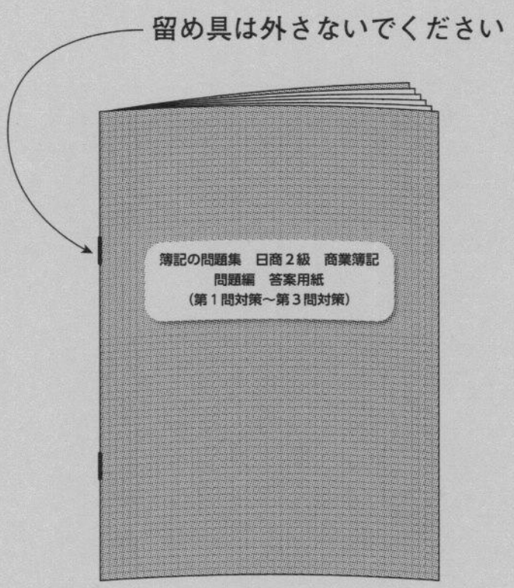

なお、答案用紙はダウンロードでもご利用いただけます。
TAC出版書籍販売サイト・サイバーブックストアにアクセスしてください。
https://bookstore.tac-school.co.jp/

簿記の問題集　日商２級　商業簿記
問題編　答案用紙
（第１問対策～第３問対策）

純資産の取引

	借方		貸方	
	記号	金額	記号	金額
	(　　)		(　　)	
1	(　　)		(　　)	
	(　　)		(　　)	
	(　　)		(　　)	
2	(　　)		(　　)	
	(　　)		(　　)	
	(　　)		(　　)	
3	(　　)		(　　)	
	(　　)		(　　)	
	(　　)		(　　)	
4	(　　)		(　　)	
	(　　)		(　　)	
	(　　)		(　　)	
5	(　　)		(　　)	
	(　　)		(　　)	
	(　　)		(　　)	
6	(　　)		(　　)	
	(　　)		(　　)	
	(　　)		(　　)	
7	(　　)		(　　)	
	(　　)		(　　)	

	借方		貸方	
	記号	金額	記号	金額
8	(　　)		(　　)	
	(　　)		(　　)	
	(　　)		(　　)	
9	(　　)		(　　)	
	(　　)		(　　)	
	(　　)		(　　)	
10	(　　)		(　　)	
	(　　)		(　　)	
	(　　)		(　　)	

第1問対策－❷／16問　税金

	借方		貸方	
	記号	金額	記号	金額
1	(　　)		(　　)	
	(　　)		(　　)	
	(　　)		(　　)	
2	(　　)		(　　)	
	(　　)		(　　)	
	(　　)		(　　)	
3	(　　)		(　　)	
	(　　)		(　　)	
	(　　)		(　　)	

第1問対策－❸／16問

商品売買

	借方		貸方	
	記号	金額	記号	金額
1	(　　)		(　　)	
	(　　)		(　　)	
	(　　)		(　　)	
2	(　　)		(　　)	
	(　　)		(　　)	
	(　　)		(　　)	
3	(　　)		(　　)	
	(　　)		(　　)	
	(　　)		(　　)	
4	(　　)		(　　)	
	(　　)		(　　)	
	(　　)		(　　)	

第1問対策－❹／16問　手形と電子記録債権（債務）等

	借方		貸方	
	記号	金額	記号	金額
	(　　)		(　　)	
1	(　　)		(　　)	
	(　　)		(　　)	
	(　　)		(　　)	
2	(　　)		(　　)	
	(　　)		(　　)	
	(　　)		(　　)	
3	(　　)		(　　)	
	(　　)		(　　)	
	(　　)		(　　)	
4	(　　)		(　　)	
	(　　)		(　　)	
	(　　)		(　　)	
5	(　　)		(　　)	
	(　　)		(　　)	
	(　　)		(　　)	
6	(　　)		(　　)	
	(　　)		(　　)	
	(　　)		(　　)	
7	(　　)		(　　)	
	(　　)		(　　)	

	借方		貸方	
	記号	金額	記号	金額
8	(　　)		(　　)	
	(　　)		(　　)	
	(　　)		(　　)	
9	(　　)		(　　)	
	(　　)		(　　)	
	(　　)		(　　)	
10	(　　)		(　　)	
	(　　)		(　　)	
	(　　)		(　　)	
11	(　　)		(　　)	
	(　　)		(　　)	
	(　　)		(　　)	

第1問対策－❺／16問

現金預金

		借方		貸方	
		記号	金額	記号	金額
1		(　　)		(　　)	
		(　　)		(　　)	
		(　　)		(　　)	
2	①	(　　)		(　　)	
		(　　)		(　　)	
		(　　)		(　　)	
	②	(　　)		(　　)	
		(　　)		(　　)	
		(　　)		(　　)	
	③	(　　)		(　　)	
		(　　)		(　　)	
		(　　)		(　　)	

第1問対策－❻／16問　固定資産

	借方		貸方	
	記号	金額	記号	金額
1	(　　)		(　　)	
	(　　)		(　　)	
	(　　)		(　　)	
2	(　　)		(　　)	
	(　　)		(　　)	
	(　　)		(　　)	
3	(　　)		(　　)	
	(　　)		(　　)	
	(　　)		(　　)	
4	(　　)		(　　)	
	(　　)		(　　)	
	(　　)		(　　)	
5	(　　)		(　　)	
	(　　)		(　　)	
	(　　)		(　　)	
	(　　)		(　　)	
6	(　　)		(　　)	
	(　　)		(　　)	
	(　　)		(　　)	

	借　　方		貸　　方	
	記　号	金　額	記　号	金　額
7	(　　)		(　　)	
	(　　)		(　　)	
	(　　)		(　　)	
8	(　　)		(　　)	
	(　　)		(　　)	
	(　　)		(　　)	
9	(　　)		(　　)	
	(　　)		(　　)	
	(　　)		(　　)	
10	(　　)		(　　)	
	(　　)		(　　)	
	(　　)		(　　)	
11	(　　)		(　　)	
	(　　)		(　　)	
	(　　)		(　　)	
12	(　　)		(　　)	
	(　　)		(　　)	
	(　　)		(　　)	
13	(　　)		(　　)	
	(　　)		(　　)	
	(　　)		(　　)	

第1問対策−⑦/16問　リース取引

	借方		貸方	
	記号	金額	記号	金額
1	(　　)		(　　)	
	(　　)		(　　)	
	(　　)		(　　)	
2	(　　)		(　　)	
	(　　)		(　　)	
	(　　)		(　　)	
3	(　　)		(　　)	
	(　　)		(　　)	
	(　　)		(　　)	
4	(　　)		(　　)	
	(　　)		(　　)	
	(　　)		(　　)	
5	(　　)		(　　)	
	(　　)		(　　)	
	(　　)		(　　)	

第1問対策－❽／16問　研究開発費と無形固定資産

	借方		貸方	
	記号	金額	記号	金額
1	(　　)		(　　)	
	(　　)		(　　)	
	(　　)		(　　)	
2	(　　)		(　　)	
	(　　)		(　　)	
	(　　)		(　　)	
3	(　　)		(　　)	
	(　　)		(　　)	
	(　　)		(　　)	
4	(　　)		(　　)	
	(　　)		(　　)	
	(　　)		(　　)	

第1問対策−❾／16問　有価証券

	借方		貸方	
	記号	金額	記号	金額
1	(　　)		(　　)	
	(　　)		(　　)	
	(　　)		(　　)	
2	(　　)		(　　)	
	(　　)		(　　)	
	(　　)		(　　)	
3	(　　)		(　　)	
	(　　)		(　　)	
	(　　)		(　　)	
4	(　　)		(　　)	
	(　　)		(　　)	
	(　　)		(　　)	
5	(　　)		(　　)	
	(　　)		(　　)	
	(　　)		(　　)	
6	(　　)		(　　)	
	(　　)		(　　)	
	(　　)		(　　)	
7	(　　)		(　　)	
	(　　)		(　　)	
	(　　)		(　　)	

	借　方		貸　方	
	記　号	金　額	記　号	金　額
8	(　　)		(　　)	
	(　　)		(　　)	
	(　　)		(　　)	
9	(　　)		(　　)	
	(　　)		(　　)	
	(　　)		(　　)	
10	(　　)		(　　)	
	(　　)		(　　)	
	(　　)		(　　)	

第1問対策－⑩／16問

引当金

	借方		貸方	
	記号	金額	記号	金額
1	(　　)		(　　)	
	(　　)		(　　)	
	(　　)		(　　)	
2	(　　)		(　　)	
	(　　)		(　　)	
	(　　)		(　　)	
3	(　　)		(　　)	
	(　　)		(　　)	
	(　　)		(　　)	
4	(　　)		(　　)	
	(　　)		(　　)	
	(　　)		(　　)	
5	(　　)		(　　)	
	(　　)		(　　)	
	(　　)		(　　)	
6	(　　)		(　　)	
	(　　)		(　　)	
	(　　)		(　　)	
7	(　　)		(　　)	
	(　　)		(　　)	
	(　　)		(　　)	

第1問対策－⑪／16問

サービス業の処理

	借方		貸方	
	記号	金額	記号	金額
1	(　　)		(　　)	
	(　　)		(　　)	
	(　　)		(　　)	
2	(　　)		(　　)	
	(　　)		(　　)	
	(　　)		(　　)	
3	(　　)		(　　)	
	(　　)		(　　)	
	(　　)		(　　)	
4	(　　)		(　　)	
	(　　)		(　　)	
	(　　)		(　　)	

第1問対策－⑫／16問　収益の認識基準

	借方		貸方	
	記号	金額	記号	金額
	(　　)		(　　)	
1	(　　)		(　　)	
	(　　)		(　　)	
	(　　)		(　　)	
2	(　　)		(　　)	
	(　　)		(　　)	
	(　　)		(　　)	
3	(　　)		(　　)	
	(　　)		(　　)	
	(　　)		(　　)	
4	(　　)		(　　)	
	(　　)		(　　)	
	(　　)		(　　)	
5	(　　)		(　　)	
	(　　)		(　　)	

第1問対策－⑬／16問　外貨建取引

	借方		貸方	
	記号	金額	記号	金額
	(　　)		(　　)	
1	(　　)		(　　)	
	(　　)		(　　)	
	(　　)		(　　)	
2	(　　)		(　　)	
	(　　)		(　　)	
	(　　)		(　　)	
3	(　　)		(　　)	
	(　　)		(　　)	
	(　　)		(　　)	
4	(　　)		(　　)	
	(　　)		(　　)	
	(　　)		(　　)	
5	(　　)		(　　)	
	(　　)		(　　)	
	(　　)		(　　)	
6	(　　)		(　　)	
	(　　)		(　　)	

第1問対策－⑭/16問　本支店会計

	借方		貸方	
	記号	金額	記号	金額
1	(　　)		(　　)	
	(　　)		(　　)	
	(　　)		(　　)	
2	(　　)		(　　)	
	(　　)		(　　)	
	(　　)		(　　)	
3	(　　)		(　　)	
	(　　)		(　　)	
	(　　)		(　　)	
4	(　　)		(　　)	
	(　　)		(　　)	
	(　　)		(　　)	

第1問対策－⑮／16問　税効果会計

	借方		貸方	
	記号	金額	記号	金額
1	(　　)		(　　)	
	(　　)		(　　)	
	(　　)		(　　)	
2	(　　)		(　　)	
	(　　)		(　　)	
	(　　)		(　　)	
3	(　　)		(　　)	
	(　　)		(　　)	
	(　　)		(　　)	

連結会計

	借方		貸方	
	記号	金額	記号	金額
1	(　　)		(　　)	
	(　　)		(　　)	
	(　　)		(　　)	
	(　　)		(　　)	
2	(　　)		(　　)	
	(　　)		(　　)	
	(　　)		(　　)	
3	(　　)		(　　)	
	(　　)		(　　)	
	(　　)		(　　)	

株主資本等変動計算書の作成

株主資本等変動計算書

自×1年4月1日　至×2年3月31日　　（単位：千円）

	株主資本			
		資本剰余金		
	資本金	資本準備金	その他資本剰余金	資本剰余金合計
当期首残高	30,000	4,000	1,500	5,500
当期変動額				
剰余金の配当		(　　)	(　　)	(　　)
新築積立金の積立て				
新株の発行	(　　)	(　　)		(　　)
吸収合併	(　　)	(　　)	(　　)	(　　)
当期純利益				
当期変動額合計	(　　)	(　　)	(　　)	(　　)
当期末残高	(　　)	(　　)	(　　)	(　　)

下段へ続く

上段より続く

	株主資本					
	利益剰余金					株主資本合計
	利益準備金	その他利益剰余金			利益剰余金合計	
		新築積立金	別途積立金	繰越利益剰余金		
当期首残高	1,500	0	250	3,300	(　　)	(　　)
当期変動額						
剰余金の配当	(　　)			(　　)	(　　)	(　　)
新築積立金の積立て		(　　)		(　　)	—	—
新株の発行						(　　)
吸収合併						16,800
当期純利益				(　　)	(　　)	(　　)
当期変動額合計	(　　)	(　　)	0	(　　)	(　　)	(　　)
当期末残高	(　　)	(　　)	250	(　　)	(　　)	(　　)

連結会計

		借方		貸方	
		記号	金額	記号	金額
		(　　)		(　　)	
		(　　)		(　　)	
問1		(　　)		(　　)	
		(　　)		(　　)	
		(　　)		(　　)	
		(　　)		(　　)	
		(　　)		(　　)	
問2		(　　)		(　　)	
		(　　)		(　　)	
		(　　)		(　　)	
		(　　)		(　　)	
		(　　)		(　　)	
	(1)	(　　)		(　　)	
		(　　)		(　　)	
		(　　)		(　　)	
		(　　)		(　　)	
		(　　)		(　　)	
問3	(2)	(　　)		(　　)	
		(　　)		(　　)	
		(　　)		(　　)	
		(　　)		(　　)	
		(　　)		(　　)	
	(3)	(　　)		(　　)	
		(　　)		(　　)	
		(　　)		(　　)	

第2問対策－❸／14問　連結財務諸表、連結精算表の作成－Ⅰ

連結精算表　（単位：千円）

科目	個別財務諸表		修正・消去		連結財務諸表
	P社	S社	借方	貸方	
貸借対照表					
現金預金	22,650	22,060			
売掛金	54,000	28,000			
商品	40,000	16,640			
貸付金	14,000				
未収収益	150				
土地	16,000	3,000			
S社株式	23,200				
[　　　　]					
資産合計	170,000	69,700			
買掛金	22,800	13,600			
借入金	8,000	10,000			
未払費用		100			
資本金	112,000	24,000			
資本剰余金	8,000	6,400			
利益剰余金	19,200	15,600			
非支配株主持分					
負債・純資産合計	170,000	69,700			
損益計算書					
売上高	193,100	152,500			
売上原価	144,000	121,200			
販売費及び一般管理費	32,000	17,600			
[　　　　]償却					
受取利息	500				
受取配当金	400				
支払利息		300			
土地売却益		1,000			
当期純利益	18,000	14,400			
非支配株主に帰属する当期純利益					
親会社株主に帰属する当期純利益	18,000	14,400			

連結財務諸表、連結精算表の作成－Ⅱ

連　結　精　算　表　　　　（単位：千円）

科　　目	個別財務諸表		連結財務諸表
	P　社	S　社	
貸借対照表			
現金預金	186,250	170,900	
売掛金	90,000	75,000	
商品	40,000	15,800	
長期貸付金	50,000		
未収収益	500		
土地	25,000	13,000	
S社株式	96,000		
[　　　　]			
資産合計	487,750	274,700	
買掛金	97,000	54,000	
長期借入金	30,000	70,000	
未払費用	750	700	
資本金	160,000	80,000	
資本剰余金	80,000	30,000	
利益剰余金	120,000	40,000	
非支配株主持分			
負債・純資産合計	487,750	274,700	
損益計算書			
売上高	481,700	174,300	
売上原価	230,000	115,000	
販売費及び一般管理費	180,000	43,000	
[　　　　]償却			
受取利息	500		
受取配当金	6,000		
支払利息	1,200	1,300	
土地売却益	1,000		
当期純利益	78,000	15,000	
非支配株主に帰属する当期純利益			
親会社株主に帰属する当期純利益	78,000	15,000	

第2問対策－❺／14問　連結財務諸表、連結精算表の作成－Ⅲ

連結損益計算書

自×2年4月1日　至×3年3月31日　（単位：円）

売上高	（　　）
売上原価	（　　）
売上総利益	（　　）
販売費及び一般管理費	（　　）
営業利益	（　　）
営業外収益	（　　）
営業外費用	（　　）
当期純利益	（　　）
非支配株主に帰属する当期純利益	（　　）
親会社株主に帰属する当期純利益	（　　）

連結貸借対照表

×3年3月31日　（単位：円）

資産の部		
現金預金		(　　　)
売掛金		(　　　)
貸倒引当金	△	(　　　)
商品		(　　　)
建物		(　　　)
減価償却累計額	△	(　　　)
土地		(　　　)
のれん		(　　　)
資産合計		(　　　)
負債の部		
買掛金		(　　　)
未払金		(　　　)
負債合計		(　　　)
純資産の部		
資本金		(　　　)
資本剰余金		(　　　)
利益剰余金		(　　　)
非支配株主持分		(　　　)
純資産合計		(　　　)
負債・純資産合計		(　　　)

第2問対策－⑥／14問　連結財務諸表、連結精算表の作成－Ⅳ

連結損益計算書

自×2年4月1日　至×3年3月31日　（単位：千円）

Ⅰ 売上高		(　　)
Ⅱ 売上原価		(　　)
売上総利益		(　　)
Ⅲ 販売費及び一般管理費		
1 貸倒引当金繰入	(　　)	
2 のれん償却	(　　)	
3 その他費用	(　　)	(　　)
営業利益		(　　)
Ⅳ 営業外収益		
1 その他収益		(　　)
当期純利益		(　　)
非支配株主に帰属する当期純利益		(　　)
親会社株主に帰属する当期純利益		(　　)

連結貸借対照表

×3年3月31日　（単位：千円）

資産の部			負債の部	
Ⅰ 流動資産			Ⅰ 流動負債	
諸資産		(　　)	諸負債	(　　)
売掛金	(　　)		買掛金	(　　)
貸倒引当金	(　　)	(　　)	純資産の部	
商品		(　　)	Ⅰ 株主資本	
Ⅱ 固定資産			資本金	(　　)
土地		(　　)	資本剰余金	(　　)
のれん		(　　)	利益剰余金	(　　)
			Ⅱ 非支配株主持分	(　　)
資産合計		(　　)	負債・純資産合計	(　　)

第2問対策－⑦／14問　商品売買

問1

総勘定元帳

売　掛　金　　4

×2年		摘　要	借　方	×2年		摘　要	貸　方
4	1	前期繰越	90,000	4		（　　）	
		（　　）				（　　）	
	22	（　　）			30	次月繰越	

商　品　　9

×2年		摘　要	借　方	×2年		摘　要	貸　方
4	1	前期繰越		4	5	（　　）	
	4	（　　）				（　　）	
	5	（　　）			22	（　　）	
		（　　）			30	（　　）	
					〃	次月繰越	

問2　①　当月の売上高　¥＿＿＿＿＿＿

　　②　当月の売上原価　¥＿＿＿＿＿＿

現金預金

問１

	借方		貸方	
	記　号	金　額	記　号	金　額
1	(　　)		(　　)	
	(　　)		(　　)	
2	(　　)		(　　)	
	(　　)		(　　)	
3	(　　)		(　　)	
	(　　)		(　　)	
4	(　　)		(　　)	
	(　　)		(　　)	
5	(　　)		(　　)	
	(　　)		(　　)	
6	(　　)		(　　)	
	(　　)		(　　)	

問２

銀行勘定調整表（両者区分調整法）　　（単位：円）

当社の帳簿残高		(　　)	銀行の残高証明書残高		(　　)
加算	[　　]	(　　)	加算	[　　]	(　　)
	[　　]	(　　)		[　　]	(　　)
減算	[　　]	(　　)	減算	[　　]	(　　)
		(　　)			(　　)

問３

当座預金
円

第2問対策-⑨/14問　有価証券

問1

売買目的有価証券　8

年	月	日	摘要	仕丁	借方	貸方	借/貸	残高
×1	6	1	(　　　)					
	10	31	(　　　)					
×2	1	31	(　　　)	省			省	
	3	31	(　　　)					
		〃	(　　　)	略			略	
×2	4	1	(　　　)					

有価証券利息　26

年	月	日	摘要	仕丁	借方	貸方	借/貸	残高
×1	6	1	(　　　)					
	6	30	(　　　)					
	10	31	(　　　)	省			省	
	12	31	(　　　)					
×2	1	31	(　　　)	略			略	
	3	31	(　　　)					
		〃	(　　　)					
×2	4	1	(　　　)					

問2　有価証券売却［　　　］：¥＿＿＿＿＿

問3　（A）満期保有目的債券勘定の次期繰越額：¥＿＿＿＿＿

（B）有価証券利息の当期発生額　　：¥＿＿＿＿＿

第2問対策－⑩／14問　固定資産－Ⅰ

問1

×5年度の減価償却費	×6年度の減価償却費
円	円

問2

機械装置Xの売却（ 益 ・ 損 ）
円

問3（単位：円）

機　械　装　置

年	月	日	摘　要	借　方	年	月	日	摘　要	貸　方
×6	4	1	前期繰越		×7	3	31	（　　）	
	6	1	（　　）			3	31	（　　）	
	10	1	（　　）						
×7	4	1	前期繰越						

問4（単位：円）

機械装置減価償却累計額

年	月	日	摘　要	借　方	年	月	日	摘　要	貸　方
×7	9	30	（　　）		×7	4	1	前期繰越	
×8	3	31	（　　）		×8	3	31	（　　）	
					×8	4	1	前期繰越	

問5

機械装置Yの除却損
円

固定資産—Ⅱ

問1

総勘定元帳

建　　物

日付	摘　要	借　方	日付	摘　要	貸　方
×1	（　　）		×2	（　　）	
				（　　）	

リース資産

日付	摘　要	借　方	日付	摘　要	貸　方
×1	（　　）		×2	（　　）	
				（　　）	

機械装置

日付	摘　要	借　方	日付	摘　要	貸　方
×1	（　　）		×1	（　　）	
			×2	（　　）	
				（　　）	

問2

借方		貸方	
記　号	金　額	記　号	金　額
（　　）		（　　）	

問3

借方		貸方	
記　号	金　額	記　号	金　額
（　　）		（　　）	

第2問対策－⑫／14問　リース取引

（単位：円）

	⑴利子込み法	⑵利子抜き法
①　リース資産（取得原価）		
②　減価償却費		
③　リース債務（未払利息を含む）		
④　支払利息	――	
⑤　支払リース料		

第2問対策－⑬／14問　外貨建取引

(1)

総　勘　定　元　帳

買　　掛　　金

年	月	日	摘　　要	借　　方	年	月	日	摘　　要	貸　　方
×1			(　　　)		×1	4	1	前期繰越	
			(　　　)					(　　　)	
×2	3	31	次期繰越		×2	1	10	(　　　)	
								(　　　)	

備　　　　品

年	月	日	摘　　要	借　　方	年	月	日	摘　　要	貸　　方
×2	2	1	(　　　)		×2			(　　　)	
						3	31	次期繰越	

(2)　損益の金額

①　当期の売上高　　¥＿＿＿＿＿＿＿＿

②　当期の為替差損益　¥＿＿＿＿＿＿＿＿　（ 為替差損 ／ 為替差益 ）

※ 「為替差損」または「為替差益」のいずれかに○をつけること。

理論問題

問１

ア	イ	ウ	エ	オ	カ

キ	ク	ケ	コ	サ	シ

ス

問２

1	2	3	4	5

6	7	8	9	10

11	12	13	14

損益計算書

自×4年4月1日　至×5年3月31日　（単位：円）

Ⅰ 売上高		1,845,000
Ⅱ 売上原価		
1. 期首商品棚卸高	(　　　)	
2. 当期商品仕入高	(　　　)	
合計	(　　　)	
3. 期末商品棚卸高	(　　　)	
差引	(　　　)	
4. 棚卸減耗損	(　　　)	
5. 商品評価損	(　　　)	(　　　)
売上総利益		(　　　)
Ⅲ 販売費及び一般管理費		
1. 給料	216,000	
2. 支払地代	(　　　)	
3. 貸倒損失	(　　　)	
4. 貸倒引当金繰入	(　　　)	
5. 減価償却費	(　　　)	
6. 退職給付費用	(　　　)	
7. [　　　　] 償却	(　　　)	(　　　)
営業利益		(　　　)
Ⅳ 営業外収益		
1. 有価証券利息		(　　　)
Ⅴ 営業外費用		
1. 雑損	(　　　)	
2. 有価証券 [　　　　]	(　　　)	(　　　)
税引前当期純利益		(　　　)
法人税、住民税及び事業税		(　　　)
当期純利益		(　　　)

第3問対策−❷／8問　財務諸表の作成−Ⅱ

貸　借　対　照　表

×6年3月31日　　　　(単位：円)

資　産　の　部		
Ⅰ　流　動　資　産		
現　金　預　金		(　　　)
売　　掛　　金	(　　　)	
契　約　資　産	(　　　)	
貸倒引当金	(　　　)	(　　　)
商　　　　　品		(　　　)
有　価　証　券		(　　　)
前　払　費　用		(　　　)
流動資産合計		(　　　)
Ⅱ　固　定　資　産		
建　　　　　物	3,000,000	
減価償却累計額	(　　　)	(　　　)
備　　　　　品	600,000	
減価償却累計額	(　　　)	(　　　)
ソフトウェア		(　　　)
投資有価証券		(　　　)
固定資産合計		(　　　)
資　産　合　計		(　　　)
負　債　の　部		
Ⅰ　流　動　負　債		
買　　掛　　金		536,300
未　　払　　金		(　　　)
未払法人税等		(　　　)
流動負債合計		(　　　)
Ⅱ　固　定　負　債		
長期借入金		320,000
繰延税金［　　　］		(　　　)
固定負債合計		(　　　)
負　債　合　計		(　　　)
純　資　産　の　部		
Ⅰ　株　主　資　本		
資　　本　　金		3,000,000
繰越利益剰余金		(　　　)
株主資本合計		(　　　)
Ⅱ　評価・換算差額等		
その他有価証券評価差額金		(　　　)
評価・換算差額等合計		(　　　)
純資産合計		(　　　)
負債・純資産合計		(　　　)

損益計算書

自×7年1月1日　至×7年12月31日　（単位：円）

Ⅰ　売上高		(　　)
Ⅱ　売上原価		
1．期首商品棚卸高	(　　)	
2．当期商品仕入高	(　　)	
合計	(　　)	
3．期末商品棚卸高	(　　)	
差引	(　　)	
4．[　　]	(　　)	(　　)
[　　]		(　　)
Ⅲ　販売費及び一般管理費		
1．給料	(　　)	
2．保険料	(　　)	
3．広告宣伝費	(　　)	
4．貸倒引当金繰入	(　　)	
5．[　　]	(　　)	
6．減価償却費	(　　)	(　　)
[　　]		(　　)
Ⅳ　営業外収益		
1．受取配当金	(　　)	
2．有価証券利息	(　　)	
3．[　　]	(　　)	(　　)
Ⅴ　営業外費用		
1．支払利息	(　　)	
2．[　　]	(　　)	
3．貸倒引当金繰入	(　　)	
4．有価証券[　　]	(　　)	(　　)
[　　]		(　　)
Ⅵ　特別損失		
1．固定資産除却損		(　　)
税引前当期純利益		(　　)
法人税、住民税及び事業税	(　　)	
法人税等調整額	(　　)	(　　)
[　　]		(　　)

第3問対策－❹／8問　財務諸表の作成－Ⅳ

貸借対照表

×7年3月31日　　　　(単位：円)

資産の部		
Ⅰ 流動資産		
1 現金預金		(　　)
2 受取手形	40,000	
3 売掛金	(　　)	
計	(　　)	
貸倒引当金	(　　)	(　　)
4 売買目的有価証券		(　　)
5 商品		(　　)
6 貯蔵品		(　　)
7 未収収益		(　　)
8 前払費用		(　　)
流動資産合計		(　　)
Ⅱ 固定資産		
1 有形固定資産		
(1) 建物	(　　)	
減価償却累計額	(　　)	(　　)
(2) 備品	40,000	
減価償却累計額	(　　)	(　　)
(3) 車両運搬具	(　　)	
減価償却累計額	(　　)	(　　)
有形固定資産合計		(　　)
2 無形固定資産		
(1)[　　　　]		(　　)
無形固定資産合計		(　　)
3 投資その他の資産		
(1) 投資有価証券		(　　)
(2) 長期前払費用		(　　)
投資その他の資産合計		(　　)
固定資産合計		(　　)
資産合計		(　　)

負債の部		
Ⅰ 流動負債		
1 支払手形		60,000
2 買掛金		60,340
3 短期借入金		(　　)
4 未払法人税等		(　　)
5 [　　　　]		(　　)
6 未払費用		(　　)
7 リース債務		(　　)
流動負債合計		(　　)
Ⅱ 固定負債		
1 [　　　　]		(　　)
2 退職給付引当金		(　　)
3 リース債務		(　　)
4 繰延税金負債		(　　)
固定負債合計		(　　)
負債合計		(　　)
純資産の部		
Ⅰ 株主資本		
1 資本金		100,000
2 資本剰余金		
(1) 資本準備金		(　　)
3 利益剰余金		
(1) 利益準備金	(　　)	
(2) 繰越利益剰余金	(　　)	(　　)
株主資本合計		(　　)
Ⅱ 評価・換算差額等		
1 [　　　　]		(　　)
評価・換算差額等合計		(　　)
純資産合計		(　　)
負債及び純資産合計		(　　)

損　益　計　算　書

自×7年4月1日　至×8年3月31日　（単位：千円）

Ⅰ 役務収益		(　　　)
Ⅱ 役務原価		
報酬	(　　　)	
その他	(　　　)	(　　　)
売上総利益		(　　　)
Ⅲ 販売費及び一般管理費		
1. 給料	(　　　)	
2. 旅費交通費	(　　　)	
3. 水道光熱費	(　　　)	
4. 通信費	(　　　)	
5. 支払家賃	(　　　)	
6. 賞与引当金繰入	(　　　)	
7. 貸倒損失	(　　　)	
8. 貸倒引当金繰入	(　　　)	
9. 減価償却費	(　　　)	
10. ソフトウェア償却	(　　　)	
11. 退職給付費用	(　　　)	(　　　)
営業利益		(　　　)
Ⅳ 営業外収益		
1. 受取利息		(　　　)
Ⅴ 営業外費用		
1. 支払利息		(　　　)
経常利益		(　　　)
Ⅵ 特別利益		
1. その他有価証券売却益		(　　　)
Ⅶ 特別損失		
1. ソフトウェア除却損		(　　　)
税引前当期純利益		(　　　)
法人税、住民税及び事業税		(　　　)
当期純利益		(　　　)

本支店合併財務諸表の作成－Ⅰ

損益計算書

×6年4月1日～×7年3月31日　　(単位：円)

費用	金額	収益	金額
期首商品棚卸高	( )	売上高	( )
当期商品仕入高	( )	期末商品棚卸高	( )
給料	( )	受取手数料	( )
広告宣伝費	( )		
減価償却費	( )		
貸倒引当金繰入	( )		
支払利息	( )		
当期純利益	( )		
	( )		( )

貸借対照表

×7年3月31日　　(単位：円)

資産	金額		負債・純資産	金額
現金預金		( )	支払手形	( )
受取手形	( )		買掛金	( )
売掛金	( )		借入金	( )
貸倒引当金	( )	( )	未払金	( )
商品		( )	未払広告宣伝費	( )
未収手数料		( )	資本金	( )
建物	( )		繰越利益剰余金	( )
減価償却累計額	( )	( )		
備品	( )			
減価償却累計額	( )	( )		
		( )		( )

第3問対策−❼／8問　本支店合併財務諸表の作成−Ⅱ

問1　本店の支店勘定：(　¥　　　　　　)

問2

損　　　益

日付		摘要	金額	日付		摘要	金額
3	31	売上原価		3	31	売上	
3	31	棚卸減耗損		3	31	支店	
3	31	商品評価損					
3	31	給料					
3	31	支払家賃					
3	31	通信費					
3	31	旅費交通費					
3	31	貸倒引当金繰入					
3	31	減価償却費					
3	31	支払利息					
3	31	(　　　　)					

第3問対策－❽／8問　製造業を営む会社の決算処理

貸借対照表

×8年3月31日

(単位：円)

資産の部			負債の部	
Ⅰ 流動資産			Ⅰ 流動負債	
現金預金		(　　　)	支払手形	1,330,000
受取手形		(　　　)	買掛金	(　　　)
売掛金		(　　　)	未払法人税等	(　　　)
材料		(　　　)	[　　　]引当金	(　　　)
仕掛品		(　　　)	流動負債合計	(　　　)
製品		(　　　)	Ⅱ 固定負債	
短期貸付金		(　　　)	長期借入金	2,000,000
貸倒引当金		△(　　　)	[　　　]引当金	(　　　)
流動資産合計		(　　　)	固定負債合計	(　　　)
Ⅱ 固定資産			負債の部合計	(　　　)
建物	(　　　)		純資産の部	
減価償却累計額	(　　　)	(　　　)	資本金	32,563,500
機械装置	(　　　)		利益準備金	(　　　)
減価償却累計額	(　　　)	(　　　)	繰越利益剰余金	(　　　)
固定資産合計		(　　　)	純資産の部合計	(　　　)
資産の部合計		(　　　)	負債・純資産合計	(　　　)

区分式損益計算書に表示される利益

①売上総利益	円
②営業利益	円
③経常利益	円
④当期純利益	円

簿記の問題集　日商２級　商業簿記

模擬試験
第１回～第３回*

この冊子には、模擬試験の問題および答案用紙が収載されています。

＊　第４回～第６回の問題は、『簿記の問題集　日商２級　工業簿記（別売り）』に収載しております。

〈別冊ご利用時の注意〉

この色紙を残したままていねいに抜き取り、ご利用ください。
また、抜き取りのさいの損傷についてのお取替えはご遠慮願います。

別冊の使い方

Step 1 この色紙を残したまま、ていねいに抜き取ってください。色紙は、本体からとれませんので、ご注意ください。

Step 2 抜き取った用紙を針金のついているページでしっかりと開き、工具を使用して、針金を外してください。針金で負傷しないよう、お気をつけください。

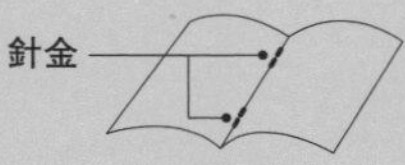

Step 3 アイテムごとに分けて、お使いください。

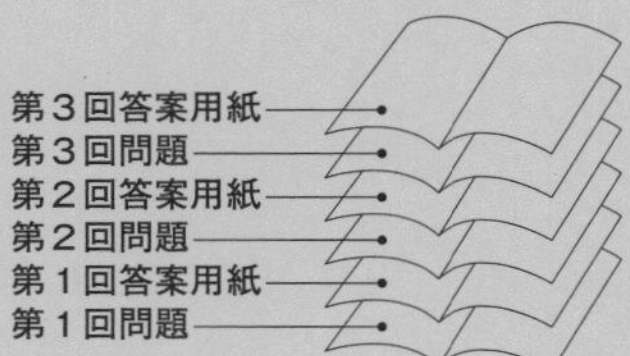

なお、答案用紙はダウンロードでもご利用いただけます。
TAC出版書籍販売サイト・サイバーブックストアにアクセスしてください。
https://bookstore.tac-school.co.jp/

第1回 模擬試験 問題

制限時間 90分
解答解説 232ページ

商 業 簿 記

第1問（20点）

下記の各取引について仕訳しなさい。ただし、勘定科目は、設問ごとに最も適当と思われるものを選び、答案用紙の（　　）の中に記号で解答すること。

1．兵庫商事は、備品の取得を助成するため国から交付された補助金￥1,000,000と自己資金により、備品￥2,500,000を取得し、適切に処理している。本日、この備品について補助金に相当する額の圧縮記帳（直接減額方式）を行った。

ア．普通預金　イ．備品　ウ．未払金　エ．前受金
オ．国庫補助金受贈益　カ．固定資産圧縮損　キ．固定資産売却損　ク．現金

2．商品陳列棚を分割で購入し、代金は毎月末に支払期限が到来する額面￥100,000の約束手形10枚を振り出して交付した。なお、備品の現金購入価額は￥950,000である。利息相当額は資産処理すること。

ア．備品　イ．支払手形　ウ．営業外支払手形　エ．未払金
オ．前払利息　カ．支払手数料　キ．支払利息　ク．売掛金

第2問（20点）

次の［資料］にもとづき、連結第２年度（×1年４月１日から×2年３月31日）の連結精算表（連結貸借対照表と連結損益計算書の部分）を作成しなさい。

［資料］連結に関する事項

1．Ｐ社は、×0年３月31日にＳ社の発行済株式総数の60％を208,000千円で取得して支配を獲得し、それ以降Ｓ社を連結子会社として連結財務諸表を作成している。

×0年３月31日のＳ社の純資産の部は、次のとおりであった。

資　本　金	200,000千円
資本剰余金	70,000千円
利益剰余金	60,000千円

のれんは、支配獲得時の翌年度から10年間にわたり定額法により償却を行っている。

2．連結第１年度（×0年４月１日から×1年３月31日）において、Ｓ社は、当期純利益15,000千円を計上した。なお、配当は行っていない。

3．連結第２年度（×1年４月１日から×2年３月31日）において、Ｓ社は、10,000千円の配当を行った。

4．Ｐ社およびＳ社間の債権債務残高および取引高は次のとおりであった（6．除く）。

Ｐ社からＳ社　　　　Ｓ社からＰ社

第3問（20点）

次の［資料］にもとづいて、答案用紙の損益計算書を完成させなさい。なお、会計期間は×3年4月1日から×4年3月31日までである。

［資料Ⅰ：決算整理前残高試算表］

残　高　試　算　表

×4年3月31日　（単位：円）

借　方	勘定科目	貸　方
360,900	現金預金	
250,000	受取手形	
353,400	売掛金	
81,900	売買目的有価証券	
36,000	繰越商品	
100,000	仮払法人税等	
2,000,000	建物	
500,000	備品	
96,000	のれん	
48,500	満期保有目的債券	
97,000	未決算	
	支払手形	30,000
	買掛金	365,340
	貸倒引当金	8,660

［資料Ⅱ：決算整理事項等］

1．未決算勘定は当期に発生した火災によって焼失した建物にかかるものである。この建物には保険が掛けられているので、保険会社に請求を行ったところ、期末において保険金￥99,000を支払う旨の連絡があった（支払いは翌月）が、これが未処理であった。なお、残高試算表の減価償却費￥15,000は焼失した建物にかかる減価償却費を月割りで計上したものである。

2．売掛金のうち、期中に外貨建て（ドル建て）で生じた売掛金（輸出時の為替相場は1ドル￥102であった）が￥20,400ある。決算日の為替相場は1ドル￥100である。

3．受取手形と売掛金の期末残高に対して2％の貸倒引当金を設定する（差額補充法）。

4．期末商品棚卸高は￥40,000である。なお、棚卸減耗損￥4,000と商品評価損￥200が生じている。

工　業　簿　記

第４問（28点）

(1) 下記の、当月の一連の取引について仕訳しなさい。ただし、勘定科目は、設問ごとに最も適当と思われるものを選び、答案用紙の（　　）の中に記号で解答すること。

1．当月に消費した買入部品Ｘは1,800kgであった。なお、買入部品Ｘの月初有高は900,000円（@1,800円×500kg）、当月に購入した買入部品Ｘは3,000,000円（@2,000円×1,500kg）である。材料費は平均法によって計算している。

ア．材料　　イ．仕掛品　　ウ．製品
エ．買掛金　　オ．製造間接費　　カ．賃金・給料

2．当月の賃金消費額を計上する。直接工の賃金の計算には、予定消費賃率@1,000円を用いており、当月の直接工の実際直接作業時間は3,200時間、実際間接作業時間は800時間であった。また、間接工の当月賃金支払額は850,000円、当月賃金未払額は60,000円、前月賃金未払額は45,000円であった。

ア．材料　　イ．仕掛品　　ウ．製品
エ．未払金　　オ．製造間接費　　カ．賃金・給料

3．上記２．の直接工の直接作業時間を基準に、予定配賦率を用いて製造間接費の配賦を行う。なお、年間の製造間接費予算は56,000,000円、年間の予定総直接作業時間は40,000時間である。

ア．材料　　イ．仕掛品　　ウ．製品
エ．売上原価　　オ．製造間接費　　カ．製造間接費配賦差異

第5問（12点）

当社では製品Aを製造・販売している。次の資料にもとづいて、答案用紙の全部原価計算による損益計算書と直接原価計算による損益計算書を完成しなさい。なお、資料の「？」は各自推定すること。

［資　料］

1．製品A 1個あたりの変動製造原価

　　直接材料費　@52円　　変動加工費　@45円

2．固定加工費は48,000円である。

3．販売費および一般管理費

　　変動販売費：@100円　　固定販売費・一般管理費：　？　円

4．生産・販売状況（期首・期末の仕掛品はない）

期首製品在庫量	0個
当期製品生産量	1,000個
当期製品販売量	800個
期末製品在庫量	200個

第1回 模擬試験　答案用紙

商　業　簿　記

第1問（20点）

	借方		貸方	
	記号	金額	記号	金額
1	(　　)		(　　)	
	(　　)		(　　)	
	(　　)		(　　)	
	(　　)		(　　)	
	(　　)		(　　)	
2	(　　)		(　　)	
	(　　)		(　　)	
	(　　)		(　　)	
	(　　)		(　　)	

第2問（20点）

連結第2年度

連結精算表

（単位：千円）

科目	個別財務諸表		修正・消去		連結財務諸表
	P社	S社	借方	貸方	
貸借対照表					
現金預金	500,000	272,500			
売掛金	225,000	122,500			
商品	100,000	49,000			
未収入金	80,000	21,000			
貸付金	160,000				
土地	840,000	60,000			
その他資産	93,000	54,000			
S社株式	208,000				
（　　　）					
資産合計	2,206,000	579,000			
買掛金	117,000	80,000			
借入金	150,000	20,000			
未払金	120,000	70,000			
その他負債	[illegible]	[illegible]			

第3問（20点）

損益計算書

自×3年4月1日　至×4年3月31日　（単位：円）

Ⅰ 売上高		（　　　）
Ⅱ 売上原価		
1．期首商品棚卸高	（　　　）	
2．当期商品仕入高	（　　　）	
合計	（　　　）	
3．期末商品棚卸高	（　　　）	
差引	（　　　）	
4．（　　　）	（　　　）	（　　　）
売上総利益		（　　　）
Ⅲ 販売費及び一般管理費		
1．給料	（　　　）	
2．退職給付費用	（　　　）	
3．保険料	（　　　）	
4．広告宣伝費	（　　　）	
5．貸倒引当金繰入	（　　　）	

工業簿記

第4問（28点）

(1)

	借方		貸方	
	記号	金額	記号	金額
1	(　　)		(　　)	
	(　　)		(　　)	
2	(　　)		(　　)	
	(　　)		(　　)	
3	(　　)		(　　)	
	(　　)		(　　)	

(2)

問1　月末仕掛品原価：［　　　　］円

第5問（12点）

⑴　全部原価計算による損益計算書（単位：円）

売上高	400,000
売上原価	(　　　)
売上総利益	(　　　)
販売費および一般管理費	180,000
営業利益	(　　　)

⑵　直接原価計算による損益計算書（単位：円）

売上高	(　　　)
変動売上原価	(　　　)
変動製造マージン	(　　　)
変動販売費	(　　　)
貢献利益	(　　　)
固定費	
固定加工費	(　　　)

第2回 模擬試験　問題

制限時間　90分
解答解説　248ページ

商　業　簿　記

第1問（20点）

下記の各取引について仕訳しなさい。ただし、勘定科目は、設問ごとに最も適当と思われるものを選び、答案用紙の（　　）の中に記号で解答すること。

1．徳島商事株式会社は、増資にあたって1株につき￥80,000で新株を発行した。同社の定款に記載された発行可能株式総数は5,000株であり、会社設立時に株式2,000株を発行している。このたびの新株発行では発行可能な株式数の上限まで発行し、その全株について引き受け、払い込みを受けた。払込金は当座預金とし、会社法が定める最低額を資本金とした。なお、増資のために要した手数料￥1,800,000は現金で支払った。

ア．現金　イ．当座預金　ウ．資本金　エ．資本準備金
オ．利益準備金　カ．創立費　キ．株式交付費　ク．普通預金

2．決算にあたり、本店は支店より「当期純利益￥1,700,000を計上した」との連絡を受けた。なお、当社は支店独立会計制度を導入しているが、支店側の仕訳は答えなくてよい。

ア．損益　イ．繰越利益剰余金　ウ．本店　エ．支店
オ．資本金　カ．のれん　キ．現金　ク．当座預金

第2問（20点）

ＣＡＴ株式会社の第16期（×6年４月１日より×7年３月末）における次の［資料］にもとづき、答案用紙の株主資本等変動計算書を完成しなさい。なお、純資産の減少については、金額の前に「△」を付すこと。

［資　料］

1．×6年３月31日の決算にあたって作成した貸借対照表において、純資産の部の各項目の残高は次のとおりであった。なお、この時点における発行済株式総数は40,000株である。

資　本　金	￥10,000,000	資本準備金	￥800,000	その他資本剰余金	￥300,000
利益準備金	￥　200,000	別途積立金	￥100,000	繰越利益剰余金	￥600,000

2．×6年６月28日に開催された第15期株主総会で、剰余金の配当および処分を次のように決定した。

①　株主配当金について、その他資本剰余金を財源として１株につき￥３、繰越利益剰余金を財源として１株につき￥10の配当を行う。

②　①の配当に関連して、会社法が定める金額を資本準備金および利益準備金として積み立てる。

③　繰越利益剰余金を処分し、別途積立金として￥30,000を積み立てる。

3．×6年10月１日に、新株800株を１株あたり￥400で発行し、全額の払い込みを受け、払込金は当座預金とした。なお、会社法が定める最低限度額を資本金とした。

4．×6年12月１日に、Ａ株式会社を吸収合併し、同社の諸資産（時価総額￥6,000,000）と諸負債（時

第3問（20点）

次の［資料］にもとづいて、答案用紙の貸借対照表を完成させなさい。当期は×3年4月1日から×4年3月31日までである。なお、問題文に指示があるものにつき、税効果会計を適用し、法人税等の実効税率は前期・当期ともに30%である。

［資料Ⅰ］決算整理前残高試算表

決算整理前残高試算表（単位：円）

借　方	勘定科目	貸　方
6,349,000	現金預金	
3,800,000	売掛金	
	貸倒引当金	30,000
3,100,000	繰越商品	
3,300,000	仮払消費税	
280,000	仮払法人税等	
12,000,000	建物	
	建物減価償却累計額	2,400,000
2,000,000	備品	
700,000	建設仮勘定	
485,000	満期保有目的債券	

［資料Ⅱ］未処理事項

1．×4年2月1日に建物が完成し、引渡しを受けた。なお、決算整理前残高試算表の建設仮勘定はこの工事に関するものであり、工事代金の残額￥200,000を小切手を振り出して支払った。

2．前期に貸倒処理した売掛金￥300,000を回収し、普通預金口座に入金した。

［資料Ⅲ］決算整理事項

1．期末商品帳簿棚卸高は￥3,500,000である。なお、棚卸減耗損￥200,000と商品評価損￥300,000が生じている。いずれも売上原価に算入する。

2．売上債権の期末残高に対して2%の貸倒引当金を差額補充法で設定する。

3．建物は定額法（残存価額はゼロ、耐用年数は30年）で減価償却を行う。なお、期中取得の建物についても同様の条件で減価償却を行うが、月割計算による。また、備品は当期首に取得したもので、200

工 業 簿 記

第4問（28点）

⑴　下記の各取引について仕訳しなさい。ただし、勘定科目は、設問ごとに最も適当と思われるものを選び、答案用紙の（　　）の中に記号で解答すること。

1．素材（@1,000円、200個）、買入部品（@500円、80個）、工場消耗品10,000円を掛けで購入した。なお、それぞれについて購入代価の10％を材料副費として予定配賦した。

ア．材料　　イ．仕掛品　　ウ．製品
エ．製造間接費　　オ．買掛金　　カ．材料副費

2．当社は製品Ｒを製造・販売しており、原価計算方法としてシングル・プランによる標準原価計算を採用している。製品Ｒの製造で消費する直接材料の標準価格は300円/kg、製品Ｒ１個あたりの直接材料費の標準消費量は２kgである。当月中の製品Ｒの生産量は200個であった。よって、材料勘定から仕掛品勘定に振り替える仕訳をしなさい。

ア．製品　　イ．材料　　ウ．製造間接費
エ．原価差異　　オ．仕掛品　　カ．材料副費

(2) 次の［資料］にもとづいて、答案用紙の製造原価報告書と損益計算書を完成させなさい。

［資　料］

1．棚卸資産

	月初有高	当月仕入高	月末有高
素　　材	400,000円	3,160,000円	480,000円
補助材料	36,000円	430,000円	40,000円
仕 掛 品	650,000円	—	710,000円
製　　品	330,000円	—	360,000円

※　素材の消費額はすべて直接材料費である。

2．直接工の賃金

直接工の直接作業時間は2,600時間、間接作業時間は250時間であった。なお、直接工の賃金計算は平均賃率1,000円/時間を用いて計算している。

3．間接工の賃金

前月未払高50,000円、当月支払高1,450,000円、当月未払高44,000円

4．その他の支払高等

消耗工具器具備品費	51,000円
工場固定資産税	80,000円

第5問（12点）

当工場は、パーシャル・プランの標準原価計算制度を採用している。次の［資料］にもとづいて、以下の各問に答えなさい。なお、製造間接費は直接作業時間を配賦基準として配賦している。

［資　料］

1．製品1個あたりの標準原価

直接材料費：3,000円/kg　×　5 kg　＝15,000円

加　工　費：5,400円/時間　×　4時間　＝21,600円

2．当月の生産データ

月初仕掛品量50個（0.2）、当月製品完成量720個、月末仕掛品量40個（0.5）

（注）（　）内は加工進捗度を示している。

3．当月の実際原価データ

直接材料費：10,980,000円（実際消費量は3,600kg）

直接労務費：　5,350,800円（実際直接作業時間は2,940時間）

製造間接費：10,234,000円

第2回 模擬試験　答案用紙

商　業　簿　記

第1問（20点）

	借方		貸方	
	記号	金額	記号	金額
1	(　　)		(　　)	
	(　　)		(　　)	
	(　　)		(　　)	
	(　　)		(　　)	
	(　　)		(　　)	
2	(　　)		(　　)	
	(　　)		(　　)	
	(　　)		(　　)	
	(　　)		(　　)	

第2問（20点）

株主資本等変動計算書

自×6年4月1日　至×7年3月31日

（単位：千円）

	株主資本			
	資本金	資本剰余金		
		資本準備金	その他資本剰余金	資本剰余金合計
当期首残高	(　)	(　)	(　)	(　)
当期変動額				
剰余金の配当		(　)	(　)	(　)
別途積立金の積立て				
新株の発行	(　)	(　)		(　)
吸収合併	(　)		(　)	(　)
当期純利益				
株主資本以外の項目の当期変動額（純額）				
当期変動額合計	(　)	(　)	(　)	(　)
当期末残高	(　)	(　)	(　)	(　)

（下段へ続く）

第3問（20点）

貸借対照表

×4年3月31日

（単位：円）

資産の部		
Ⅰ 流動資産		
現金預金		(　　　)
売掛金	(　　　)	
貸倒引当金	(　　　)	(　　　)
商品		(　　　)
流動資産合計		(　　　)
Ⅱ 固定資産		
建物	(　　　)	
減価償却累計額	(　　　)	(　　　)
備品	2,000,000	
減価償却累計額	(　　　)	(　　　)
投資有価証券		(　　　)
固定資産合計		(　　　)
資産合計		(　　　)
負債の部		
Ⅰ 流動負債		
買掛金		3,090,000

工業簿記

第4問（28点）

(1)

	借方		貸方	
	記号	金額	記号	金額
1	(　　)		(　　)	
	(　　)		(　　)	
2	(　　)		(　　)	
	(　　)		(　　)	
3	(　　)		(　　)	
	(　　)		(　　)	

(2)

製造原価報告書　　　（単位：円）

Ⅰ	直接材料費	(　　　)
Ⅱ	直接労務費	(　　　)

第５問（12点）

問１　標準直接材料消費量　＿＿＿＿　kg

問２　価　格　差　異　＿＿＿＿　円　（借方・貸方）差異

数　量　差　異　＿＿＿＿　円　（借方・貸方）差異

（　　）内は、「借方」または「貸方」のいずれかに○をつけること。

問３　標準直接作業時間　＿＿＿＿　時間

第3回 模擬試験　問題

制限時間　90分
解答解説　266ページ

商　業　簿　記

第1問（20点）

下記の各取引について仕訳しなさい。ただし、勘定科目は、設問ごとに最も適当と思われるものを選び、答案用紙の（　　）の中に記号で解答すること。

1．×2年6月25日に開催された株主総会で、以下のように繰越利益剰余金の処分が承認された。なお、同社の資本金は¥50,000,000、資本準備金は¥8,000,000、利益準備金は¥4,000,000（積立前）であった。

株主配当金　¥6,000,000　　新築積立金　¥1,000,000
利益準備金　会社法の定める金額

ア．普通預金　イ．未払配当金　ウ．資本金　エ．資本準備金
オ．利益準備金　カ．新築積立金　キ．繰越利益剰余金　ク．当座預金

2．当社は、埼玉商事㈱に商品Xを販売している。商品Xの販売単価は¥1,000であるが、当期中の埼玉商事㈱に対する商品Xの販売個数が400個に達した場合、1個あたり¥50をリベートとして支払うことになっている。なお、当期における埼玉商事㈱に対する販売個数は500個と予想されており、達成される可能性は高い。当社は×1年4月1日（当期首）に商品Xを250個販売し、代金は翌

第2問（20点）

次の当期の取引にもとづいて、下記の各問に答えなさい。なお、当期は×1年4月1日から×2年3月31日までの1年間である。

［資料］当期の取引

取引日	摘　要	内　　容
4月1日	前期繰越	輸入商品A500個　@¥2,500 買掛金（ドル建て）¥494,400　前期末の為替相場は1ドル¥103
5月15日	売　　上	X社に対して、商品A200個を@¥3,300で販売。
5月31日	買掛金支払	期首の買掛金（ドル建て）を普通預金口座から支払い。 支払時の為替相場は1ドル¥106
6月30日	輸　　入	商品A700個を@20ドルで輸入。支払いは3か月後。 輸入時の為替相場は1ドル¥108
8月20日	売　　上	Y社に対して、商品A500個を@¥3,500で販売。
9月30日	買掛金支払	6月30日の買掛金（ドル建て）を普通預金口座から支払い。 支払時の為替相場は1ドル¥105
12月1日	輸　　入	備品B18,000ドルを輸入。支払いは5か月後。 輸入時の為替相場は1ドル¥110
2月1日	輸　　入	商品A1,500個を@22ドルで輸入。支払いは3か月後。 輸入時の為替相場は1ドル¥115

第３問（20点）

金沢商事株式会社（決算日３月末）の資料にもとづいて、⑴本店の損益勘定及び⑵本店の総合損益勘定を作成するとともに、⑶本支店合併損益計算書を作成しなさい。なお、支店の純利益は決算日において本店の総合損益勘定に振り替える。

［資料Ⅰ］×5年３月31日現在の残高試算表

残　高　試　算　表

借方	本店	支店	貸方	本店	支店
現金預金	1,864,200	1,428,000	支払手形	1,482,000	1,225,200
受取手形	960,000	702,000	買掛金	1,655,400	1,043,400
売掛金	1,320,000	1,068,000	貸倒引当金	30,600	24,600
繰越商品	993,000	798,000	減価償却累計額	300,000	144,000
満期保有目的債券	585,000	——	本店	——	808,800
備品	1,500,000	720,000	資本金	3,000,000	——
支店	808,800	——	繰越利益剰余金	396,000	——
仕入	6,360,000	6,216,000	売上	10,452,000	9,360,000
販売費	2,616,000	1,437,000	有価証券利息	6,000	——

工　業　簿　記

第4問（28点）

(1)　下記の各取引について仕訳しなさい。ただし、勘定科目は、設問ごとに最も適当と思われるものを選び、答案用紙の（　　）の中に記号で解答すること。

1．素材X300kgを製造現場に投入した。なお、素材Xの月初在庫は50kg（購入価額600円/kg）、当月購入量は400kg（購入価額620円/kg）であった。材料費は先入先出法で計算する。

ア．材料　　イ．製造間接費　　ウ．仕掛品
エ．製品　　オ．買掛金　　カ．材料副費

2．当月の材料副費の実際発生額は356,000円であった。材料副費予定配賦額360,000円との差額を材料副費差異勘定に振り替える。

ア．材料　　イ．材料副費　　ウ．製造間接費
エ．仕掛品　　オ．材料副費差異　　カ．売上原価

3．当社は東京本社のほか、島根に工場があるため、工場会計を独立させている。なお、支払い関連はすべて本社が行っている。本日、本社の指示により、工場の機械について当月の減価償却費

(2)　当工場では、同一工程で等級製品S、T、Uを連続生産している。製品原価の計算方法は、1か月の完成品総合原価を等価係数に完成品量を乗じた積数の比で各等級製品に按分する方法を用いている。次の［資料］にもとづいて、下記の各問に答えなさい。なお、原価投入額を完成品と月末仕掛品に配分する方法として平均法を採用している。

［資　料］

1．当月の生産データ

月初仕掛品	200 個	(50%)
当月投入	2,300	
合　計	2,500 個	
月末仕掛品	500	(40%)
完成品	2,000 個	

＊　完成品は、Sが1,000個、Tが600個、Uが400個である。また、原料は工程の始点ですべて投入しており、(　　) 内は加工進捗度を示す。

2．原価データ

月初仕掛品原価	原料費	156,800円
	加工費	159,000円
当月製造費用	原料費	3,643,200円

第3回 模擬試験　答案用紙

商　業　簿　記

第1問（20点）

	借方		貸方	
	記号	金額	記号	金額
1	(　　)		(　　)	
	(　　)		(　　)	
	(　　)		(　　)	
	(　　)		(　　)	
	(　　)		(　　)	
2	(　　)		(　　)	
	(　　)		(　　)	
	(　　)		(　　)	
	(　　)		(　　)	

第2問（20点）

問1　買掛金残高　　¥

問2

商　　品

日付			摘要	借方	日付			摘要	貸方
×1	4	1	前期繰越		×1	5	15	（　　）	
	6	30	（　　）			8	20	（　　）	
×2	2	1	（　　）		×2	3	1	（　　）	
						3	31	次期繰越	

備　　品

日付			摘要	借方	日付			摘要	貸方
×1	12	1	（　　）		×2	3	31	（　　）	
						3	31	次期繰越	

第3問（20点）

(1)　本店の損益勘定

損　　益

仕入	(　)	売上	(　)
販売費	(　)	有価証券利息	(　)
貸倒引当金繰入	(　)		
一般管理費	(　)		
減価償却費	(　)		
総合損益	(　)		
	(　)		(　)

(2)　本店の総合損益勘定

総合損益

法人税等	607,200	損益	(　)
繰越利益剰余金	(　)	支店	(　)
	(　)		(　)

工業簿記

第4問（28点）

(1)

	借方		貸方	
	記号	金額	記号	金額
1	(　　)		(　　)	
	(　　)		(　　)	
2	(　　)		(　　)	
	(　　)		(　　)	
3	(　　)		(　　)	
	(　　)		(　　)	

(2)

問1　月末仕掛品原価：＿＿＿＿円

問2　等級製品Sの単位原価：＿＿＿＿円/個

問４　等級製品Ｕの単位原価：　　　円/個

第５問（12点）

問１　変動費率：　　　％

問２　損益分岐点の売上高：　　　円

問３　安全余裕率：　　　％

問４　営業利益：　　　円

自×4年4月1日　至×5年3月31日　(単位：円)

費　用	金　額	収　益	金　額
期首商品棚卸高	(　　)	売上高	(　　)
当期商品仕入高	(　　)	期末商品棚卸高	(　　)
販売費	(　　)	有価証券利息	(　　)
貸倒引当金繰入	(　　)		
一般管理費	(　　)		
減価償却費	(　　)		
法人税等	607,200		
当期純利益	(　　)		
	(　　)		(　　)

③為替差（ 損 ・ 益 ）： ¥

※「損」または「益」を○で囲むこと。

3	(　　)		(　　)	
	(　　)		(　　)	
	(　　)		(　　)	
	(　　)		(　　)	
4	(　　)		(　　)	
	(　　)		(　　)	
	(　　)		(　　)	
	(　　)		(　　)	
	(　　)		(　　)	
5	(　　)		(　　)	
	(　　)		(　　)	
	(　　)		(　　)	
	(　　)		(　　)	
	(　　)		(　　)	

3．等価係数

S：1　T：1.5　U：2

問1　月末仕掛品原価はいくらか。

問2　等級製品Sの単位原価はいくらか。

問3　等級製品Tの単位原価はいくらか。

問4　等級製品Uの単位原価はいくらか。

第5問（12点）

ＡＢＣ産業は6月の利益計画を策定している。5月の利益計画では、売上高は4,000,000円であり、変動費は1,200,000円、固定費は1,750,000円であった。6月の利益計画は変動費率と固定費額については5月と同じ条件とする。次の問に答えなさい。

問1　変動費率を計算しなさい。

問2　損益分岐点の売上高を計算しなさい。

問3　5月の売上高4,000,000円のときの安全余裕率を計算しなさい。

問4　6月の売上高は4,200,000円と予想されている。このときの営業利益を計算しなさい。

ア．材料　　イ．仕掛品　　ウ．製造間接費

エ．本社　　オ．工場　　カ．減価償却累計額

［資料Ⅱ］期末修正事項

1．期末商品棚卸高は次のとおりである。

　本店：¥660,000

　支店：¥456,000

2．売上債権の期末残高に対し、本支店ともに２％の貸倒れを見積もる。（差額補充法）

3．満期保有目的債券（額面金額¥600,000、償還期限５年、利率年１％、利払日は９月末と３月末の年２回）は、当期首に発行と同時に取得したものであり、償却原価法（定額法）により評価する。

4．備品に対し、本支店ともに定率法（償却率20％）で減価償却を行う。

5．販売費の未払い　　本店¥105,000　支店¥24,000

6．一般管理費の前払い　本店¥ 45,000　支店¥18,000

3月31日	決　　算	輸入した備品の減価償却費を４か月分計上する。

[注意事項]

1．当社は商品の払出単価の計算方法として移動平均法を採用している。

2．当社は商品売買について、「販売のつど売上原価に振り替える方法」を採用している。

3．備品の減価償却は定額法（残存価額はゼロ、耐用年数は５年）によっており、記帳方法は直接法である。

4．各勘定は英米式決算法により締め切る。

問１　決算整理後の買掛金の残高を求めなさい。

問２　答案用紙の商品勘定と備品勘定の記入を示しなさい。なお、摘要欄には次の中から最も適当な用語を選び、（　　）の中に記号で解答すること。

摘要欄：ア．売掛金　イ．未収入金　ウ．買掛金　エ．未払金　オ．売上　カ．仕入

キ．売上原価　ク．減価償却費　ケ．損益

問３　損益に関する勘定のうち、①当期の売上高、②当期の売上原価、③当期の為替差損または為替差益の金額を求めなさい。

オ．売上　　カ．返金負債　　キ．支払利息　　ク．現金

3．当期首において倉庫（取得原価：￥600,000、減価償却累計額：￥210,000、間接法によって記帳している）が火災により滅失した。この倉庫には￥500,000の保険が掛けられているため、保険会社に対して保険金支払いの請求を行っていたが、本日、保険金￥400,000が支払われる旨の連絡を受けた。

ア．未収入金　　イ．建物　　ウ．建物減価償却累計額　　エ．減価償却費
オ．保険差益　　カ．火災損失　　キ．未決算　　ク．現金

4．×2年12月5日に、香川商事株式会社の社債（額面総額￥2,000,000、帳簿価額￥1,970,000、年利率7.3%、利払日は3月31日と9月30日、売買目的で所有）を額面￥100あたり￥98.35で売却し、端数利息を含めた代金は先方振出の小切手で受け取った。なお、端数利息は1年を365日として計算すること。また、売買目的有価証券の記帳方法は分記法を採用している。

ア．現金　　イ．売買目的有価証券　　ウ．満期保有目的債券　　エ．有価証券利息
オ．有価証券売却益　　カ．支払手数料　　キ．有価証券売却損　　ク．当座預金

5．6月1日に米国のZ社から商品5,000ドルの注文を受け、手付金1,000ドルを受け取っていたが、本日（8月1日）、商品を売り上げ、手付金を差し引いた残額は掛けとした。なお、6月1日の為替相場は1ドル￥102、8月1日の為替相場は1ドル￥104である。

ア．仕入　　イ．前払金　　ウ．前受金　　エ．売上
オ．為替差損益　　カ．売掛金　　キ．未収入金　　ク．現金

製造間接費配賦差異	[+ ・ −]	(　　　)
当月総製造費用		(　　　)
月初仕掛品棚卸高		(　　　)
合　計		(　　　)
月末仕掛品棚卸高		(　　　)
当月製品製造原価		(　　　)

損益計算書

(単位：円)

Ⅰ 売上高		9,600,000
Ⅱ 売上原価		
月初製品棚卸高	(　　　)	
当月製品製造原価	(　　　)	
合　計	(　　　)	
月末製品棚卸高	(　　　)	
差　引	(　　　)	
原価差異 [+ ・ −]	(　　　)	(　　　)
売上総利益		(　　　)
Ⅲ 販売費および一般管理費		862,000
営業利益		(　　　)

※ [　　] 内は「+」または「−」のいずれかに○をつけること。

流動負債合計	(　　　　)
Ⅱ　固定負債	
長期借入金	(　　　　)
繰延税金(　　)	(　　　　)
固定負債合計	(　　　　)
負債合計	(　　　　)
純資産の部	
Ⅰ　株主資本	
資本金	15,000,000
繰越利益剰余金	(　　　　)
株主資本合計	(　　　　)
Ⅱ　評価・換算差額等	
その他有価証券評価差額金	(　　　　)
評価・換算差額等合計	(　　　　)
純資産合計	(　　　　)
負債・純資産合計	(　　　　)

	利益剰余金				株主資本合計	その他有価証券評価差額金	評価・換算差額等合計	純資産合計
	利益準備金	その他利益剰余金		利益剰余金合計				
		別途積立金	繰越利益剰余金					
当期首残高	(　　)	(　　)	(　　)	(　　)	(　　)	−	−	(　　)
当期変動額								
剰余金の配当	(　　)		(　　)	(　　)	(　　)			(　　)
別途積立金の積立て		(　　)	(　　)	−	−			−
新株の発行					(　　)			(　　)
吸収合併					(　　)			(　　)
当期純利益			(　　)	(　　)	(　　)			(　　)
株主資本以外の項目の当期変動額(純額)						(　　)	(　　)	(　　)
当期変動額合計	(　　)	(　　)	(　　)	(　　)	(　　)	(　　)	(　　)	(　　)
当期末残高	(　　)	(　　)	(　　)	(　　)	(　　)	(　　)	(　　)	(　　)

3	(　　)		(　　)	
	(　　)		(　　)	
	(　　)		(　　)	
	(　　)		(　　)	
4	(　　)		(　　)	
	(　　)		(　　)	
	(　　)		(　　)	
	(　　)		(　　)	
	(　　)		(　　)	
5	(　　)		(　　)	
	(　　)		(　　)	
	(　　)		(　　)	
	(　　)		(　　)	
	(　　)		(　　)	

問8　標準直接作業時間を求めなさい。

間接費配賦差異は売上原価に賦課している。

ア．本社　　イ．製品　　ウ．製造間接費

エ．仕掛品　　オ．現金　　カ．賃金

キ．工場

	借入金	1,200,000
	繰延税金負債	60,000
	資本金	15,000,000
	繰越利益剰余金	2,080,000
	その他有価証券評価差額金	140,000
	売上	36,000,000
	受取配当金	80,000
24,000,000	仕入	
4,600,000	給料	
360,000	販売費	
	有価証券利息	12,000
18,000	支払利息	
63,692,000		63,692,000

入限度超過額について税効果会計を適用する。

4．消費税の処理（税抜方式）を行う。

5．借入金は×3年6月1日に、借入期間5年、年利率3％、利払日は毎年5月31日と11月30日の年2回の条件で借り入れたものである。

6．満期保有目的債券は、×2年4月1日にA社社債額面総額￥500,000（償還日は×6年3月31日、利率は年2.4％、利払日は3月31日）を額面@￥100につき@￥96で購入したものである。取得価額と額面金額との差額は金利の調整と認められるため、償却原価法（定額法）を適用している。

7．その他有価証券はB社株式の前期末の時価である。前期末に全部純資産直入法によって時価評価した差額について当期首に戻し入れる処理をしていなかった。そのため、決算整理前残高試算表の繰延税金負債は前期末に当該株式について税効果会計を適用したさいに生じたものであり、これ以外に期首時点における税効果会計の対象となるものはない。なお、当期末のB社株式の時価は￥2,900,000である。

8．法人税、住民税及び事業税に￥1,800,000を計上する。

9．繰延税金資産と繰延税金負債を相殺し、その純額を貸借対照表に表示する。

5．×7年３月31日、決算において次の処理を行った。

①　×6年11月１日に購入したＺ社株式（その他有価証券：取得価額は￥500,000）について時価評価（当期末の時価：￥600,000）を行い、評価差額を全部純資産直入法により純資産として計上した。なお、税効果会計は考慮しなくてよい。

②　当期純利益￥650,000を計上した。

3月31日（決算日）における第1回目のリース料支払いの仕訳と減価償却の仕訳をしなさい。ただし、このリース取引はファイナンス・リース取引であり、利子込み法で処理している。また、リース料の支払いは当座預金口座を通じて行う。リース資産の減価償却は耐用年数をリース期間、残存価額をゼロとした定額法（記帳方法は間接法）によって行う。

ア．当座預金	イ．支払手数料	ウ．リース資産	エ．リース債務
オ．減価償却費	カ．支払利息	キ．リース資産減価償却累計額	ク．現金

4．当期末において営業用車両（取得原価：¥3,000,000）を¥520,000で売却し、代金は来月末日に受け取ることとした。なお、当該車両は当期首より4年前に取得したもので、生産高比例法（総走行可能距離：300,000㎞、残存価額：取得原価の10％、記帳方法は間接法）で減価償却している。前期末における実際走行距離は220,000㎞、当期の実際走行距離は33,000㎞である。なお、当期の減価償却費の計上も行うこと。

ア．未収入金	イ．車両運搬具	ウ．未払金	エ．固定資産売却益
オ．減価償却費	カ．固定資産売却損	キ．車両運搬具減価償却累計額	ク．現金

5．×3年11月22日に満期保有目的で福岡水産株式会社の社債（額面総額¥5,000,000）を額面¥100につき¥97.40で買い入れ、代金は売買手数料¥8,000と端数利息ともに小切手を振り出して支払った。この社債の利率は年1.825％、利払日は年2回、3月末日と9月末日である。なお、端数利息は1年を365日として日割りで計算すること。

ア．現金	イ．当座預金	ウ．売買目的有価証券	エ．満期保有目的債券
オ．支払利息	カ．有価証券利息	キ．受取利息	ク．未収入金

Ⅱ 売上原価		
月初製品棚卸高	(　　　)	
当月製品製造原価	(　　　)	
合計	(　　　)	
月末製品棚卸高	(　　　)	
差引	(　　　)	
標準原価差異	(　　　)	(　　　)
売上総利益		(　　　)
Ⅲ 販売費及び一般管理費		(　　　)
営業利益		(　　　)

営業利益		( )
Ⅳ 営業外収益		
1．受取配当金	( )	
2．有価証券利息	( )	
3．有価証券( )	( )	( )
Ⅴ 営業外費用		
1．支払利息	( )	
2．( )	( )	( )
経常利益		( )
Ⅵ 特別利益		
1．保険差益		( )
税引前当期純利益		( )
法人税、住民税及び事業税		( )
当期純利益		( )

利益剰余金	530,000	105,000			
非支配株主持分					
負債・純資産合計	2,206,000	579,000			
損益計算書					
売上高	1,200,000	430,400			
売上原価	575,000	285,000			
販売費及び一般管理費	442,000	107,000			
(　　　　)償却					
受取利息	2,000				
受取配当金	9,000				
支払利息	4,000	400			
土地売却益		2,000			
当期純利益	190,000	40,000			
非支配株主に帰属する当期純利益					
親会社株主に帰属する当期純利益	190,000	40,000			

3	(　　)		(　　)	
	(　　)		(　　)	
	(　　)		(　　)	
	(　　)		(　　)	
4	(　　)		(　　)	
	(　　)		(　　)	
	(　　)		(　　)	
	(　　)		(　　)	
	(　　)		(　　)	
5	(　　)		(　　)	
	(　　)		(　　)	
	(　　)		(　　)	
	(　　)		(　　)	
	(　　)		(　　)	

［資　料］

1．製品R 1個あたりの標準原価

直接材料費	500円/kg	×0.4kg	200円
加工費	400円/時間	×0.25時間	100円
			300円

2．当月の生産・販売データ

月初仕掛品	600 個	(50%)	月初製品	300 個
当月投入	19,800		完成品	20,000
合計	20,400 個		合計	20,300 個
月末仕掛品	400	(50%)	月末製品	100
完成品	20,000 個		販売品	20,200 個

＊1　(　　) 内は加工進捗度を示す。

＊2　直接材料はすべて工程の始点で投入される。

3．当月の原価実績

直接材料費	3,980,000円
加工費	1,998,000円
販売費及び一般管理費	2,230,000円

4．その他の条件

(1) 製品Rの販売単価は700円である。

(2) 標準原価差異は月次で損益計算書に反映させている。

問1　仕掛品勘定の月末仕掛品原価を求めなさい。

問2　月次損益計算書を完成させなさい。

	備品減価償却累計額	180,000
	資本金	1,000,000
	利益準備金	100,000
	繰越利益剰余金	626,400
	売上	2,381,800
	受取配当金	5,600
	有価証券利息	1,200
948,000	仕入	
396,400	給料	
18,000	保険料	
68,000	広告宣伝費	
15,000	減価償却費	
	為替差損益	100
5,369,100		5,369,100

的有価証券は分記法により記帳している。

	帳簿価額	時価	保有目的
A社株式	¥81,900	¥82,800	売買目的
B社社債	¥48,500	¥49,300	満期保有目的

B社社債（額面総額¥50,000、利率：年2.4%、満期日までの期間は当期を含めて残り３年）については、償却原価法（定額法）によって評価する。

6．固定資産の減価償却は次のとおり行う。

建物：定額法。耐用年数30年、残存価額は取得原価の10%

備品：200%定率法。耐用年数10年、残存価額ゼロ

7．のれんは×1年４月１日に東北株式会社を買収したときに生じたもので、発生年度より10年間で均等償却している。

8．決算において退職給付引当金¥80,000を繰り入れる。

9．借入金は当期の11月１日に借入期間１年、年利率2.4%、利払日は４月末日と10月末日という条件で借り入れたものである。よって当期の利息を計上する。

10．未払法人税等¥117,000を計上する。なお、残高試算表の仮払法人税等は当期の中間納付にかかるものである。

受取利息	200千円	支払利息	200千円

5．P社はＳ社に対して原価に20％の利益を加算して商品を販売しており、当年度末にＳ社が保有する商品のうちＰ社から仕入れた商品は24,000千円であった。また、Ｓ社の期首商品残高のうち、Ｐ社から仕入れた商品は12,000千円であった。

6．Ｓ社は当年度の２月に土地（帳簿価額40,000千円）を、Ｐ社に対して42,000千円で売却している。売却代金のうち、半分は当年度中に受け取っているが、残額は×2年５月末日に受け取ることとなっているため、この債権債務を相殺する。

振り出して決済した。また、満期日後の延滞利息￥1,600は現金で支払い、手形金額とともに鳥取商事に対して支払請求をした。

ア．現金　イ．当座預金　ウ．受取手形　エ．不渡手形
オ．支払手数料　カ．支払利息　キ．手形売却損　ク．支払手形

4．決算に際し、当社の当座預金勘定の残高と銀行の当座預金口座の残高とを確認したところ、￥30,000の差額が生じていた。その原因を調べたところ、消耗品を購入した際の代金の未払額を決済するために振り出した￥30,000の小切手が当社の金庫に残っていることが判明した。よって、これを修正するための会計処理を行った。

ア．現金　イ．当座預金　ウ．貯蔵品　エ．買掛金
オ．未払金　カ．当座借越　キ．消耗品費　ク．支払手形

5．３月１日、島根商事株式会社は、取引銀行との間で買掛金5,000ドルについて１ドル￥105で為替予約を付した。この買掛金は２月１日にアメリカの仕入先から商品5,000ドルを掛けで購入した際に発生したもので、２月１日の為替相場は１ドル￥102であった。なお、振当処理を適用することとするが、２月１日の為替相場による円換算額と、為替予約による円換算額との差額はすべて当期の損益として処理する。また、３月１日の為替相場は１ドル￥108であった。

ア．売掛金　イ．商品　ウ．買掛金　エ．売上
オ．仕入　カ．支払手数料　キ．為替差損益　ク．現金